기술, 경영을 만나다

기술, 경영을 만나다

기술의 가치를 높이는 경영의 정석

홍영표 · 오승훈 · 양상근 지음

i!i
에이콘

우리나라에는 열정적이고 유능한 공대 출신 엔지니어가 많습니다. 첨단 기술로 무장한 기술전문가들은 기업에서 전문경영자로 성장하기도 하고 창업을 해서 기업가로 성공하기도 합니다. 하지만 뛰어난 엔지니어들이 기업경영에는 성과를 내지 못하는 경우도 있습니다. 기술전문가가 경력을 쌓아 관리자가 되면 기술의 문제를 넘어 경영의 관점에서 기술의 부가가치를 극대화할 수 있어야 합니다.

이것이 기술전문가가 기술을 넘어 경영을 공부해야 하는 이유입니다. 기술이 기업의 전략과 연계된 가치를 창출하려면 기술을 효과적으로 활용할 수 있는 경영지식과 경험을 겸비해야 합니다. 그래야 비로소 기술전문가를 넘어 진정한 경영리더로 거듭날 수 있습니다. 이처럼 기술 중심적 시각을 넘어 경영적 관점에서 기업의 혁신을 이끌어 내는 능력은 4차 산업혁명 시대에 더욱 중요성이 부각되고 있습니다.

기술전문가로서 경영을 공부했던 저자들은 자신들의 생생한 문제의식과 경험을 토대로 '기술과 경영의 균형적 사고'를 바탕으로, '효과적인 전략'을 수립하며, '지속적인 혁신'을 이끌어 내는 기술경영의 핵심 내용을 주제별로 정리해 체계화했습니다. 또한 기술전문가가 왜 경영을 배워야 하는지, 어떻게, 무엇을 경영해야 하는지에 대한 고민을 마치 영화나 만화를 보는 것처럼 스토리 중심으로 재미있게 구성했습니다.

기술에 대한 다양하고 입체적인 시각을 통해 기술전문가를 넘어 기술경영자로의 성장을 꿈꾸는 모든 이들에게 많은 도움이 되리라 생각합니다.

– 한인구 / KAIST 경영대학 교수, 한국경영학회장(2017)

우리는 기술이 모든 것을 좌우하는 시대에 살고 있습니다. 새로운 기술이 과거에는 상상도 못한 방식으로 비즈니스를 주도하고 있습니다. GM^{General Motors}이 아니라 구글이라는 IT 회사가 미래 무인 자동차 시장을 선도할 것을 누가 예견이나 할 수 있었을까요? 미래의 기술을 예측하고 이 기술을 우리 비즈니스에 어떻게 이용하느냐가 중요한 시대에 우리가 살고 있는 것입니다. 따라서 기술경영에 대한 이해는 현대를 살아 가는 모두에게 아주 중요한 과제라고 할 수 있습니다.

다만 이런 기술경영을 용이하게 내 것으로 만들기에는 많은 어려움이 따릅니다. 기술과 경영이 너무나 다른 내용이라 이 둘을 적절하게 통합해 파악하는 전문가가 많지 않을뿐더러 발전하는 기술에 따라 관련된 내용이 지속적으로 수정·보완돼야 하기 때문입니다. 이 시점에 기술경영을 누구나 이해할 수 있도록 체계적으로 구성한 이 책은 우리 모두에게 반가운 선물일 것입니다.

저자들은 기술경영 분야에 탁월한 경력을 가지고 있습니다. 카이스트 정보경영 석사과정을 마치기 전에 모두들 다양한 산업체에서 관련 기술을 실제 업무에 응용해 실전 내공을 탄탄하게 쌓은 수재들로, 이들이 카이스트의 심도 있는 기술경영 관련 과목들을 수강하고 팀 프로젝트를 진행하며 쌓아온 그들 나름대로의 노하우를 녹여낸 내용이기에 더욱 신뢰가 갑니다. 현업의 고민을 스토리 형식으로 풀어내어 누구나 쉽게 따라가며 이해할 수 있도록 이론과 실제의 균형을 이룬 실전 서적을 만들어 주었습니다. 기술경영을 처음 접하는 초보자뿐 아니라 본인의 업무에 기술을 접목하려는 경영자까지 모두 큰 도움을 받을 수 있는 내용이기에 적극 추천합니다.

– 이희석 / KAIST 경영공학부 교수

This book contains valuable, cross-disciplinary insights offering guidance to engineering professionals looking to grow as industry leaders.

The inclusion of design thinking into the content is especially timely for today's marketplace as it offers a human-centered approach to innovation in technology management.

The authors themselves embody what is needed today for a person to lead innovation-diverse domain expertise along with design-oriented competency.

In fact, a book of such relevant insights delivered in delightful story form is itself an example of innovation.

[번역]

이 책에는 업계 리더로의 성장을 꿈꾸는 기술전문가들에게 지침이 되는 유익한 내용과 다양한 분야에 걸친 통찰력이 포함돼 있습니다.

특히 이 책의 내용 중 디자인 씽킹은 기술경영의 혁신에서 인간 중심의 접근법을 제공하므로 오늘날의 시장 환경에 시의적절한 내용입니다.

저자들은 디자인 중심 역량을 겸비해 다양한 전문 분야에서 혁신을 이끌어 내려는 사람에게 오늘날 필요한 것이 무엇인지 담아냈습니다.

사실, 유쾌한 이야기 형식으로 이처럼 연관된 통찰력을 전달하는 이 책 자체가 혁신의 한 예입니다.

– 크리스토퍼 한(B. Christopher Han) /

SAP 전무, SAP AppHaus Korea 센터장(Vice President and Head of SAP AppHaus Asia)

지은이 소개

홍영표(ypyohong@kaist.ac.kr)

카이스트 경영대학에서 정보경영 석사과정을 졸업했다. 현재 금융회사에 재직 중이다. 옮긴 책으로는 에이콘출판사에서 출간한 『데이터 과학자를 위한 금융 분석 총론』(2019), 『R고 하는 금융 분석』(2017), 『타입스크립트 디자인 패턴』(2017), 『The Modern Web』(2014), 『HTML & CSS』(2012), 『HTML5+CSS3+자바스크립트의 정석』(2012), 『Professional iPhone and iPad Database Application Programming 한국어판』(2012), 『아이폰&아이패드 인 액션』(2011)과 『제이콥 닐슨의 모바일 사용성 컨설팅 보고서』(제이펍, 2013), 『스프링 인 액션 제3판』(제이펍, 2012)이 있다.

오승훈(sh.oh@kaist.ac.kr)

카이스트 경영대학에서 정보경영 석사과정을 졸업했다. 정보관리기술사이자 정보시스템 수석감리원이다. 현재 글로벌 컨설팅사에서 DT Digital Transformation 업무를 담당하고 있다. 옮긴 책으로는 『데이터 과학자를 위한 금융 분석 총론』(2019), 『R고 하는 금융 분석』(2017)이 있다.

양상근(yangsg@kaist.ac.kr)

카이스트 경영대학에서 정보경영 석사과정을 졸업했다. 정보통신회사에서 신사업발굴, 전략적 투자, 경영기획 업무를 거치고 현재 베트남 법인장으로서 해외사업을 담당하고 있다.

이 책은 사회 초년생 때 개발자로 열심히 근무할 당시 '왜 기술에 대한 의사결정은 기술전문가가 내리지 않을까?'라는 의구심에서 시작됐습니다. 차세대 시스템과 같은 대형 프로젝트부터 작은 시스템 구축까지 기술에 관한 중요한 의사결정은 기술전문가가 아닌 CEO와 임원들에 의해 이뤄졌습니다.

물론 회사의 책임이 최종 의사결정권자인 CEO와 임원들에게 있으므로 이러한 프로세스가 당연한 일이지만, 기술전공자가 아닌 CEO와 임원들에 의해 의사결정이 이루어지는 상황을 이해하지 못한 적도 있었고, 해당 기술에 대한 전문 지식이 없어 보이는 CEO와 임원들에 의해 내려지는 의사결정이 위태로워 보이기도 했습니다.

하지만 시간이 지나고 뒤돌아보니 기술전공자가 아닌 CEO와 임원들의 결정은 크게 틀리지 않았습니다. 아니, 오히려 기술전문가들이 주장하는 내용보다 훨씬 더 현실적이고 정확했습니다. 이때 'CEO와 임원들이 바라보는 기술에는 기술전문가가 바라보는 기술과 다른 점이 있지 않을까?'라는 의구심이 들며 그들이 의사결정을 내리는 '기준'이 궁금해졌습니다.

그리고 결국 이러한 결정에는 중요한 '맥'이 존재했고, 그것이 바로 '경영'이라는 사실이며, CEO나 임원들은 이러한 '경영'이라는 큰 흐름 속에서 기술을 바라보고 의사결정을 내린다는 사실을 발견했습니다.

'경영'을 기준으로 기술을 바라보면 기술의 기능을 넘어 '가치'가 보인다는 사실과, 기술에 대한 올바른 의사결정은 기술이라는 나무를 넘어 '경영'이라는 큰 숲을 통해 바라볼 때 비로소 가능하다는 사실을 새삼 깨달았습니다. 이처럼 기술전문가들이 임원이나 CEO로 거듭나기 위해선 '경영'에 대한 지식은 필수라는 것을 절실히 느꼈습니다.

이러한 고민 끝에 집필을 시작했습니다. 하지만 주위를 돌아보니 너무나 다양한 기술경영 이론과 사례가 존재했고 무엇부터 시작해야 할지 막막했습니다. 이때 톨스토이의 소설 『안나 카레니나』의 "행복한 가정은 모두 엇비슷하고 불행한 가정은 불행한 이유가 제각기 다르다."라는 문장이 떠올랐습니다.

'그래, 기술경영의 공통요소를 정리해 보자. 그러면 다양한 예외 상황도 보일 테니까.' 그 후 기술전문가가 알아야 하고 고민해야 하는 필수 경영지식과 사례를 모으기 시작했고 자료를 정리한 끝에 이 책이 탄생하게 됐습니다.

이 책에서는 기술경영의 핵심적인 내용을 균형, 통찰, 전략, 혁신이라는 주제로 4부에 걸쳐 설명합니다.

1부, '기술은 경영이다'에서는 기술과 경영의 균형 잡힌 시각을 갖추는 데 필요한 기본적인 사항을 알아보는 것부터 시작합니다. 기술전문가에서 기술경영자로 거듭나는 데 필수적인 기술경영의 개념을 살펴보고, 기술을 대하는 상반된 시선을 통해 기술과 경쟁력 간의 상관관계에 대해 고민해보며, 기술을 예측하는 대표적인 이론과 기준을 알아봄으로써 기술과 경영을 잇는 힘을 기를 수 있습니다.

2부, '문제는 본질이다'에서는 기술의 본질을 꿰뚫어 보는 통찰력을 기를 수 있습니다. 가치사슬, 컨버전스, 플랫폼으로 이어지는 패러다임 시프트 속에서 기술과 경영을 관통하는 본질적 가치가 무엇인지, 어떻게 진화하는지, 왜 발생하는지 고민해봄으로써 현상을 넘어 본질을 직시할 수 있는 역량을 갖출 수 있습니다.

3부, '좋은 기술과 성공한 기술은 다르다'에서는 기술경영에 필요한 핵심 전략을 살펴봅니다. 사용자에게 기술이 확산되는 패턴을 설명하는 캐즘 이론을 통해 기본적인 하이테크 마케팅 전략을 살펴보고, 선도자와 추격자 전략을 통해 시간 관점에서 최적의 기술 진입 전략을 고민해보며, 비즈니스 관점에서 기술을 분석하고 기술의 가치를 이끌어 내기 위한 비즈니스 모델 수립 전략에 대해 알아봅니다.

4부, '영원한 성공은 없다'에서는 기업의 지속성장을 위한 혁신방안에 대해 다룹니다. 자기잠식을 통해 지속적인 성장을 도모하는 파괴적 혁신, 기업의 경계를 허물고 외부와의 소통과 공유를 통해 성장의 선순환 구조를 확보하는 개방형 혁신, 인간 중심의 사고와 창의적인 협업을 바탕으로 비즈니스의 성장과 혁신을 이끄는 디자인 혁신에 대해 설명합니다.

마지막으로 에필로그 부분에서는 1부에서 4부까지 살펴본 내용을 바탕으로 R&D 경영에 필요한 기본적인 구성요소와 프레임워크, 그리고 프로세스에 대해 간단하게 살펴보며 마무리합니다.

이처럼 균형, 통찰, 전략, 혁신이라는 4가지 관점을 통해 기술전문가가 왜 경영을 알아야 하는지, 어떻게 경영해야 하는지, 무엇을 경영해야 하는지를 심도 있게 고민해보고자 합니다. 이러한 다양하고 입체적인 관점으로 살펴봄으로써 기술전문가에서 기술경영자로 거듭나는데 필요한 자질과 역량이 무엇인지 깨달을 수 있을 것입니다.

수많은 기업이 성공하고 실패합니다. 그 이유도 제각기 다릅니다. 하지만 이러한 기술경영에 대한 지식을 갖추고 있어야 급변하는 기술환경과 수많은 변수가 존재하는 경영 환경에서 성공과 실패의 본질을 꿰뚫어 보는 통찰력을 겸비해 리더로서 합리적이고 올바른 의사결정을 내릴 수 있습니다.

기술경영에 '정답'은 없습니다. 하지만 '해답'은 있습니다. 그리고 그 해답을 찾기 위해선 기본적인 기술경영 이론을 반드시 숙지해야 합니다. 그 해답을 찾는 여정에 이 책이 길라잡이가 됐으면 합니다.

하지만 아무리 좋은 지식도 직접 고민하고 실천하지 않으면 무용지물입니다. 공자는 '배우기만 하고 생각함이 없으면 허망하고, 생각하기만 하고 배움이 없으면 위태하다學而不思則罔 思而不學殆.'고 했습니다. 독자 분들이 기술전문가에서 기술경영자로 거듭날 수 있도록 치열하게 배우고, 생각하고, 실천하는 데 이 책이 마중물이 되어주길 바라며, 마지막으로 이 책이 기술을 사랑하는 모든 독자 분들이 성장하고 발전하는 데 도움이 되길 간절히 소망합니다.

— 인생의 전환점이 된 홍릉 카이스트 캠퍼스에서

감사의 글

먼저 이 책을 집필할 수 있도록 지식과 지혜를 가르쳐주신 카이스트 경영대학 교수님들께 진심으로 감사의 말을 전하고 싶습니다.

지도 교수님이신 한인구 교수님, 영원한 캡틴 이희석 교수님, 그리고 혁신의 본질을 일깨워준 크리스토퍼 한^{B. Christopher Han} 교수님 감사합니다. 바쁘신 와중에도 격려해주시고 추천의 글까지 작성해주셔서 감사합니다. 교수님들께서 베풀어주신 사랑을 나누며 실천하는 제자가 되겠습니다.

김성희 교수님, 김신배 교수님, 김영걸 교수님, 박광우 교수님, 박병호 교수님, 베티 정^{Betty Chung} 교수님, 안재현 교수님, 오원석 교수님, 오종훈 교수님, 정재민 교수님 감사합니다. 훌륭하신 교수님들의 가르침하에서 배우고 느꼈던 모든 경험이 인생에 큰 자산이 됐습니다. 귀중한 지식뿐만 아니라 따뜻한 마음으로 지도해주신 교수님들께 감사의 마음을 전합니다.

특별히 배종태 교수님께 감사의 말을 전하고 싶습니다. 이 책의 방향에 대해 고민하고 있을 때 교수님을 만나게 된 것은 커다란 행운이었습니다. 교수님의 수준 높은 강의와 완벽한 강의 노트가 없었다면 이 책의 출간은 불가능했을 것이며, 강의 자료를 사용할 수 있도록 흔쾌히 허락해주신 덕분에 더 알찬 내용으로 채울 수 있었습니다.

그리고 '배움의 기쁨, 함께하는 행복'을 일깨워준 카이스트 정보경영 2기 동기 여러분! 진심으로 감사합니다. 함께 부대끼며 공부한 시간은 감동 그 자체였습니다. 훌륭한 동기들과 함께할 수 있어서 영광이었고 동행한 시간은 인생에 잊지 못할 추억이 됐습니다. 책에서는 배울 수 없었던 많은 교훈을 깨닫고 느끼게 해준 우리 동기들 하나하나 모두 소중한 인생 교과서였습니다. 사랑하는 동기들 덕분에 인생의 지경을 넓힐 수 있었습니다.

　　또한 이 책의 처음부터 끝까지 함께 해준 에이콘출판사 식구들에게 감사의 말을 전합니다. 카리스마와 열정의 아이콘 권성준 대표님, 에이콘의 든든한 중심 황영주 상무님, 자칫 딱딱해질 수 있는 기술경영 책을 예술의 경지로 디자인해주신 이승미 과장님, 그리고 마지막까지 섬세하게 정성 들여 편집해주신 오원영 대리님 감사합니다.

　　마지막으로 이 책을 통해 만나게 된 독자 여러분에게 감사의 말을 전합니다. 이 책이 우리가 기술을 넘어 경영을 만나 새로운 가치를 고민하며 깨닫고 창출하는 계기가 됐으면 합니다. 이 책의 존재 이유는 함께하는 독자 분들이 있기 때문입니다. 기술과 경영을 고민하는 모든 독자 여러분 진심으로 감사합니다.

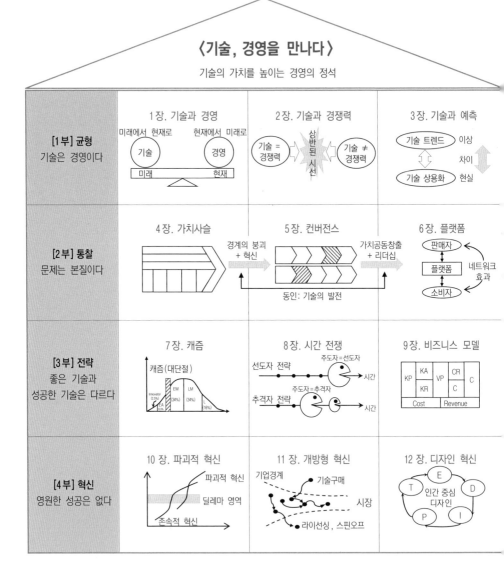

〈기술, 경영을 만나다〉

기술의 가치를 높이는 경영의 정석

[1부] 균형 기술은 경영이다	1장. 기술과 경영 미래에서 현재로 / 현재에서 미래로 기술 / 경영 미래 ─ 현재	2장. 기술과 경쟁력 기술 = 경쟁력 / 상반된 시선 / 기술 ≠ 경쟁력	3장. 기술과 예측 기술 트렌드 / 이상 차이 기술 상용화 / 현실
[2부] 통찰 문제는 본질이다	4장. 가치사슬	5장. 컨버전스 경계의 붕괴 + 혁신 동인: 기술의 발전	6장. 플랫폼 판매자 플랫폼 / 네트워크 효과 소비자 가치공동창출 + 리더십
[3부] 전략 좋은 기술과 성공한 기술은 다르다	7장. 캐즘 캐즘(대단절) innovator 2.5% EA EM(34%) LM(34%) L 16%	8장. 시간 전쟁 선도자 전략 / 주도자=선도자 / 시간 추격자 전략 / 주도자=추격자 / 시간	9장. 비즈니스 모델 KP / KA / VP / CR / C KR / C Cost / Revenue
[4부] 혁신 영원한 성공은 없다	10장. 파괴적 혁신 파괴적 혁신 딜레마 영역 존속적 혁신	11장. 개방형 혁신 기업경계 / 기술구매 시장 라이선싱, 스핀오프	12장. 디자인 혁신 E T / 인간 중심 디자인 / D P / I

추천의 글 _5

지은이 소개 _8

지은이의 말 _9

감사의 글 _14

회사 및 등장인물 소개 _20

프롤로그 _24

1부 균형 기술은 경영이다 _27

__1장__ **기술과 경영: 과거, 현재, 그리고 미래의 연결** _29

1.1 기술, 경영 그리고 기술경영이란 무엇일까? _34

1.2 왜 기술을 경영해야 할까? _39

1.3 어떻게 기술을 경영해야 할까? _43

1.4 기술경영자는 무엇을 해야 할까? _49

__2장__ **기술과 경쟁력: 기술을 바라보는 상반된 시선** _57

2.1 기술은 정말 경쟁력을 제공할까? _62

2.2 [기술 = 경쟁력] 기술이 중요한 이유는? _64

2.3 [기술 ≠ 경쟁력] 기술이 중요하지 않은 이유는? _72

2.4 기술의 경쟁력은 어디에 있을까? _77

__3장__ **기술과 예측: 기술의 이상과 현실** _85

3.1 기술은 어떻게 변할까? _90

3.2 기술예측이 어려운 이유는? _97

3.3 기술을 어떻게 예측할까? _104

2부 통찰 문제는 본질이다 _111

4장 가치사슬: 본질로부터 _113
4.1 가치의 본질은 무엇일까? _118
4.2 가치사슬이란 무엇일까? _123
4.3 가치사슬은 어떻게 진화할까? _130

5장 컨버전스: 따로 또 같이 _139
5.1 컨버전스란 무엇일까? _144
5.2 컨버전스의 본질은 무엇일까? _155
5.3 컨버전스 시대의 전략은 무엇일까? _159

6장 플랫폼: 우리 모두 다 함께 _167
6.1 플랫폼이 등장하게 된 이유는? _172
6.2 플랫폼 비즈니스란 무엇일까? _177
6.3 플랫폼 비즈니스의 본질은 무엇일까? _182

3부 전략 좋은 기술과 성공한 기술은 다르다 _195

7장 캐즘: 기술의 확산에 찾아오는 함정 _197
7.1 기술은 어떻게 확산될까? _202
7.2 기술의 함정, 캐즘은 왜 중요할까? _207
7.3 캐즘은 어떻게 극복할까? _212

8장 시간 전쟁: 선도자와 추격자 경쟁 _223
8.1 최초 기술은 모두 성공했을까? _229
8.2 선도자와 추격자 전략이란 무엇일까? _231

8.3 선도자와 추격자, 타이밍만 중요할까? _240

__9장__ **비즈니스 모델: 결국, 기술도 비즈니스 _247**
9.1 기술만 있으면 성공할 수 있을까? _252
9.2 비즈니스 모델은 어떻게 수립할까? _254
9.3 성공적인 비즈니스 모델이란? _263

4부 혁신 **영원한 성공은 없다 _275**

__10장__ **파괴적 혁신: 승자의 저주 풀기 _277**
10.1 왜 성공은 영원할 수 없을까? _282
10.2 파괴적 혁신이란 무엇일까? _289
10.3 파괴적 혁신에 어떻게 대응해야 할까? _295

__11장__ **개방형 혁신: 갈라파고스로부터의 탈출 _307**
11.1 혁신은 내부에만 있을까? _312
11.2 개방형 혁신이란 무엇일까? _317
11.3 개방형 혁신의 성공조건은 무엇일까? _323

__12장__ **디자인 혁신: 인간 중심의 디자인 씽킹 _339**
12.1 혁신의 본질은 어디에 있을까? _345
12.2 인간 중심의 혁신, 디자인 씽킹이란 무엇일까? _352
12.3 디자인 씽킹은 어떻게 혁신을 만들까? _359

에필로그: 기술, R&D 경영에 도전하다 _373
참고자료 _394
찾아보기 _401

회사 소개

대박은행

업계 4위권의 시중은행으로, 1979년 설립된 후 3번의 M&A를 거쳐 현재에 이른 대박금융그룹의 자회사. 국내에 약 500여 개의 지점과 사무소를 갖고 있으며 동남아를 중심으로 5개의 해외 지점도 갖고 있다. 예금, 가계대출, 외환거래를 주요 업무로 취급하며 2003년 업계 최초로 대박보험 방카슈랑스 상품을 출시했다. 은행 자체의 브랜드 파워는 타 은행에 비해 약하지만 2009년 아이폰의 등장과 더불어 출시한 쇼미더머니(Show me the money) 애플리케이션이 좋은 반응을 얻으며 혁신적이고 젊은 이미지로 고객들에게 각인됐다.

대박은행 조직도

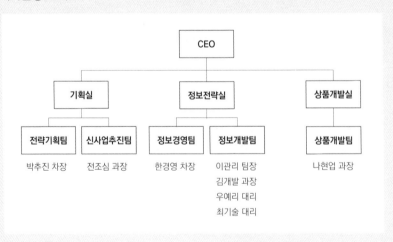

등장인물 소개

최기술(32세, 정보개발 팀 대리)

대리 1년차로 정보개발 팀에서 인터넷 뱅킹 시스템 운영을 담당하고 있다. 미래의 소프트웨어 아키텍트를 꿈꾸는 열혈 청년으로 IT에 대한 자부심과 애정이 넘치는 전형적인 공대 출신 엔지니어. 컴퓨터공학과 재학 시절 컴퓨터와 경영을 함께 배우면 좋다는 교수님의 권유에 경영학을 복수전공했지만 경영학에 대한 이해도는 높지 않다. 무언가 관심이 있는 일에 대해서는 최대한 집요하게 연구하는 스타일이고 애매모호한 것보다 명확하게 떨어지는 것을 좋아하며 주어진 문제를 항상 요약하고 정리하려 노력한다.

한경영(41세, 정보경영 팀 차장)

차장 3년차로 컴퓨터공학을 전공하고 소프트웨어 개발자로 사회생활을 시작했다. 몇 번의 SI(System Integration) 프로젝트를 거치며 프로젝트 관리나 기획 영역에 흥미를 느끼고 과감히 MBA에 진학한 행동파다. 엔지니어에서 IT 기획자로, 성공적으로 커리어를 전환해 지금은 대박은행의 시스템 기획 업무를 담당하고 있다. 항상 웃음을 잃지 않는 수더분한 외모의 소유자이나, 차분하고 사색을 좋아하는 반전 매력의 사나이다.

이관리(47세, 정보개발 팀 팀장)

정보개발 팀 팀장으로 해병대 출신이라는 자부심을 가슴에 담고 사는 우직한 성격의 열혈 사나이다. 팀원 간의 관계와 팀워크를 중시하는 보기 드문 화끈한 팀장이다. 최기술 대리의 열정을 높이 사 다양한 기회를 주며 성장을 지원하고 있다.

김개발(36세, 정보개발 팀 과장)

전산학과를 졸업하고 IT를 천직으로 여기는 전형적인 엔지니어다. 시스템 성능이나 개발 방법론 등에 관심이 많고 프로그래밍을 예술이라 여긴다. 팀 내부에서 개발자로서는 가장 인정받고 있으나 기술 외엔 관심이 없어 현업 담당자들과 종종 갈등을 겪는다. 방송과 인터넷에서 떠들어 대는 IT의 장밋빛 선전 문구가 현업 담당자들을 망쳤다고 생각한다.

우예리(33세, 정보개발 팀 대리)

최기술 대리와 같은 팀 3년 선배로 전자공학 전공자다. 홈쇼핑 사이트보다 테크크런치(TechCrunch) 사이트를 좋아하고, 가로수길보다 용산전자상가를 선호하는 흔치 않은 여류 테크니션이다. 신규 기술과 디바이스에 관심이 많은 얼리어답터며, 최신 기술과 관련된 많은 포스팅으로 나름 온라인에선 유명한 파워 블로거다. 특히 관심 있는 최신 IT 기기가 있으면 해외 직구를 통해 구입할 만큼 열성적이고, 기술에 대한 조예도 깊다. 최근에는 신기술을 기반으로 한 사업화 영역에 관심이 많다.

박추진(41세, 전략기획 팀 차장)

한경영 차장과 입사 동기로, 회계 팀을 거쳐 전략기획 팀으로 발령받은 재무통이다. 숫자에 밝고 사업을 읽는 안목이 탁월해 M&A 등의 업무에서도 기지를 발휘했다. 덩치도 크고 목소리도 걸걸해서 산적 같지만 실제로는 전형적인 엘리트의 길을 걸은 스마트한 인물로 소통을 중시 여기는 의리파다.

나현업(36세, 상품개발 팀 과장)

대박은행의 기업영업 팀, 마케팅 팀을 두루 거쳐 최근 상품개발 팀에서 온라인 채널담당자로 근무하고 있다. IT 영역에 대한 이해가 없는 전형적인 문과 출신의 직장인이었지만 출산 후 아이 사진을 찍어 소셜 미디어(Social Media)에 공유하는 취미를 갖게 돼 모바일 메신저, 스마트폰, 클라우드 서비스 등 다양한 최신 IT 서비스 사용에 능숙해졌다. 구글이나 네이버, 페이스북 같은 전문 IT 서비스에 비해 제약도 많고 불편한 대박은행의 IT 시스템에 대한 불만이 많다.

전조심(37세, 신사업추진 팀 과장)

경영학을 전공하고 전략기획 팀을 거쳐 신사업추진 팀으로 온 대표적인 기획 전문가다. 대박은행의 모바일 서비스 쇼미더머니의 실제 기획자기도 하다. 평소에는 조용하고 차분하지만 무언가에 꽂히면 나름 저돌적으로 변하는 성격이다. 평상시에는 차분하게 말하는 말투가 특징이다.

"Time flies like an arrow"

시간이 참 빨리도 지나갔다. 최기술 사원이 대박은행 정보개발 팀에 입사한 지 벌써 4년째. 유독 더 춥게 느껴졌던 지난 겨울을 뒤로 하고 여의도 윤중로의 벚꽃을 네 번째 맞이하는 따스한 봄날, 최기술 사원도 드디어 대리로 진급했다. 신입사원 때만큼은 아니지만 뭔가 강한 자신감과 의지가 새로 샘솟는 것 같았다. 최기술 대리는 다시 한 번 이 대박은행에서 본인의 열정을 보여주리라 다짐했다.

뒤돌아보니 4년간 많은 게 변했다. 함께 이 회사에서 뼈를 묻자며 술잔을 기울이던 입사 동기들은 하나둘 회사를 떠났고 낯설기만 했던 대박은행 건물도, IT 센터도, 지하 직원 식당마저도 익숙해졌다. 매번 식은 땀을 흘리게 만들던, 긴장의 대상이던 현업 담당자들과의 미팅과 전화통화도 자연스러워져 이젠 먼저 농담을 건네곤 한다.

그뿐 아니다. 업무 환경도 참 많이 변했다. 학교 다닐 때 책에서만 보던 클라우드Cloud 서비스와 빅데이터Big Data 같은 신기술도 하나둘씩 보수적인 금융권의 업무 현장에 적용됐다. 차세대 프로젝트가 한창일 때 입사해 입사 첫날부터 밤을 새던 일, 개인정보보호를 위해 수행한 숱한 보안 프로젝트에 스트레스 받던 일, 내부 감사에서 외부 감사까지 그간의 업무들이 주마등처럼 스쳐 지나갔다.

　이러한 변화 속에서 최기술 대리의 업무도 변했다. 처음 정보개발 팀에서 최기술 대리의 담당 업무는 모바일과 인터넷 뱅킹 시스템 운영이었지만 얼마 전부터는 개발이나 운영보다는 시스템 개선방안과 신규 시스템 추진전략 같은 보고서 작성과 관련된 지원 업무가 점차 늘어났다. '왜 이런 걸 날 시키지?'하는 의문이 항상 들었지만, 정보개발 팀 사원급에서 흔치 않은 경영학과 복수전공자의 숙명으로 받아들일 수밖에 없었다. 최고의 기술전문가를 꿈꾸는 최기술 대리 입장에서 이러한 부가 업무는 마음에 들지 않았다. 솔직히 대학 때부터 경영, 전략, 혁신이라는 용어들을 많이 들었지만 애매모호해서인지 잘 이해되지 않았다. 하지만 오늘의 진급 발표는 이러한 새로운 도전 역시 기꺼이 받아들이는 계기가 됐다.

　그래서일까? 최기술 대리는 자신에게 다가온 변화가 왜 발생하는지, 변화에 어떻게 대응해야 하는지, 그리고 변화를 위해 무엇을 해야 하는지 구체적으로 알고 싶었다. 이 기회에 애매모호한 영역을 객관적이고도 냉철하게 분석해보기로 다짐했다.

　"좋아! 이제 이 최기술 대리님께서 멋지게 경영을 정복해주겠어!"

1부 균형

기술은 경영이다

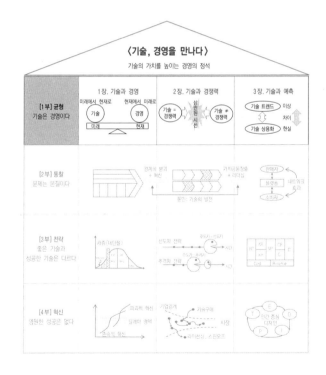

1장

기술과 경영:
과거, 현재, 그리고 미래의 연결

이관리 음… 이게 아닌데… 경영전략과 일치하지 않는 것 같아. 추진방안도
　　　 구체적이지 못하고. 무엇보다 보고서가 기술적인 측면만 검토한 것 같
　　　 아. 비용 대비 효과라든지 고객 증가가 예상된다는 등의 검토는 안 했
　　　 는가?

최기술 대리의 보고서를 본 이관리 팀장의 반응이었다. 인사를 하고 자리로 돌
아오는 길에 한숨이 절로 나왔다. 슬쩍 짜증도 났다. 아무리 생각해도 보고서
업무는 마치 몸에 맞지 않는 옷을 입은 듯이 불편했다.

이런저런 생각으로 답답하고 마음이 무거워져 잠시 바람이라도 쐬러 나가야겠
다는 생각에 엘리베이터로 향했다. 엘리베이터가 도착하고 문이 열리자 낯익
은 얼굴인 정보경영 팀의 한경영 차장이 보여 가벼운 목례를 하고 엘리베이터
에 탔다.

한경영 이봐, 최대리! 무슨 고민 있어? 표정이 안 좋네.

특유의 넉살로 미소를 띄우며 한경영 차장이 이야기했다.

최기술 아, 아닙니다. 그냥 바람이나 좀 쐬려구요.
한경영 에이, 뭘. 평소의 열혈청년 최기술 표정이 아닌데. 고민이 뭐야?

엘리베이터가 1층에 도착하고 건물 밖을 빠져나오며 두 사람은 자연스레 이야
기를 나누기 시작했다. 몇 가지 형식적인 대화가 오가다 이내 경영전략 회의
보고서 이야기로 이어졌다.

한경영 그거였구나… 그래서 최대리 표정이 이렇게 어두웠어.

최기술 네? 무슨 말씀이신지?

한경영 고민의 근원이 그거 아니야? 지금의 업무가 맘에 들지 않는다는 것. 개발 팀은 개발만 하면 되지 이런 보고 업무가 왜 필요한가, 이런 고민 아니야?

'아니, 어떻게 아셨지?' 최기술 대리는 순간 당황했지만 자신의 마음을 꿰뚫어 본 한차장의 말을 듣고 자신의 고민들을 털어놨다.

최기술 네. 얼마 전부터 개발이나 운영 업무보다는 기획이나 전략과 관련된 보고 업무가 많아졌습니다. 그런데 솔직히 어떻게 보고를 해야 하고 어떤 보고를 원하시는지 감이 잘 오지 않습니다. 팀장님께서는 임원보고용 자료니까 계속 기술을 경영의 관점에서 바라보라는 말씀을 많이 하시는데 무슨 의미인지 잘 와 닿지 않습니다.

한경영 음, 그런 고민이라면 내가 도와줄 수 있겠어. 최대리도 이제 조금씩 개발자에서 경영자로 성장하고 있는 것 같은데? 그리고 나도 예전에 비슷한 고민을 많이 했었어. 일단은 당연한 성장통이라고 이해하는 게 좋을 것 같아.

최기술 아, 차장님도 그러셨어요?

한경영 그럼. 그리고 앞으론 기술을 단순한 도구가 아니라 혁신의 매개체로 활용할 수 있는 전략적인 방안에 대해 팀원들과 함께 고민하는 일들이 많아질 거야.

최기술 또 어려워지네요. 혹시 지난번 사내 세미나 때 말씀하셨던 기술경영을 이야기하시는 건가요? 그런데 솔직히 궁금한 게… 기술은 과거부터 꾸준히 활용되어 왔는데 최근 들어 기술경영에 관심을 갖는 이유는 뭘까요?

한경영 그건 세상이 변했으니까. 과거의 기업경쟁력이 생산에 있었다면 지금의 기업경쟁력은 혁신에 있으니까. 그리고 그 혁신을 위한 동인Driver이 바로 기술이 되었고. 과거 경영에서는 기술을 업무를 지원하는 도구 정도로만 취급했다면 이제는 기술을 기업의 가치를 높이는 경영의 핵심 역량으로 인식하게 되었지.

최기술 그럼 기술을 경영한다는 건 뭘까요?

한경영 기술을 경영한다는 건 기술 자체를 넘어 시장, 상품/서비스, 프로젝트, 자원 등과 연계해 입체적으로 바라본다는 거야. 그리고 이를 바탕으로 종합적인 기술전략을 수립하는 것이고. 이런 식으로 하나씩 시작하는 거야.

최기술 아… 그런 건가요? 그런데 쉬운 일은 아닌 것 같아요.

한경영 쉽진 않지. 당연한 반응이야. 나도 그랬으니까. 최대리뿐 아니라 대부분 처음엔 비슷한 반응을 보여.

최기술 그럼 질문 하나 더 드려도 될까요? 기술경영을 잘하려면 기술경영자는 무엇을 해야 하나요? 저 역시 지금 하는 일들을 기준으로 크게 보면 기술경영자의 범주에 들지 않을까 해서요.

한경영 좋은 질문이야! 기술경영을 위해서는 무엇보다 먼저 기술과 경영에 대한 균형 잡힌 안목을 갖춰야 해. 쉽게 말해 기술경영자란 기술의 현재와 미래를 관통하는 통찰력을 갖춘 오케스트라의 지휘자와 같은 역할을 하는 사람이 아닐까? 그럼 지금부터 차근차근 알아보자구.

기술의 고민

최기술 대리처럼 경영전략 등의 보고 업무로 스트레스를 받는 직장인들을 주변에서 심심찮게 볼 수 있다. 이는 경영, 기획 등의 업무는 본인의 고유 업무와는 별개라는 인식에서 출발하는 것으로 주로 엔지니어 같은 기술전문가들이 그러한 경향을 보인다.

하지만 기업이라는 큰 틀을 중심으로 생각해보자. 다양한 팀들과 다양한 역할들이 존재하지만 결국 이 모든 업무는 경영과 관련된 일이다. 따라서 기술전문가들도 경영의 관점에서 기술을 바라보려는 노력이 필요하다.

이제 우리는 단순 기술전문가에서 기술과 경영을 균형 있게 이해하는 기술경영자가 되기 위한 여정을 떠날 것이다. 그 시작으로 1장에서는 기술과 경영의 본질에 대한 다음 4가지 질문으로 시작하겠다. 이 질문들을 통해 기술전문가를 넘어 기술경영자의 관점에서 기술과 경영의 빅 픽처(Big Picture)를 입체적으로 그려보자.

- 기술, 경영 그리고 기술경영이란 무엇일까?
- 왜 기술을 경영해야 할까?
- 어떻게 기술을 경영해야 할까?
- 기술경영자는 무엇을 해야 할까?

1.1 기술, 경영 그리고 기술경영이란 무엇일까?

기술이나 경영이라는 용어는 다양한 분야에서 여러 가지 의미로 사용하는 단어이기에 본격적인 설명에 앞서 기술과 경영, 그리고 기술경영에 대한 정의를 되짚어보고 그 의미를 명확히 하고자 한다. 따라서 1장에서는 먼저 기술, 경영, 기술경영의 정의를 이해하고 각 단어의 본질적인 의미에 대해 구체적으로 살펴보겠다.

기술의 정의

기술Technology이라는 단어가 뜻하는 바는 예나 지금이나 큰 차이는 없다. 하지만 최근 기술의 정의는 기술을 바라보는 관점에서 전통적인 정의와 조금 다르다. 과거의 관점에서는 기술을 투입이 산출로 바뀌는 물리적 과정으로만 이해했다. 즉 기술을 산업기술에 관한 지식의 집합 정도로만 여겼다. 하지만 새로운 관점에서는 투입이 산출로 바뀌는 물리적 과정과 함께 산출물의 질에 영향을 미치는 모든 요소와 여건도 기술의 범주에 포함된다. 따라서 물리적 과정Physical Process과 함께 조직 여건Social Arrangements도 함께 고려하게 됐다. 이로 인해 기술의 정의는 제품, 서비스, 생산, 물류 시스템 등을 개발하는 데 사용되는 이론적, 실무적 지식으로 확대되었다.

결국 최근의 관점에서 기술은 '제품과 서비스의 품질Quality과 경쟁력Competitiveness에 영향을 미치는 모든 요소'라고 정의할 수 있다. 과학과 기술이 다른 이유도 여기에 있다. 과학의 목적은 자연현상을 탐구하고 발견하며 이해하는 것에 있다. 따라서 경제성과 무관하며 Know-Why가 중요하다. 반면에 기술의 목적은 응용에 있다. 따라서 경제성이 중요하고, Know-How, 그리고 혁신을 중요시 여긴다. 이처럼 현대사회에서 기술이 중요한 이유는 경쟁력과 성장, 혁신의 중요한 변수가 됐기 때문이다. 이제 더 이상 기술을 제외하고 전략을 논할 수 없는 시대다. 기술과 경영이 만나야 하는 이유도 여기에 있다.

경영의 정의

경영Management이라는 단어는 업계와 규모를 망라하고 사용되는 만큼 다양한 의미를 갖고 있으며 경영의 정의도 서로 조금씩 다르다. 하지만 경영의 존재 이유를 곰곰이 생각해 보면 그 본질적 의미는 같음을 알 수 있다.

경영이 필요한 가장 큰 이유는 일을 타인과 함께 해야 하기 때문이다. 만일 혼자 모든 일을 잘할 수 있다면 경영은 필요 없다. 나 이외의 사람과 협업해야 하는 순간, 경영의 필요성이 대두된다. 이렇게 본다면 경영은 '타인을 통해 자신(조직/개인)의 목표를 달성해가는 과정'이라고 정의할 수 있다. 다시 말해, 경영은 비전, 미션, 성과와 같은 '목표Task 지향적인 하드웨어적 요소'와 동기부여, 소통, 공감과 같은 '사람People 지향적인 소프트웨어적 요소'의 결합이라고 할 수 있다.

경영자Manager는 타인의 업무 성과에 의해 자신의 업적이 평가되는 사람이다. 따라서 경영자가 된다는 것은 목표와 사람이라는 두 요소에 대한 변화를 의미한다. 한마디로 목표 달성 패러다임이 직접 수행하는 방식Doing에서 타인을 통해 수행하는 방식Managing으로 변화하는 것이다.

인적/물적 자원을 배분하고 조직 내 활동을 지휘하는 경영자에게 중요한 역량은 자신이 밤샘을 하며 직접 일을 처리하는 능력이 아니라 타인에게 영향력을 미치고Influencing 이끄는 능력Leading, 즉 '리더십Leadership'이다. 경영이 있는 곳에 리더십에 대한 고민이 항상 공존할 수밖에 없는 이유도 이 때문이다. 이처럼 다양한 분야에서 경영이 중요한 이유는 목표와 사람이라는 근본적인 요소에 대한 해답을 찾는 과정이기 때문이다.

기술경영의 정의

지금까지 살펴본 기술과 경영의 정의를 바탕으로 기술경영Management of Technology을 정의하면 '기술의 효과적인 활용을 위한 관리의 과정'이라고 할 수 있다. 이를 구체적으로 설명하면 기술경영은 〈그림 1.1〉과 같이 기술의 효과적인 획득/관리/활용을 통해 기술의 사업화를 촉진하고, 경쟁우위를 강화하여, 현재와 미래의 수익창출을 극대화하기 위한 제반 경영활동이라고 할 수 있다.

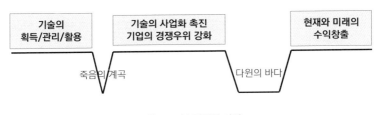

그림 1.1 기술경영의 과정

MEMO

> 죽음의 계곡과 다윈의 바다는 하버드대 경영학자인 루이스 브랜스컴(Lewis M. Branscomb) 교수가 창조적 아이디어와 비즈니스 기회에서 발생하는 적자생존 경쟁원리를 이미지화한 이후 세계적으로 유명해진 이론이다.

또한 기술경영을 세부적으로 살펴보면 기술획득/관리/활용을 통해 어떤 기술을 어떻게 확보할 것인가, 보유 기술을 어떻게 잘 축적하고 보호해 경쟁력을 유지할 것인가, 보유 기술을 어떻게 잘 활용해 수익을 창출할 것인가에 대한 고민이기도 하다. 다음 〈표 1.1〉을 보자.

표 1.1 기술획득/관리/활용

구분	내용	비고
기술획득	• 어떤 기술을 어떻게 확보할 것인가? 예) 자체 개발(R&D)과 외부기술채택(Outsourcing)	• 기술투자 • 기술혁신
기술관리	• 보유 기술을 어떻게 잘 축적하고 보호해 경쟁력을 유지할 것인가? 예) 기술역량 축적, 기술평가, 기술자산 관리 및 보호	• 기술진보 • 자산관리
기술활용	• 보유 기술을 어떻게 잘 활용해 수익을 창출할 것인가? 예) 기존 사업/제품 강화, 신규 사업/제품 개발, 기술 판매	• 이윤창출 • 자산활용

하지만 기술개발이 사업화를 통해 수익창출로 이어지기 위해서는 죽음의 계곡Valley of Death과 다윈의 바다Darwinian Seas라는 난관을 극복해야 한다. 죽음의 계곡이란 기술개발에 내재하는 위험이나 불확실성으로 인해 초기 사업화 단계에 자금이 원활하게 투입되지 않아 개발된 기술이 제품화되는 과정에서 겪는 어려움을 말한다. 그리고 다윈의 바다는 경영과 마케팅, 시장변화 등 기술 외적인 요인들로 인해 양산된 제품이 시장에 안착되기까지 겪는 시련을 말한다. 이처럼 기술경영이란 단순히 기술 자체의 경쟁력뿐만 아니라 기술실현의 실패와 시장의 실패 위험까지 전 과정을 관리해야 한다.

요약하면 기술경영은 '기술의 연구개발부터 시작해 기술의 사업화와 수익창출까지 이르는 기술혁신의 과정'이라고 할 수 있다. 그래서 기술경영을 '기술혁신활동의 경영'이라고도 한다.

이와 같이 기술경영의 범위는 기술획득/관리/활용뿐만 아니라 기술개발의 핵심 목표인 '기술의 사업화', 기술역량의 축적과 제품 서비스의 경쟁력을 확보하는 '경쟁우위 강화', 그리고 현재뿐만 아니라 미래의 수익창출을 준비하는 '현재와 미래의 수익창출' 과정까지 확대되었으며, 기술이 수익으로 이어질 수 있도록 모든 활동을 관리해야 함을 의미한다.

1.2 왜 기술을 경영해야 할까?

앞에서 언급했듯이 기술경영의 궁극적인 목적은 기업의 목적인 수익 창출에 있다. 기술경영은 기술의 개발을 수익으로 이르게 하는 전 과정으로 그 중요성은 굳이 다시 언급하지 않아도 될 듯하다. 그렇다면 최근 들어 기술경영에 주목하는 이유는 무엇일까? 그 원인은 '변화'에 있다. 기업경쟁력 원천이 변했고, 기술개발 패러다임이 변했으며, 이에 따라 기술경영 방식도 변했다. 그럼 지금부터 각 변화가 기술경영에 어떠한 영향을 미쳤는지 자세히 알아보자.

기업경쟁력 원천의 이동

기업활동은 크게 기술개발, 생산, 판매 단계로 구분할 수 있다. 그리고 〈그림 1.2〉와 같이 각 단계별로 기술경영, 생산경영, 마케팅/영업의 경영활동이 수행된다.

그림 1.2 기업활동과 경영활동의 관계

우리나라를 비롯해 과거 산업화 시대에는 기업의 경쟁력이 효율적인 생산에 있었다. 얼마나 적은 원가로 많은 제품을 생산할 수 있는지가 경쟁력의 원천이었다. 즉 산업화 시대에는 생산경영이 가장 중요한 경영활동이었다.

하지만 지금은 어떠한가? 수익의 원천이 원가 절감에서 고부가가치

산업으로 이동하고 있다. 기업경쟁력의 원천은 〈그림 1.3〉에서 보듯이 원가 중심의 생산경영에서 가치창조Value Creation의 기술경영(기술개발)과 가치확보Value Capture의 마케팅/영업(판매)의 두 축으로 이동했다.

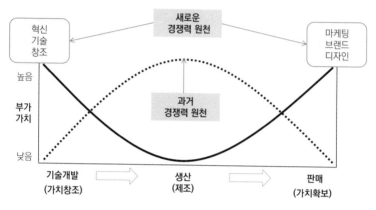

그림 1.3 기업경쟁력 원천의 이동(스마일 커브)

MEMO

스마일 커브(Smile Curve): 과거에는 제조 분야에서 높은 부가가치가 창출됐지만 이제는 제조 전 단계(연구개발, 제품기획, 디자인 등)와 제조 후 단계(마케팅, 서비스 등)에서 훨씬 큰 부가가치가 창출된다는 점을 보여주는 그래프로 모양이 웃는 표정 같아서 '스마일 커브'라 불린다.

기술개발은 기업의 목표 달성을 위해 가장 먼저 자원투입이 일어나는 활동으로 매우 전략적인 활동인 동시에 생산경영과 마케팅에 비해 정성적Qualitative 관리가 필요한 영역이다. 따라서 기술경영은 경영활동에서 중요한 의사결정의 변수가 됐으며, 이에 따라 기술이 경영 환경에서 차지하는 비중은 커졌고 불확실성은 더 높아졌다. 이처럼 기술경영이 기업의 성패에 중요한 영향을 미치게 됨으로써 기술경영을 기업의 성공을 위한 선택사항이 아닌 필수사항으로 여기게 됐다.

기술개발 패러다임의 변화

기업경쟁력의 원천이 생산에서 기술과 판매로 이동함에 따라 기술개발 방식에도 〈표 1.2〉와 같이 커다란 변화가 일어났다. 과거 기술개발은 선진 기술을 빠르게 모방해 값싸게 생산하는 데 주력했다. 하지만 이제는 새로운 가치를 창출해 부가가치를 높이는 방식으로 변했다. 이에 발맞춰 기술개발 방식도 새로운 것을 창조하는 혁신에 초점을 맞추게 됐으며 기술의 형태도 개별/단순 기술에서 융/복합 기술로 발전했다.

결과적으로 과거 프로세스 중심의 단순 반복적인 모방지향적 기술개발 방식이 무너지고 혁신지향적 기술개발 방식이 중요해짐에 따라 효율Efficiency에만 집중하던 개발 방식이 효과Effectiveness도 중요시 여기는 개발 방식으로 패러다임이 전환됐다. 따라서 기술의 위상도 생산성 극대화를 위한 수단에서 기업의 전략적 요소로 변했으며, 이제는 기업의 핵심성공요인Critical Success Factor, CSF으로 기술개발이 큰 비중을 차지하고 있다.

표 1.2 기술개발 방식의 변화

과거	현재
• 추격형(Fast Follower)	• 선도형(First Mover)
• 모방형(Imitation)	• 추월형(Innovation)
• 점진적 혁신	• 점진적 + 급진적 혁신
• 개별/단순 기술 및 시스템	• 융/복합 기술 및 시스템
• 효율 중심	• 효율 + 효과

효율과 효과는 의미가 비슷해 보이지만 큰 차이가 있다. 피터 드러커(Peter Drucker)는 두 용어를 다음과 같이 정의했다.

▶ 효율(Efficiency): 일을 올바르게 하는 것(Doing things right)
▶ 효과(Effectiveness): 올바른 일을 하는 것(Doing the right things)

즉 효율이란 해야 할 일을 잘하는 것을 의미하고, 효과란 불필요한 일은 하지 않고 꼭 해야 할 일을 하는 것을 의미한다.

기술경영 패러다임의 변화

결국 기업경쟁력과 기술개발 패러다임의 변화로 인해 기술경영 패러다임 역시 변했다. 과거 기술경영 방식이 문제를 해결하는 방식Problem Solving에 집중했다면 지금은 문제를 찾는 방식Problem Finding에 집중하고 있다. 따라서 기술경영 방식도 과제 중심에서 목표 중심으로 변했다. 과거 기술경영이 실패를 줄이는 전략을 택했다면 이제는 창조적 혁신을 위해 실패도 감수하는 전략을 택해야 한다. 산업발전을 통해 기술이 발전했다면 지금은 기술혁신이 산업발전을 이끄는 시대다.

기술의 변화는 어떠한가? 기술의 발전 속도는 가히 현기증이 날 정도다. 기술은 그야말로 비약적으로 발전하고 있다. 기술 세계의 시계는 몇 배 이상 빨리 움직이는 듯하다. 이러한 기술 트렌드에 자칫 뒤처지면 경쟁 기업에게 밀려 흔적도 없이 사라질 수도 있다. 따라서 오늘날 같은 초고속 기술발전 시대에 폐쇄적인 기술경영 방식은 한계에 다다랐다. 내부에서만 기술을 개발하던 방식으로는 더 이상 기술의 발전 속도를 따라잡을 수 없다. 반짝이는 스타트업Startup 기업과 전문적인 연구기관, 심지어 선도 사용자Lead User까지, 기술혁신은 회사 밖에서도 활발하

게 일어나고 있다. 이제 기술경영의 경계도 붕괴되고 있으며 기술경영
방식도 〈표 1.3〉과 같이 크게 변했다.

표 1.3 기술경영 방식의 변화

과거	현재
• 실패방지전략(Fail-Safe)	• 실패감수전략(Safe-Fail)
• 문제 해결(Problem Solving) 중요	• 문제 찾기(Problem Finding) 중요
• How-to-Do 중요	• What-to-Do 중요
• 산업발전을 통한 기술혁신	• 기술혁신을 통한 산업발전
• 기술 학습 + 자체 개발	• 자체 개발 + 개방형 혁신

1.3 어떻게 기술을 경영해야 할까?

지금까지 기술경영의 필요성에 대해 기업경쟁력, 기술개발, 기술경영
환경 측면에서 살펴봤다. 오늘날 기술은 그 자체의 중요성을 넘어 기
업의 전략적 요소로 자리 잡았다. 따라서 기술경영이라는 용어에는 '전
략'이라는 의미가 항상 숨어 있다. 그럼 지금부터 기술전략이 무엇인
지, 전략적 대응방안은 무엇인지, 그리고 기술전략 프레임워크는 어떻
게 수립하는지 알아보자.

기술전략의 7가지 영역

전략은 목표, 수단, 실행에 대한 고민으로 시작한다. 따라서 전략적 기
술경영이란 이러한 세 가지 요소를 기반으로 다음과 같이 기술의 전략
목표, 전략 수단, 전략 실행, 프로세스, 자원과 역량(기술과 지식재산/문화와

인재), 조직과 리더십의 7가지 영역에 대한 질문의 해답을 찾는 과정이라고 할 수 있다.

- 전략 목표: 어떤 기술을 선택해야 하고 이 기술을 어떠한 제품에 어떻게 적용해야 하는가?
- 전략 수단: 자체 개발을 통한 기술개발과 함께 외부기술을 어떻게 잘 활용해야 하는가?
- 전략 실행: 투자효율성은 어떻게 확보해야 하는가?
- 프로세스: 프로젝트는 어떻게 관리해야 하며, 신기술은 언제 시장에 진입시켜야 하는가?
- 자원/역량(기술과 지식재산): 어떤 핵심기술역량이 필요하고, 지식재산Intellectual Property, IP은 어떻게 관리해야 하는가?
- 자원/역량(문화와 인재): 어떻게 창의적 문화를 형성하고 창의적 인재를 육성하며 지원할 것인가?
- 조직/리더십: 어떻게 기술개발 활동을 조직화하고 관리할 것인가?

그리고 이러한 전략적 기술경영의 7가지 영역을 도식화하면 〈그림 1.4〉와 같다.

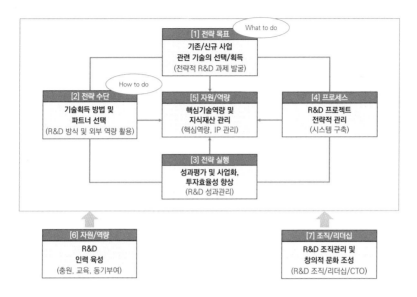

그림 1.4 기술전략의 7가지 영역(출처: 배종태, 카이스트 경영대학)

기술전략의 5가지 이슈

기술전략의 영역을 7가지 측면으로 도출했다면 그다음은 이에 대한 대응방안을 수립해야 한다. 대응방안은 전략적 기술경영의 핵심이슈를 기준으로 다음과 같이 5가지 주제로 나눠 수립할 수 있다.

- 경영전략과 기술전략 연계
- 자체 보유 기술과 함께 외부기술의 효과적인 활용
- 창의적인 기업문화 조성
- 구체적인 기술전략 실행 메커니즘 구축
- 불연속적/획기적 혁신기술관리

이러한 5가지 이슈를 '경영전략 관점'에서 기술선택, 기술목표, 진입시점, 추진방안 등을 결정하고, '가치사슬 관점'에서 기술확보와 활용방안을 고민하며, '자원투입 관점'에서 기술개발 투자의 수익성을 따져봐야 한다. 그리고 '경영/조직 관점'에서 조직과 인력에 대한 기본 방침을 수립해야 한다.

이러한 4가지 관점을 기준으로 5가지 핵심이슈에 대한 구체적인 방안을 도출하면 〈표 1.4〉와 같다.

표 1.4 전략적 기술경영의 핵심이슈 및 대응방안(출처: 배종태, 카이스트 경영대학)

주요 주제	핵심이슈	대응방안(예시)
경영전략과 기술전략 연계	• 경영비전과 기술방향성 일치화 • 신사업 개발과 기술경영 연계 • 기술기획/연구기획 강화 • 부서 간 의사소통/협조 촉진	• 기술전략 회의 신설 • CTO 역할 강화 • 연구기획기능 강화(Technology Roadmap) • R&D 포트폴리오(Portfolio) 관리
자체 개발과 외부기술 활용	• 핵심역량 축적 • R&D 활동의 내실화 • 외부기술 정보탐색 강화 • 개방형 혁신(Open Innovation) 시스템 도입 • 아웃소싱 활용 • 산학협동 활성화	• 핵심기술역량 파악 및 관리, 핵심기술 육성 • 개방형 혁신, 산학협동 확대 • 외주개발 과제의 관리
창의적인 기업문화 조성	• 기초연구, 원천기술개발 강화 • R&D 문화 정착 • 창의적, 자율적 조직운영 및 위임 • R&D 인력 경력관리 강화	• 실패허용문화 조성 • 과제유형별 과제평가 기준의 차별화 • 창의성 촉진 프로그램 개발 • R&D 역할모형 정립
구체적인 기술전략 실행 메커니즘 구축	• R&D 성과평가 시스템 구축 • 연구원 인센티브 시스템 구축 • R&D 정보관리 시스템 보유	• 연구 성과/연구원 평가 기준의 유연성 및 차별화 • 성과평가 및 보상체계 설계 • 사내/외 정보 시스템 및 정보흐름 관리

| 불연속적/
획기적 혁신
기술관리 | • 불연속적/파괴적 혁신을 위한 전
략적 노력
• 불확실성에 대한 투자 방식
• 유연한 조직설계
• 새로운 가치창출 및 시장개발
• 첨단기술 관리 | • 하이테크 마케팅(High-Tech
Marketing) 구축
• 고객, 파트너와의 상호 학습, 사
용자/고객혁신
• 첨단산업별로 특화된 기술경영
• 4세대 R&D 방식 도입 |

각 세대별 R&D와 혁신

[4세대 R&D]
• 최근 등장한 지식사회에서의 **혁신형 R&D**
• 시장통합을 통한 가치창출형 기술개발

4. 불연속적 기술혁신: 혁신경영
• 불연속적(파괴적) 혁신
• 아키텍처/산업 표준(Dominant Design) 중시
• 시장창출형/가치창출형 기술개발

[3세대 R&D]
• 1980년대에서 최근까지 사용되는 **전략형 R&D**
• 전사전략과 통합된 기술개발, TRM 도입/응용

3. 전략적 기술혁신: (전략적) 기술경영
• 목표지향적 관리(Purposeful)
• 전략적/포트폴리오 관리(Portfolio)
• 전사적/부서연계 관리(Partnership)

[2세대 R&D]
• 1970년대의 **관리형 R&D**
• 프로젝트 관리를 통한 사업효율화 지향

2. 개별 프로젝트 관리: R&D 관리
• 개별 프로젝트 중심의 관리
• R&D 관리개념 도입
• 부분적으로 관리체계 존재

[1세대 R&D]
• 1950~60년대의 **연구형 R&D**
• R&D 투자를 통한 기술적 성과 추구

1. 직관적 기술혁신(R&D 관리 부재)
• 직관적 관리(직관/희망에 의존)
• R&D 활동은 관리 외 영역으로 인식
• 장기전략체계 없음

(출처: ADL Miller, 삼성종합기술원)

그림 1.5 세대별 R&D 방식과 경영 방식 비교

기술전략 프레임워크 수립

전략적 기술경영을 위한 7가지 영역에 대한 내용도 살펴보고 5가지 핵심이슈와 대응방안까지 도출했다면 이제 〈그림 1.6〉과 같이 종합적이고 세부적인 기술전략 프레임워크Framework를 수립해야 한다.

기술전략 프레임워크는 다음과 같이 4가지 영역을 큰 축으로 구성한다.

- 기술변화 파악: 기술변화 추세 파악
- 산업특성 분석: 산업 환경 및 구조 분석
- 조직여건 분석: 조직역량과 문화 고려
- 전략적 의지 발휘: 비전 수립

그리고 이를 둘러싼 내부 환경과 외부 환경에 대한 분석을 기반으로 통합적 메커니즘을 통해 기회를 파악하고 생산적 메커니즘을 통해 기회를 실현하는 방안을 수립해야 한다.

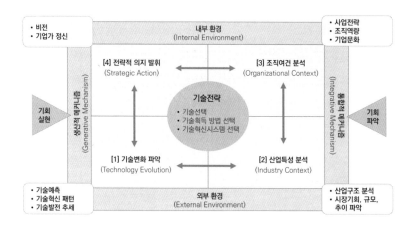

그림 1.6 기술전략 프레임워크(출처: 배종태, 카이스트 경영대학)

1.4 기술경영자는 무엇을 해야 할까?

지금까지 기술경영이란 무엇이고, 왜 기술을 경영해야 하고, 어떻게 기술을 경영해야 하는지 살펴봤다. 그럼 이 과정에서 기술경영자는 어떤 역할을 해야 할까?

무엇보다 기술경영자는 통합적, 전사적, 균형적 관점을 유지해야 한다. 그럼 구체적으로 어떠한 역할을 해야 하는지 알아보자.

통합적 관점의 기술경영

기술전략이 어려운 이유는 경영자들의 기술에 대한 이해와 지식이 부족하고, 단기 성과에만 집중하며, 마케팅/재무에만 초점을 맞추는 경우가 많기 때문이다. 또한 하이테크High-Tech 산업에서만 기술전략이 필요하다는 잘못된 인식도 문제다. 기술경영의 과정에서 기술의 중대 변화는 5~10년 정도로 이루어지는 반면 기업의 계획은 3~5년, R&D 활동은 3년 단위로 계획이 세워진다. 따라서 경영자들에게 있어 장기 계획과 단기 계획에 일관성이 결여된 경우도 많다. 여기에 더해 성공적인 기술경영을 위해서는 기업 내에 향상된 커뮤니케이션이 요구된다. 다시 말해, 기술획득 부문과 기술활용 부문 간의 활발한 커뮤니케이션이 필요하다.

이처럼 기술경영은 통합적 관점에서 프로세스를 관리해야 비로소 성과를 거둘 수 있다. 이러한 통합적 기술경영 프로세스는 〈그림 1.7〉과 같이 Plan(아이디어 창출) - Do(문제 해결) - See(구현&확산)의 3단계로 나타낼 수 있으며 이는 기술혁신의 프로세스 모델Process Model of Innovation로 R&D 프로젝트 관리에도 적용할 수 있다.

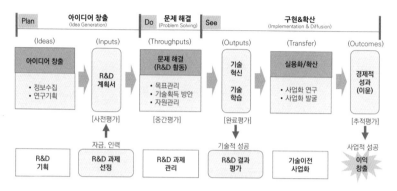

그림 1.7 통합적 관점의 기술경영(출처: 배종태, 카이스트 경영대학)

전사적 관점의 기술경영

통합적 관점의 기술경영 프로세스를 이해했다면 그다음으로 전사적 관점에서 기술경영을 이해해야 한다. 기술개발, 생산경영, 마케팅을 비롯해 인사조직, 재무관리, 정보경영 등의 경영 영역의 큰 축을 바탕으로 전사적 관점에서 다양한 경영 영역과 기술경영을 함께 분석해야 한다. 경영 영역에 대한 전사적인 이해가 뒷받침돼야 비로소 기술전략과 경영전략을 연계하는 안목이 생기며 각 경영 영역별로 기술 영역과 관련된 분야에 대한 체계적인 관리와 전략을 수립할 수 있다. 전사적 관점에서 기술경영과 관련된 구체적인 경영 영역은 〈그림 1.8〉과 같다.

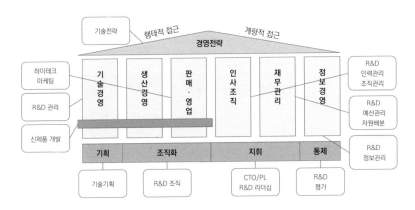

그림 1.8 전사적 관점의 기술경영(출처: 배종태, 카이스트 경영대학)

균형적 관점의 기술경영

통합적 관점과 전사적 관점에서 기술경영을 바라보는 역량을 길렀다면 마지막으로 균형적 관점으로 기술경영을 바라봐야 한다. 기술경영자는 현재의 경쟁력과 미래의 가능성 사이에서 끊임없는 선택을 해야한다. 이를 위해서 기술경영자는 기술 자체에 대한 기본 지식은 물론기술의 경쟁력과 기술의 발전을 예측할 수 있는 지식을 겸비해야 한다. 기술을 알면 새로운 기회가 보이고 경영을 통해 수익을 창출할 수있다. 기술은 미래에서 현재를 바라봐야 하고 경영은 현재에서 미래를향해야 한다. 이처럼 기술경영자는 현재와 미래 사이에서 균형과 조화를 이끌어 내는 사람이다.

마이클 패스벤더Michael Fassbender 주연의 영화《스티브 잡스》에서〈그림 1.9〉와 같이 스티브 잡스가 워즈니악Wozniak에게 세계적인 지휘자 세이지 오자와Seiji Ozawa의 말을 인용하며 다음과 같이 말하는 장면이 나온다.

"연주자는 악기를 연주하지만, 지휘자는 오케스트라를 연주하지
Musicians play their instruments. I play the orchestra ."

그림 1.9 영화《스티브 잡스》(출처: movie.daum.net)

궁극적으로 기술경영자란 현재와 미래 사이에서 기술의 경쟁력과 가능성을 지휘하고 조율하여 성공적인 수익창출이라는 아름다운 음악을 만드는 오케스트라의 지휘자 같은 리더가 아닐까?

표 1.5 균형적 관점의 기술경영(출처: 배종태, 카이스트 경영대학)

구분	내용	세부 내용
기본	기술 자체에 대한 기초지식 (Mechanism of Technology)	• 기술의 작동원리(How it works) • 기술 관련 용어(Terminology, Jargon) • 기술이 사용되는 환경(타 시스템과의 연계, 관련 소재/부품, 수요 산업)
현재	기술의 경쟁력 (Competitiveness of Technology)	• 제품/서비스의 경쟁력을 결정하는 핵심기술요소(특정 기술의 전략적 중요성) • 경쟁사 기술에 대비한 자사 기술의 강점/약점(경쟁우위, 핵심기술역량) • 기술능력의 핵심요소 및 자사의 기술능력(경쟁사 대비) 수준 • 기술의 생명주기 및 대체 기술의 상황

미래	기술의 발전 전망 (Trend of Technology)	• 기술발전의 패턴/방향(해당 산업/시장 및 관련 산업/시장 모두 포함) • 새로운 기술의 원천(개발자) • 특정 기술의 상용화 가능성 및 시기(경쟁 기술을 평가하는 관점/시각)

경영의 지혜

기술전문가가 경영을 알아야 하는 이유

기술의 가치는 기술의 가능성을 제품으로 만들고 시장에서의 치열한 경쟁을 거쳐 세상을 널리 이롭게 하는 데 있다. 그리고 경영의 가치는 이 과정을 가장 효율적이고 효과적으로 수행할 수 있는 방안을 찾는 데 있다. 이는 기술의 성공을 위해서 기술 자체뿐만 아니라 경영을 통해 기술을 둘러싸고 있는 시장, 제품/서비스, 프로젝트, 자원을 단기, 중기, 장기적 관점에서 분석하고 연관 관계를 복합적으로 분석할 수 있어야 한다는 의미다. 따라서 〈그림 1.10〉과 같은 기술로드맵 Technology Roadmap, TRM 수립은 기술을 입체적이고 종합적으로 바라보는 출발점이자 기술전략 수립의 기본적인 단계라 할 수 있다.

최기술 대리의 고민은 기술을 구현 중심에서 벗어나 시장, 제품/서비스, 프로젝트, 자원까지 복합적으로 고민해야 하는 기술경영 중심적 사고로 확장해야 하는 시점에서 생기는 현상이다. 그리고 연차가 거듭될수록 기술에 대한 입체적인 전략 수립 요구는 더 거세질 것이다. 기술의 주변 환경과 시간의 흐름 속에 미래와 현재를 연결하고, 현재에서 미래를 읽어내는 능력은 기술전문가가 리더로 성장하는 데 필수적이다.

그리고 이는 기술전문가가 경영을 이해하고 종합적으로 고민할 수 있을 때 비로소 가능하다. 기술전문가의 성장과 발전은 경영과의 만남에서 시작된다. 기술 그 너머의 가치를 볼 수 있는 힘을 기르는 것, 기술전문가가 경영을 알아야 하는 근본적인 이유다.

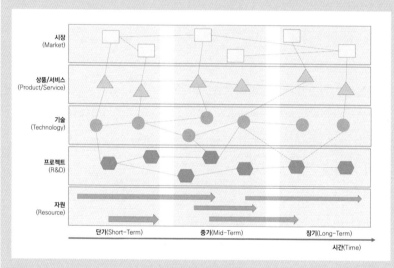

그림 1.10 기술로드맵 수립

기술경영자와 균형감각

개발자, 연구원, 전문경영인, 컨설턴트 모두 중요한 역할이다. 그렇다면 기술경영자는 이들과 어떠한 차이가 있고 무엇이 중요할까? 이러한 차이는 〈그림 1.11〉과 같이 구현과 전략, 전문성과 리더십 측면에서 비교할 수 있다. 최기술 대리는 현재 구현 중심의 전문성을 갖춘 개발자다. 하지만 점차 경영을 통해 전략과 리더십에 대한 중요성을 깨닫고 기술경영자로 거듭나야 한다. 기술경영자에게는 구현과 전략, 전문성과 리더십을 아우를 수 있는 균형감각이 필요하다. 날로 복잡해지는 기술 환경과 치열한 경영 환경 속에서 현상과 본질을 구별하고 합리적인 의사결정을 내릴 수 있는 통찰력을 갖기 위해 균형적인 판단은 필수다.

한 눈만 뜨고 걸어본 적이 있는가? 시야도 좁고 거리 예측도 힘들며 쉽게 넘어진다. 기술이 경영을 만난다는 의미는 기술의 눈만 뜨고 걷다가 기술과 경영이라는 두 눈으로 걷게 된 것과 같다. 두 눈을 뜨고 걸으면 시야도 넓어지고 정확한 거리 예측도 가능하며 무엇보다 균형감각이 생겨 쉽게 넘어지지 않는다. 기술과 경영의 두 눈으로 걸을 때 비로소 제대로 균형을 잡고 걸을 수 있다.

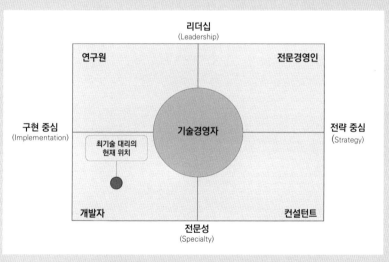

그림 1.11 기술경영자의 포지셔닝(Positioning)

2장

기술과 경쟁력:
기술을 바라보는 상반된 시선

김개발 아니 그게 왜 우리 잘못입니까!

억울함을 가득 담은 정보개발 팀 김개발 과장의 목소리가 회의실 안에 울려 퍼졌다. 덩달아 회의실 구석에 조용히 앉아 있던 최기술 대리도 묘한 긴장감을 느꼈다. 이렇게 회의실 분위기는 점점 뜨거워지고 있었다.

이 회의가 진행된 배경은 이렇다. 어려운 경제상황에서 새로 취임하게 된 CEO는 원가 절감과 위기 극복을 슬로건으로 내걸고 구조조정을 비롯해 불필요한 업무와 프로세스, 시스템들을 과감히 정리하기 시작했다. 대박은행의 자랑이던 모바일 서비스 '쇼미더머니'도 그 정리의 칼날을 피해가지 못했고 시스템 개편과 폐지의 갈림길에 놓였다.

사실 쇼미더머니는 특별할 것이 없던 대박은행에 젊고 혁신적이라는 이미지를 부여하는 데 일조했다. 모바일 시대에 맞춰 개인화된 스마트폰 뱅킹 서비스를 제공해 출시되자마자 주목을 받았다. 하지만 주목도 잠시였을 뿐, 이내 업계 상위권 은행들의 막강한 자본력과 기술력에 추격당하기 시작했고 최근에는 급격히 변하는 기술과 소비자의 까다로운 취향을 따라가지 못해 값비싼 유지보수비만 들이고 실질적인 수익창출에는 기여하지 못하는 애물단지가 돼 버렸다.

나현업 문제가 이 지경까지 이른 건 저희의 요구사항에 대한 피드백이 너무 늦어 시장의 요구에 제대로 대응하지 못한 게 가장 크잖아요. 그러면서도 매년 유지보수 비용은 계속 증가하구요. 이 사태는 정보개발 팀에서 정리하셔야죠?

김개발 무슨 말씀을 그렇게 섭섭하게 하십니까? 저희는 요구한 기능은 모두 구현해드렸습니다. ITSM^IT Service Management과 회의록을 보세요. 저희도 기능을 찍어내는 줄 아세요? 프로세스대로 일을 해야죠. 이 말까진 안 하려고 했는데… 솔직히 문제는 고객의 니즈를 충분히 반영하지 못하고 현실성 없는 무리한 요구만 한 게 가장 크죠.

나현업 뭐라고요? IT 기술은 이미 범용화^Commoditization됐잖아요? 정보개발 팀만 엄청난 개발을 하는 건 아니지 않습니까? 지난 회의 때도 자동화 툴과 생산성이 많이 향상돼서 레고^LEGO처럼 개발하는 시대라고 김과장님이 직접 이야기하신 것 같은데요. 솔직히 중요한 건 비즈니스 프로세스라면서 말이에요.

김개발 IT 기술의 지원이 없으면 비즈니스도 없는 세상입니다. 그리고 기업의 IT는 포탈에서 제공하는 서비스처럼 뚝딱하고 만들 수 있는 게 아닙니다. 기업의 프로세스를 담아야 한다구요.

나현업 이야기 잘하셨네요. 저희가 프로세스를 잡아도 구현이 잘 안 되잖아요? 지금 시대가 어느 시댄데… 솔직히 클라우드 같은 외부의 좋은 서비스가 있어도 아직 업무에 제대로 적용하지 못하고 있잖아요.

김개발 나과장님. 구글이나 네이버 같은 인터넷전문 기업에서 제공하는 서비스들과 기업 IT는 다릅니다. 기업 안팎으로 얼마나 많은 것들을 고려해서 만들어야 하는지 아세요? 물론 전보다 IT 환경이 좋아지고 표준화된 건 사실이지만 시스템은 더 복잡해졌고 이에 따라 기술의 난이도도 높아져 더욱 숙련된 기술력이 필요한 거라고요.

이관리 자자. 나과장도 김과장도 진정들 하고. 일단 우리도 나과장 입장을 충분히 이해했고 오늘은 너무 길어질 것 같으니 이쯤에서 정리하자고. 지금은 둘 다 너무 감정적인 것 같아.

생각보다 날 선 공방이 지속적으로 오가자 가만히 듣고 있던 이관리 팀장이 중재에 나서며 회의는 일단락됐다. 씩씩거리는 김개발 과장과 함께 자리로 돌아온 최기술 대리는 머리가 복잡해졌다. 처음엔 주기적으로 반복되는 현업과 IT 부서의 지루한 힘겨루기라 생각했는데 오늘은 양측의 말이 모두 타당하게 느껴졌다.

인터넷을 뒤져보니 이 문제가 비단 대박은행에만 있는 것 같지는 않았다. 비즈니스 우선Business First이냐 기술 우선Technology First이냐의 문제가 업종과 국가를 초월한 이슈임은 틀림없다. 유명 저널에 실린 기사부터 블로그에 있는 다양한 글까지 하나씩 읽으며 양측 입장이 극명하게 다름을 확인할 수 있었다. 그리고 이 문제는 발생 원인에 대한 근본적인 이해가 뒷받침돼야 해결할 수 있다는 생각이 들었다. 또한 같은 회사에서 같은 목표를 공유하는데 이처럼 서로를 이해하지 못함에 아쉽기도 했다.

'그래, 그럼 이 기회에 현업 부서와 IT 부서 간의 현격한 입장 차를 좁히려면 무엇을 해야 하는지 알아보자'라는 생각이 들어 이내 IT와 현업의 동상이몽을 풀기 위한 방법을 하나씩 정리하기 시작했다.

기술의 고민

과연 어떻게 해야 나현업 과장과 김개발 과장 사이의 동상이몽을 해결할 수 있을까? 나현업 과장은 기술을 도구로만 보는 반면, 김개발 과장은 기술이 경쟁력의 핵심이라고 주장한다. 최기술 대리는 이러한 차이가 기술을 바라보는 관점에서 나오지 않을까 하는 생각이 들었다.

이처럼 기술을 바라보는 상반된 관점은 과거부터 존재해왔다. 그리고 이 온도차를 확인하기 위해서는 양측의 주장을 좀 더 명확히 알아볼 필요가 있다. 이를 통해서 해답에 접근할 수 있는 균형 잡힌 시각을 가질 수 있기 때문이다.

2장에서는 다음 질문을 통해 기술, 즉 IT(Information Technology)를 바라보는 상반된 시선이 발생하는 원인에 대해 알아보고 진정한 기술경쟁력은 어디에 있는지 살펴보겠다. 그럼 지금부터 기술과 경쟁력의 본질에 대한 고민을 시작해보자.

- 기술은 정말 경쟁력을 제공할까?
- [기술 = 경쟁력] 기술이 중요한 이유는?
- [기술 ≠ 경쟁력] 기술이 중요하지 않은 이유는?
- 기술의 경쟁력은 어디에 있을까?

2.1 기술은 정말 경쟁력을 제공할까?

기술에 대한 희망과 회의

'요즘 IT 지원 없이 할 수 있는 업무가 어디 있어!' vs. '중요한 건 기술이 아니라 업무라고!'

기업 경영목표 달성이라는 동일한 목표를 가지고 있지만 서로 다른, IT 부서와 현업 부서의 동상이몽은 대박은행 밖에서도 쉽게 찾아볼 수 있다. 이 때문일까? IT가 활용되지 않는 업무가 없으니 IT야말로 핵심 경쟁우위Competitive Advantage라고 주장하는 IT 부서와 IT는 업무를 실현하는 도구일 뿐 경쟁우위는 업무에 있다고 주장하는 현업 부서와의 온도 차는 항상 존재한다.

정보화 시대에 기술의 효과적인 사용이 기업의 핵심역량이라는 주장도 일리가 있고, 비슷한 기술 회사들이 제공하는 유사한 기술 서비스가 무슨 경쟁력이 있는가라는 주장도 틀리지 않아 보인다. 과연 누구의 주장이 맞는 말일까? 진정 기술은 기업에 경쟁우위를 제공한다고 할 수 있을까? 물론 이러한 상반된 주장에는 모두 타당한 논리와 합당한 근거가 있다.

이와 같은 닭과 달걀의 문제Chicken and Egg Problem에 부딪혔을 때 균형 잡힌 판단을 하려면 가장 먼저 서로의 주장에 귀 기울여 봐야 한다. IT에 대한 이러한 논쟁은 비단 우리나라 사례만이 아니라 IT가 비교적 잘 적용되어 운영되고 있는 숱한 시행착오를 겪은 해외에서도 마찬가지다. 세계적으로 인정받는 IT계의 석학이나 거장들도 현재까지 이러한 주제로 논쟁 중이며, 어떤 의견이 옳다라는 개념보다는 이와 같은 논쟁을 통해 양측의 입장을 어떻게 수용하고 어떤 식으로 발전해 나아가야 하는지에 대해 알아보는 것이 중요하다.

따라서 어떠한 균형 잡힌 시각으로 IT를 바라봐야 하는지에 대해 고민하기 위해 서로 다른 온도 차를 잘 보여주는 두 편의 글Article을 소개하고자 한다. 단순히 현재 사례를 중심으로 양쪽의 감정 섞인 의견을 듣기보다는 이러한 논쟁을 객관적으로 바라보기 위해 비교적 잘 정리된 해외 사례를 중심으로 현재를 바라보는 것이 좀 더 효과적일 수 있기 때문이다.

한 편은 IT에 대한 투자가 경쟁력 있는 차별화를 만든다고 주장하는 앤드루 맥아피Andrew McAfee와 에릭 브린욜프슨Erik Brynjolfsson의 'Investing in the IT That Makes a Competitive Difference(차별화된 경쟁력을 만드는 IT에 투자하라)'라는 제목의 글이고, 다른 하나는 기술은 범용화되어 경쟁우위를 제공하지 못하므로 IT는 중요하지 않다고 주장하는 니콜라스 카Nicholas G. Carr의 'IT Doesn't Matter(IT는 중요하지 않다)'라는 제목의 글이다.

두 글은 모두 세계적인 경영전문 잡지인 하버드 비즈니스 리뷰 Harvard Business Review, HBR에 실린 글로 상반된 두 주장을 대표한다는 평가를 받는 매우 훌륭한 글이다. 두 글은 미국 시장을 기준으로 설명해 다소 생소할 수 있지만 기술과 경쟁우위에 대한 관계를 깊이 있게 고민하고 싶다면 한 번은 꼭 읽어봐야 할 수준 높은 글이다. 그럼 세계적인 석학들은 어떠한 근거로 서로 상반된 주장을 하는지 그들의 의견에 귀 기울여 보자.

2.2 [기술 = 경쟁력] 기술이 중요한 이유는?

MIT 교수인 앤드루 맥아피와 에릭 브린욜프슨은 2008년 8월 HBR에 기고한 'Investing in the IT That Makes a Competitive Difference'라는 글을 통해 IT는 치열한 경쟁에 우위를 점할 수 있는 혁신의 도구라고 주장하며 기술이 그 차이를 더 넓히는 동인Driver이 된다고 말했다. 그럼 두 교수가 어떠한 근거로 IT가 경쟁우위 확보에 중요한 역할을 수행한다고 주장하는지 살펴보자.

앤드루 맥아피와 에릭 브린욜프슨의 기술에 대한 긍정적인 태도는 다음 제목으로 테드(TED)에서 발표한 내용에서도 확인할 수 있다.

▶ 앤드루 맥아피
  • Are droids taking our jobs?(로봇이 우리의 직업을 대체할 수 있을까?)
  • What will future jobs look like?(미래의 직업은 어떤 모습일까?)

▶ 에릭 브린욜프슨
  • The key to growth? Race with the machines(성장의 열쇠는 기계와의 협력이다).

기술과 경쟁의 상관관계

두 교수는 기술이 경쟁우위를 제공한다는 근거로 IT 투자 비용의 증가와 경쟁 양상 간의 상관관계를 들었다. 먼저 'IT 투자 비용 측면'에서 살펴보면, 미국 내 IT 설비(하드웨어와 소프트웨어)에 대한 총 지출 비용은 〈그림 2.1〉과 같이 1990년대 중반 이후 급증하기 시작했다.

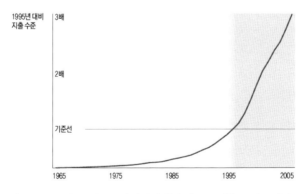

그림 2.1 미국의 총 기업 IT 설비의 달러 환산 가치 추이(출처: 미국 경제분석국)

그리고 '경쟁 양상의 변화 측면'은 산업 집중도^{Industry Concentration}, 격변도^{Turbulence}, 실적 격차^{Performance Spread}의 3가지 지표를 기준으로 살펴보겠다.

표 2.1 경쟁 양상의 변화 측정 지표

지표	의미	해석
산업 집중도	소수 기업이 대부분의 시장점유율을 차지하는 승자독식주의 산업구조 정도	산업 집중도가 높을수록 승자독식주의가 지배하는 정도가 높다고 판단
격변도	산업 내 기업들의 판매 순위가 변화되는 정도	판매 순위가 빈번하게 바뀔수록 격변도가 높다고 판단
실적 격차	ROA(자본이익률), 순수익, 시가총액 등 기본적인 실적 측정 지표에서의 차이 정도	기업 임원과 투자자들이 중시하는 기본 실적 지표에서 차이가 많이 나면 실적 격차가 크다고 판단

그 결과 경쟁 양상의 변화는 산업 집중도, 격변도, 실적 격차 모두 소비 가전, 자동차 부품 제조 업체처럼 IT 집약도가 높은 산업, 즉 IT 의존도가 높은 산업에서 그 변화의 양상이 더 두드러지게 나타났다. 그 변화 양상을 각 지표별로 자세히 분석하면 다음과 같다.

산업 집중도

산업 집중도는 〈그림 2.2〉와 같이 모든 산업에서 수십 년 동안 감소세를 나타냈지만, IT 투자 비용이 급증한 1990년대 중반부터 상승하기 시작했다. 산업 집중도의 절대적인 수준은 IT 집약도가 낮은 산업이 IT 집약도가 높은 산업보다 높지만, 1990년대 중반 이후 상승률은 IT 집약도가 낮은 산업보다 IT 집약도가 높은 산업이 더 높았다. 이는 IT 투자로 인해 승자독식의 시장구조가 더 강화됐음을 의미한다. 다시 말해 IT 투자로 인해 최상위 기업과 최하위 기업 간의 격차가 더 확대됐음을 의미한다.

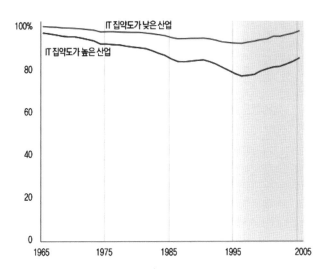

그림 2.2 20대 기업의 시장점유율(출처: 미국 경제분석국)

격변도

격변도 역시 〈그림 2.3〉과 같이 IT 집약도가 높은 산업에서 높게 나타났는데, 이러한 현상은 1990년대 중반부터 심화됐다. 이는 IT 집약도가 높은 산업에서 업계 최대 매출 기업 순위가 바뀌고 올해 10위 기업이 내년에는 1위로 올라가는 등의 변화가 더 빈번히 발생했다는 의미다. 따라서 IT 집약도가 높은 산업에서 경쟁이 더 치열함을 알 수 있다.

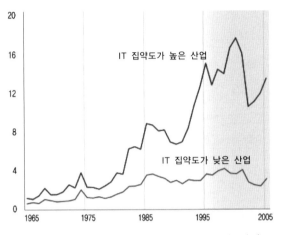

그림 2.3 전년 대비 평균 순위변동(출처: 미국 경제분석국)

실적 격차

실적 격차 또한 〈그림 2.4〉와 같이 1990년대 중반부터 IT 집약도가 높은 산업에서 상위 25% 이내 기업과 하위 75% 기업의 격차가 급격하게 확대됐다. 이는 IT를 잘 활용하는 기업과 그렇지 않은 기업 간 생산성이 크게 벌어졌음을 의미한다.

그림 2.4 상위 기업과 하위 기업 간 격차(출처: 미국 경제분석국)

경쟁의 패러다임을 바꾼 기술

지금까지 살펴본 바와 같이 IT 투자 비용이 급증한 1990년대 중반부터 경쟁 양상 지표인 산업 집중도, 격변도, 실적 격차에 모두 큰 변화가 있었다.

1990년대 중반부터 IT를 효과적으로 사용하는 기업이 나머지 기업들을 크게 따돌리면서 산업 집중도는 더 커졌고, 경쟁 기업들이 앞다퉈 IT를 이용해 비즈니스 모델을 혁신함에 따라 경쟁이 더 치열해져 격변의 강도는 더 높아졌으며, IT 투자로 인해 생산성 격차가 벌어짐에 따라 뒤처진 업체들이 소외되어 실적 격차는 IT가 도입되기 이전보다 더욱 커졌음을 보여준다.

결론적으로 IT 투자 비용과 새로운 경쟁구도 사이에는 분명한 상관관계가 존재한다고 말할 수 있다. 이러한 현상을 한마디로 정리하면, 'IT 투자 급증에 따른 생산성 향상과 경쟁 양상의 근본적인 변화'라고 할 수 있다. 그리고 이러한 변화가 발생한 이유는 저렴한 네트워크 비용과 함께 ERP^Enterprise Resource Planning나 CRM^Customer Relationship Management 같은 강력한 IT 도구 덕분에 기업이 조직에 비즈니스 프로세스 변화를 신속하게 이끌 수 있었기 때문이다. 따라서 비즈니스 프로세스의 IT화가 경쟁 변화 양상을 이끈 핵심요인이라고 할 수 있다. 그리고 IT 투자의 급격한 증가에 따라 경쟁 양상은 'IT 기반 디지털 프로세스 경쟁'이 됐다.

하지만 주의할 점이 있다. IT 기반 디지털 프로세스 경쟁에서는 경쟁우위를 오랜 기간 유지하기 힘들다. 왜냐하면 경쟁사 역시 자체적인 IT 기반 프로세스 혁신으로 반격하기 때문이다. 따라서 이러한 치열한 경쟁 환경에서 경쟁우위를 차지하고 지속적으로 유지하기 위해서는 도입Deploy, 혁신Innovate, 전파Propagate 측면에 대한 대응전략을 수립해야 한다.

　이를 구체적으로 설명하면 도입 측면에서는 구형 시스템을 연계하기보다 일관성 있는 기술 플랫폼을 도입하고, 혁신 측면에서는 효율적인 비즈니스 프로세스의 혁신을 통해 경쟁 기업들과 차별화를 꾀하며, 전파 측면에서는 기술 플랫폼을 통해 비즈니스 프로세스 혁신을 전사적으로 광범위하게 전파하라는 의미다. 이는 일관성 있는 기술 플랫폼을 도입/구축하여 비즈니스 프로세스를 혁신하고 전사적으로 전파하라는 의미다. 결국 기업의 경쟁우위는 'IT 기반 비즈니스 프로세스 혁신'에 있기 때문이다. 그리고 성공적인 IT 기반 프로세스는 다음과 같이 6가지 특징을 갖고 있다.

- 프로세스의 적용 범위가 광범위하다. 예를 들면 모든 지점, 공장, 배송 팀까지 새로운 업무 프로세스가 광범위하게 적용된다.
- 성과가 즉각적으로 나타난다. 새로운 기업 시스템이 실행되는 즉시 프로세스에도 변화가 바로 나타난다.
- 구체적이다. 일반적인 가이드를 제시하는 것이 아니라 주문 접수나 배달과 같은 비즈니스 활동까지 세부적이면서 구체적으로 지정한다.
- 일관성이 있다. 언제, 어디서나 동일한 방식으로 실행한다. 예컨대 모든 매장에서 같은 방식으로 리드 타임Lead time을 선정하고 배송도 같은 방식으로 마감한다.
- 모니터링이 쉽다. 모든 활동과 사건을 실시간으로 관찰하고 추적할 수 있다. 이를 통해 다양한 기회를 포착할 수도 있다.

- 확실히 실행된다. IT에 녹아 있는 새로운 프로세스가 계획대로 실행되도록 한다. 기존 방식대로 프로세스를 실행하지 못하며 실행하더라도 문제점이 바로 드러나 시정되도록 한다.

지금까지 기술이 경쟁우위의 핵심이라는 주장의 근거를 살펴봤다. IT 투자 비용과 산업 집중도, 격변도, 실적 격차라는 지표 간의 상관관계를 분석함으로써 IT 투자가 기업의 경쟁 양상과 밀접한 관계가 있음을 확인했다. 그리고 IT는 기업 간 차이를 약화시키기보다 오히려 더 강하게 만들었다. 이는 기업들 간에는 혁신을 선택하고 도입하며 활용하는 능력이 다른데 IT가 이러한 차이를 가속화하고 확대시켰다는 의미다. 결국 IT가 시장의 독점화와 경쟁의 심화를 불러왔다.

이러한 현상은 60여 년 전 경제학자 조지프 슘페터[Joseph Alois Schumpeter]가 예견한 자본주의의 격렬한 '창조적 파괴[Creative Destruction]' 양상과도 일치한다. 그리고 치열한 경쟁시장에서는 경쟁 기업 역시 신속히 모방해 따라오기 때문에 우위를 확보했다고 해서 그 기간이 오래 지속되지는 않는다. 따라서 IT를 기반으로 한 지속적인 비즈니스 프로세스 혁신이 필요하다.

MEMO

'창조적 파괴'는 경제학자 조지프 슘페터가 만들어낸 말이다. 기술발전에 있어 경제가 얼마나 잘 적응해 나가는지를 설명하기 위해 이 개념을 제시했다. '기술혁신'으로서 낡은 것을 파괴, 도태시키고 새로운 것을 창조하고 변혁을 일으키는 '창조적 파괴'의 과정이 기업경제의 원동력이며, 이윤이란 바로 이 '창조적 파괴'를 이끈 기업가의 정당한 노력의 대가라는 주장이다.

(출처: 사이언스타임즈)

지금까지 살펴봤듯이 IT를 기반으로 한 경쟁 양상의 변화는 계속될 것이다. 이러한 흐름은 IT 집약도가 높은 미국에서는 물론 다른 국가에서도 IT 투자가 늘어나는 가운데 계속 이어질 것이다. IT는 후발 기업에게는 선두 업체를 따라잡을 수 있는 기회를 제공하며, 선두 기업에게는 경쟁우위를 지속하고 강화할 수 있는 혁신의 도구가 된다. IT를 효과적으로 사용해 기업의 프로세스를 어떻게 혁신하느냐에 따라 기업의 차별화와 경쟁력도 크게 차이 나는 시대가 됐다.

따라서 기업의 경영자는 IT를 기반으로 비즈니스를 혁신할 수 있는 방법에 대해 끊임없이 고민해야 하며, 이 과정에서 IT는 지속적으로 기업에 성장과 혁신의 기회를 제공할 것이다.

2.3 〔기술 ≠ 경쟁력〕 기술이 중요하지 않은 이유는?

『유리감옥』(한국경제신문사, 2014), 『생각하지 않는 사람들』(청림출판, 2011)의 저자로 유명한 니콜라스 카는 2003년 5월 'IT Doesn't Matter'라는 파격적인 제목으로 HBR에 기고한 글을 통해, IT의 보급이 빠르게 진행되면서 전기, 철도, 전화와 마찬가지로 IT 역시 비용만 지불하면 살 수 있는 일용품화Commoditization가 되어 더 이상 전략적 가치Strategic Value를 제공하지 못한다고 말한다.

전략적 가치는 어디에나 존재하는 편재성Ubiquity이 아니라 희소성Scarcity에서 나오는데 일용품된 IT는 더 이상 희소성이 없으므로 경쟁우위를 제공하지 못한다는 논리다. 따라서 IT, 즉 기술의 일용품화를 촉진하는 지금 시대에서는 제목 그대로 'IT는 중요하지 않다'고 주장한다.

기술의 일용품화를 촉진하는 요인

그럼 어떠한 요인이 기술의 일용품화를 촉진할까? 그 요인은 다음과 같이 4가지로 정리할 수 있다.

- 공유Share와 표준화Standardization: 기술은 독립적으로 사용될 때보다 공유되었을 때 더 큰 가치를 갖는다. 따라서 상호 운용성Interoperability 확보나 표준화 노력 등은 IT의 인프라화Infrastructure를 촉진하는 역할을 한다.
- 복제성Replicability: 기업들이 자체적으로 시스템을 개발하기보다는 벤더Vendor들이 제공하는 소프트웨어를 도입하는 것이 이미 일반화됐다. 벤더들이 제공하는 비즈니스 솔루션에 포함돼 있는 비즈니스 프로세스와 기능 역시 소프트웨어와 함께 복제된다.
- 인터넷Internet: 인터넷은 기업이나 개인이 필요로 하는 소프트웨어를 인터넷을 통해 빌려 쓸 수 있도록 해주었다. 다양한 클라우드 서비스는 인터넷을 통해 일용품화된 IT의 대표적인 사례라 할 수 있다.
- 가격 인하Price Deflation: IT의 가격은 빠르게 감소하고 있다. 동일한 가치를 제공하는 IT의 가격은 빠르게 감소하고 있는 반면, 동일한 비용으로 사용할 수 있는 IT의 성능은 올라가고 있다.

경영자들은 이처럼 IT가 희소성이 있는 독점 기술Proprietary Technology에서 편재화된 인프라 기술Infrastructural Technology이 됐는데도 IT를 통해 얻는 이익이 영원할 것이라고 믿는 함정에 빠진다. 그리고 인프라 기술이 된 이후에 기대할 수 있는 것은 비용적인 이익Cost Advantage뿐이지만 이 역시 유지하기 쉽지 않다. 그럼에도 불구하고 IT 업체들은 기업들의 지속적인 수요를 발생시키기 위해 최신 IT를 도입하지 않으면 경쟁에서 뒤처진다고 경영자들을 위협하면서 결국은 IT에 대한 과투자 Overinvestment를 유도한다.

기술이 일용품화된 시대의 전략

IT가 일용품화가 된 시대에는 기업의 기술경영전략을 공격적Offense이 아닌 방어적Defense으로 수립해야 한다. 이를 위한 구체적인 실천방안 으로는 다음 3가지가 있다.

- IT 비용을 줄여야 한다Spend Less. 일용품화된 IT에 대한 투자로 경쟁 우위를 확보하기는 어렵다. 따라서 낭비되는 IT 비용을 줄여 수익을 늘려라.
- IT 기술을 먼저 도입하지 말라Follow, don't lead. 무어의 법칙Moore's law 에 의하면 기다릴수록 비용적 측면에서 더 유리하게 IT 기술을 도입할 수 있다. 또한 기다릴수록 초기 기술에 존재하는 결함이나 쇠퇴하는 기술을 도입하는 위험도 피할 수 있다. 따라서 리더Leader가 되지 말고 기술이 검증된 뒤에 도입하는 추격자Follower가 되라.
- IT 기회가 아니라 IT 취약점에 집중하라Focus on vulnerabilities, not opportunities. 성숙된 기반 기술의 효과적인 사용으로 경쟁우위를 확보하기는 어려운 반면 기술의 일시적인 사용 중단은 큰 문제를 일으킬 수 있다. 따라서 IT를 통한 기회 확보보다는 기술적 결함이나 정전, 보안 침해 등과 같은 IT 취약점에 더 집중해야 한다.

이제 대규모 IT 투자가 더 많은 수익창출로 이어지는 경우는 거의 없다. 오히려 그 반대로 더 높은 수익창출을 위해 IT 투자를 늘리게 된다. 또한 IT가 제공하는 이익보다 IT 전략과 기업 전략의 불일치로 인한 리스크가 더 크다.

결론적으로 일용품화된 IT는 필요하기는 하지만 차별화 요소는 되지 못하므로 전략적 관점에서 더 이상 중요하다고 말할 수 없다. 과거 IT가 차별화의 주요 수단으로 인식되던 시절에는 IT에 대한 공격적인 투자, 경쟁사보다 한발 앞선 신기술 도입, 그리고 이를 통한 기회 확보가 강조됐다. 하지만 IT가 더 이상 전략이나 차별화의 도구로서의 가치를 제공하지 못하는 시대에서는 공격적인 접근법보다 방어적인 접근법이 더 바람직하다.

지금까지 IT와 경쟁우위 관계의 상반된 주장을 살펴봤다. 하지만 한 가지 더 살펴봐야 할 점이 있다. 바로 이 두 글이 작성된 시대적 배경과 IT를 바라보는 관점이다.

먼저 시대적 배경 측면에서 보면 앤드루 맥아피과 에릭 브린욜프슨이 'IT 투자가 기업경쟁력에 큰 영향을 미친다'고 주장했던 2008년은 모바일로 인해 IT붐이 다시 일어나기 시작한 시기로 신기술의 등장에 따라 기술을 통한 경쟁우위 확보에 다시 주목하기 시작한 때였다. 반면에 니콜라스 카가 'IT는 중요하지 않다'고 주장했던 2003년은 닷컴 버블이 꺼지던 시기로 IT를 기반으로 한 벤처기업들이 급격히 무너지고 있었다. 따라서 IT 투자에 대한 회의론이 더 많은 공감을 얻었던 시기다. 이처럼 시대적 배경에 따라서도 관심을 받고 설득력을 얻는 주장이 달라질 수 있다.

다음은 IT를 바라보는 관점이다. 앤드루 맥아피와 에릭 브린욜프슨의 글은 산업 관점, 즉 거시적 관점에서 IT 투자와 경쟁력의 상관관계를 분석했다. 큰 그림으로 보면 IT 투자와 산업의 성장은 그 궤적을 같이한다. 반면에 니콜라스 카는 기업 관점, 즉 미시적 관점에서 IT 투자의 문제점에 대해 지적했다. 유사한 IT 서비스를 제공하는 업체가 증가함에 따라 기업 입장에서는 IT가 제공하는 차별화 요소는 소멸했으며 따라서 경쟁력은 동일한 IT 서비스를 최소의 비용으로 사용하는 데에서 나온다고 주장한다.

이처럼 기술을 바라보는 시대적 배경과 관점에 따라서도 기술과 경쟁력에 대한 설득력이 달라지고 상반된 주장이 나올 수 있다.

지금까지 세계적인 석학들의 두 글을 통해 IT와 경쟁력에 대한 상반된 주장을 살펴봤다. 이처럼 대립된 의견이나 주장이 있을 때 서로 다른 의견을 비교하면 균형감각이 생겨 객관적인 판단을 할 수 있다. 여기에 더해 시대적 배경이나 바라보는 관점을 읽어내는 입체감을 더하면 예리한 통찰력Insight까지 겸비할 수 있다.

현재까지도 IT와 경쟁력에 대한 상반된 주장은 진행 중이고 앞으로도 이러한 상반된 의견은 계속될 것이다. 하지만 중요한 점은 어떠한 경우에서든 균형감각과 입체감을 유지하면서 통찰력을 가지고 문제의 본질을 정확히 파악하는 일이다. 특히 기술과 관련된 경영의 의사결정인 경우 이러한 통찰력 없이는 합리적 판단이 불가능하다.

기술을 관통하는 경영전략, 경영을 관통하는 기술전략이 필요한 이유가 여기에 있다. 물론 기술이 전부가 될 순 없다. 하지만 기술 없는 경영은 정글과 같은 지금의 치열한 경영 환경에서 생존할 수 없다는 사실 역시 잊지 말아야 한다.

2.4 기술의 경쟁력은 어디에 있을까?

문제는 핵심역량

지금까지 살펴봤듯이 기술을 바라보는 시각에 따라 의견이 다를 수 있다. 그럼 이러한 차이는 어디에서 오는 것일까? 그 차이는 바로 기술이 치열한 시장에서 경쟁자를 이길 수 있는 힘을 제공하는 '핵심역량Core Competence'인지 여부에 달렸다.

기술이 기업의 핵심역량이 아니라면 기술은 일용품화된 편리한 도구에 불과하겠지만, 기술이 기업의 핵심역량이라면 기업의 경쟁력을 좌우하는 중요한 전략적 요소가 되기 때문이다.

기업을 나무라고 했을 때, 핵심역량은 기업의 지속적 성장과 경쟁력 유지를 가능하게 하는 뿌리와 같다. 따라서 핵심역량 측면에서 기술과 경쟁력의 관계를 파악할 필요가 있다. 이를 구체적으로 말하면 경쟁우위와 전략적 중요도 측면에서 기술이 기업의 경영활동에 필요한 핵심역량인지 분석해야 한다. 그러면 이를 통해 핵심기술역량Core

Technological Competence을 도출할 수 있다. 다음 〈표 2.2〉를 보자.

표 2.2 핵심기술역량 분석 기준

구분	요소	설명
경쟁우위	차별화된 경쟁우위 제공 여부	기업에게 경쟁우위의 원천을 제공해야 함
	모방의 어려움	경쟁자가 모방하기 어려워야 함
전략적 중요도	시장의 진출, 적용 가능성	다양한 제품/서비스 등 넓은 영역의 시장에 접근 가능해야 함
	가치창출 여부	고객효용 증대와 고객가치창출에 기여해야 함

경쟁우위와 전략적 중요도를 측정하는 방법은 〈표 2.3〉과 같이 각 측면에 대한 5개의 질문을 5점 척도(1: 전혀 그렇지 않다 ↔ 5: 확실히 그렇다)로 평가한 다음, 〈그림 2.5〉와 같이 매트릭스에 표시하면 보유한 기술들을 정량적으로 비교할 수 있다. 전략적 중요도는 낮으나 경쟁우위가 높은 기술은 잉여Surplus 기술이므로 투자를 지양한다. 반면에 전략적 중요도는 높으나 경쟁우위가 낮은 기술은 격차Gap를 줄이기 위해 기술의 경쟁우위 개선에 힘써야 한다.

표 2.3 핵심기술역량 파악을 위한 질문

경쟁우위 측면
1) 이 기술 부문의 내부 역량과 경쟁력은 경쟁사에 비해 우월한가?
2) 이 기술 때문에 우리 기업이 독특하고 차별화된 경쟁우위를 가지는가?
3) 이 기술을 통한 우리의 경쟁력이 제품에 제대로 반영 및 실행되고 있는가?
4) 이 기술(역량)은 경쟁사가 모방하기 힘든 기술인가?
5) 이 기술은 특허나 노하우 등 다양한 방법으로 잘 보호되어 있는가?

1) 이 기술 부문은 우리 회사의 성공에 매우 큰 영향을 미치는 중요한 전략기술인가?
2) 이 기술은 여러 제품 시장에 진출할 때 공통적으로 활용될 수 있는 기술인가?
3) 이 기술(역량)이 광범위한 제품 시장에 침투할 수 있는 잠재력으로 작용하는가?
4) 이 기술(역량)을 제품에 활용해 고객에게 큰 가치를 창출하는가?
5) 이 기술(역량)을 신제품에 적용하면 제품 가격이 높아져도 고객의 효용 증대로 인해 고객들은 여전히 구매의사를 가지는가?

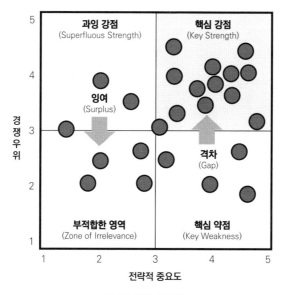

그림 2.5 핵심기술역량 비교

기술과 경쟁력의 관계는 핵심기술역량의 유무에 있다는 사실을 기억하고 과거, 현재, 미래의 관점에서 기술과 경쟁력의 관계 파악과 핵심기술역량 보유를 위해 노력해야 한다. 그리고 핵심기술역량이 경쟁의 패러다임을 바꿀 수 있는 경쟁력이 되도록 끊임없는 연구와 개발이 필요함을 잊지 말아야 한다.

경쟁력 결정요인 분석

경쟁력! 분야를 막론하고 이 단어만큼 중요하게 여기는 단어가 또 있을까? 모든 경영활동의 목적은 바로 이 '경쟁력'을 높이기 위한 피나는 노력의 과정이라고 해도 과언이 아니다. 그럼 경쟁력은 무엇을 의미하는 것일까? 좋은 기술이 경쟁력의 전부라고 말할 수 있을까?

최기술 대리가 겪은 현업과 IT 부서와의 극심한 갈등은 기술만 아는 IT 부서와 경영만 아는 현업 부서 간의 경쟁력에 대한 가치관의 차이 때문에 발생했다. IT 부서는 좋은 기술이 최고의 경쟁력이라고 주장하고, 현업 부서는 좋은 영업과 마케팅이 가장 중요한 경쟁력이라고 주장한다. 하지만 기술과 경영은 서로 보완적인 관계다. 따라서 기술은 〈그림 2.6〉 마이클 포터의 5가지 경쟁요인 분석Porter's 5 Forces Analysis을 기반으로 산업의 경쟁 강도와 산업구조 변화 등과 함께 파악해야 비로소 진정한 기술경쟁력을 확보할 수 있다.

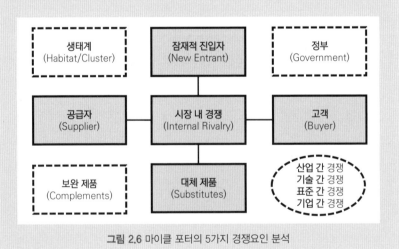

그림 2.6 마이클 포터의 5가지 경쟁요인 분석

마이클 포터(Michael E. Porter)는 '현대 전략 분야의 아버지'라 불리는, 명실
공히 경영전략의 세계 최고 권위자다. 피터 드러커, 톰 피터스와 함께 세계 3대
경영석학으로 평가받은 바 있다. 경영학과 경제학을 가로지르고 개별 기업, 산
업구조, 국가를 아우르는 연구를 전개해 지금까지 17권의 저서와 125편 이상의
논문을 발표했다. 저서 중 『마이클 포터의 경쟁전략』(21세기북스, 2008), 『마이
클 포터의 경쟁우위』(21세기북스, 2008), 『마이클 포터의 국가 경쟁우위』(21세
기북스, 2009) 3부작은 '경영전략의 바이블이자 마스터피스'로 공인 받고 있
다. 여기서 제시한 경쟁우위, 산업구조 분석, 5가지 경쟁요인, 본원적 전략, 전
략적 포지셔닝, 가치사슬, 국가경쟁력 등의 화두는 전략 분야를 넘어 경영학 전
반에 새로운 지평을 열었다.

(출처: 네이버 지식백과)

만일 쇼미더머니의 경쟁력 부진 이유를 이러한 5가지 경쟁요인을
기준으로 생태계, 정부, 보완 제품, 그리고 산업 간/기술 간/표준 간/기
업 간 경쟁까지 함께 고려한 다음 분석 모델을 수립해 논의했다면 상
품개발 팀과 최기술 대리가 속한 정보개발 팀 간의 불필요한 감정싸움
대신 건설적인 의견교환의 장이 됐을 것이다.

본원적 경쟁전략 수립

기술의 경쟁력 분석을 마쳤다면 다음 단계는 기술의 경쟁전략을 수립
해야 한다. 경쟁전략의 대표적인 모델은 〈그림 2.7〉과 같이 경쟁범위
(시장범위)와 경쟁우위에 따라 원가우위 전략, 차별화 전략, 원가 중심 집
중화 전략, 차별적 집중화 전략으로 구분한 마이클 포터의 본원적 경
쟁전략이다.

향후 쇼미더머니의 회생을 위해서는 이 4가지 관점에서 경쟁전략

을 수립해야 한다. 그런 다음 각 전략에 맞는 기술요소를 선별해 핵심 기술역량을 발굴하고 경쟁력으로 유지하도록 노력해야 한다. 예컨대 차별화 전략을 선택하고 쇼미더머니에 사용 위치나 패턴에 따라 경쟁 은행에는 없는 개인화된 금융서비스를 제공하기로 결정했다면 빅데이 터를 기반으로 하는 정보분석 기술이 핵심기술역량이 되어 집중적인 투자대상이 될 것이다.

다음 회의 때 상품개발 팀과 정보개발 팀이 지금까지 살펴본 마이 클 포터의 5가지 경쟁요인 분석 모델과 본원적 경쟁전략 매트릭스를 함께 활용해 논의한다면 문제 해결에 놀라운 진전이 있을 것이다. 이 처럼 기술의 경쟁력을 논의할 때에는 단순히 기능의 우수성이 아니라 기술을 둘러싼 환경과 변수를 고려해야 한다.

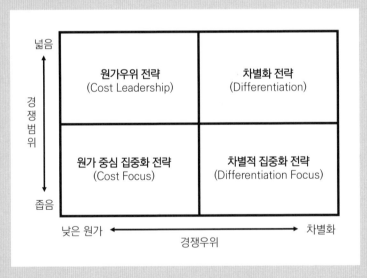

그림 2.7 마이클 포터의 본원적 경쟁전략

복합적인 문제를 입체적이고 논리적으로 분석하고 싶다면 마이클 포터처럼 2차원 매트릭스 방식의 분석 방법을 사용해 보자. 복합적인 문제를 한눈에 비교할 수 있어 전략보고서 등에서 유용하게 활용할 수 있다.

3장

기술과 예측:
기술의 이상과 현실

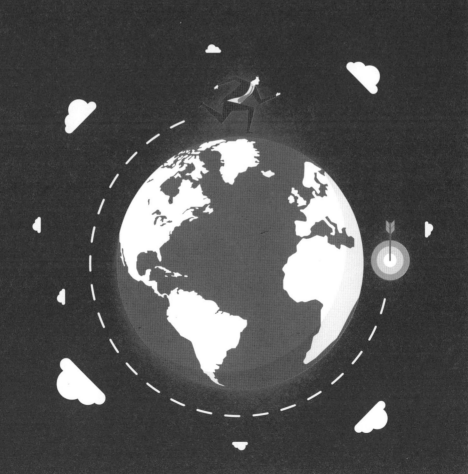

최기술 대리는 지난번 상품개발 팀과의 회의 후 많은 생각을 하게 됐다. 무엇보다 IT, 즉 기술 중심으로만 생각하지 않고 현업의 입장도 고려해야겠다는 생각이 들었다. 그리고 IT 중심이 아닌 사용자와 비즈니스 니즈^{Needs} 중심으로 문제를 풀려는 노력이 기술경영의 첫 걸음이라는 사실도 깨달았다.

'아, 정말 이해할 게 너무 많구나.'라는 생각이 마음을 무겁게 할 즈음에 시계를 보니 벌써 점심시간이 지난 후였다. 사무실을 둘러보니 대부분 공석이었다. 하지만 바로 옆 파티션에서 의자에 기대어 뭔가를 생각하는 입사 3년 선배 우예리 대리가 보였다.

'그래, 오늘은 우선배랑 밥을 먹어야지'라며 우예리 대리를 찾아갔다. 항상 밝은 모습으로 후배들에게 알찬 양질의 조언을 해주던 그녀였는데 오늘은 왠지 표정이 어두워 보였다.

최기술 선배! 점심시간인데 뭐 하세요? 사무실에 아무도 없는데 오늘은 저랑
        같이 드시죠!
우예리 아, 최대리. 그럼 그럴까?

직원 식당으로 향하는 내내 최기술 대리는 어두운 표정으로 말없이 있는 우예리 대리가 신경 쓰였다. 그러다 안 되겠다 싶어 슬그머니 이유를 물어보았다.

최기술 선배! 무슨 일 있어요?
우예리 아, 이번에 사내 공모전으로 진행했던 신사업 아이템이 탈락되고 말았어.
최기술 네? 이번 신사업 아이템은 준비 많이 했잖아요? 빅데이터랑 IoT^{Internet}

of Things를 연계한 분석 시스템인가 그렇죠? 요새 주목받는 분야라 잘 될 줄 알았는데….

우예리 그러게. 나도 이번엔 잘 될 줄 알았는데 그렇게 됐네.

최기술 혹시 신사업 아이템 TF 팀장이 한경영 차장님 아니었나요?

우예리 맞아. 합리적인 분이라 생각했는데 속상해….

밥 먹는 내내 최기술 대리는 이해가 되지 않았다. 우예리 대리의 사업 아이템은 현업 부서와 정보개발 팀 사이에서 긍정적인 피드백을 많이 받았다. 최기술 대리는 채택되지 않은 이유에 대해 곰곰이 생각하다 뭔가 이유가 있지 않을까라는 생각에 한경영 차장을 찾아갔다.

한경영 그것 때문에 우대리가 침울해 있어? 하긴, 많이 아쉬울 거야. 아이디어는 참신했는데 아직은 이른 감이 없지 않았어.

최기술 하지만 빅데이터와 IoT는 다양한 성공 사례가 늘고 있지 않나요? 금융뿐 아니라 다양한 산업에서도 많은 관심을 보이고 있고요. 그리고 이러한 기술은 선도적으로 도입해야 경쟁력을 확보할 수 있을 것 같은데요.

한경영 물론 그럴 수도 있지. 하지만 실제 비즈니스에 적용할 때 더 우선시 되어야 하는 건 기대감Expectation이 아니라 기술적 구현 가능성Feasibility과 경제적 사업 가능성Viability이 아닐까? 기술만이 아니라 기술의 사업성도 함께 봐야지. 그런 의미에서 난 빅데이터와 IoT 기술을 현재 시점에서 대박은행의 비즈니스에 적용하기에는 리스크가 다소 높아 보이는데.

한경영 차장은 기술과 경영을 균형 있게 잘 이해하는 사람이라 생각했는데 신기술 도입에 보인 냉담한 반응에 실망감을 감출 수 없었다.

최기술 신기술이니 부족할 수 있지 않을까요? 그리고 그런 시행착오야 말로
　　　다른 회사들이 가질 수 없는 자산이 될 수 있고 많지는 않지만 해외 사
　　　례를 잘 참고하면 리스크는 극복할 수 있는 수준이라고 생각합니다.
한경영 기술의 장점만 보고 장밋빛 기대감에 부풀어 긍정적으로 검토할 수 있
　　　겠지. 하지만 경영자 입장에서 의사결정을 할 때 기술에 대한 기대만으
　　　로 선택할 순 없어. 기술전문가 입장에서는 신기술에 대한 기대가 크겠
　　　지만 신기술에 대한 기대는 잠시 높아졌다가 금세 사라지는 경향이 있
　　　거든. 그리고 가장 중요한 점은 사업성이야. 우대리의 사업계획서에는
　　　그 부분에 대한 분석이 부족했어. 신규 사업이 기술 검증 프로젝트는
　　　아니잖아. 기술의 가능성이 아니라 현실성이 검증되어야 신규 사업으
　　　로서 추진할 수 있는 기본적인 조건을 갖췄다고 할 수 있지 않을까?

신기술을 '기회'로 보는 관점과 '리스크'로 보는 관점이 공존한다는 것은 최기
술 대리에게 신선한 충격이었다. 기술의 장점에만 집중한 나머지 기술의 사업
성이나 수익성에 대한 예측은 등한시했던 자신을 뒤돌아 볼 수 있었다. 실제로
신문, 잡지, 인터넷과 같은 다양한 미디어에서 나오는 이야기들을 곱씹어 보니
실질적인 예측보다는 기술의 장점만을 집중적으로 부각시키고 장밋빛 기대감
만을 심어놓은 글들이 생각보다 많았고 이로 인해 편향된 시각을 갖게 된 것은
아닌가 하는 생각도 들었다.

기술의 고민

최기술 대리는 한경영 차장과의 대화를 통해 우예리 대리의 아이디어가 기술의 장점에만 집중한 것을 알게 됐다. 그리고 사업화가 진행되기 위해서는 기술적 구현 가능성과 경제적 실현 가능성에 대한 고민이 필수적이라는 사실을 깨달았다.

이처럼 기술의 흐름을 예측할 때에는 기술의 발전에 따른 기술의 성숙도를 고려해야 한다. 기술의 가능성과 함께 실질적으로 적용 가능한지 여부를 판단해야 기술의 이상과 현실 사이에 존재하는 격차(Knowing-Doing Gap)를 줄여 올바른 기술전략을 수립할 수 있다.

3장에서는 다음 질문을 통해 기술의 변화와 예측에 필요한 경영의 핵심 내용들을 파악해 보고자 한다. 기술의 변화를 감지하고 올바르게 예측하는 것은 회사의 성장과 발전에 직결되는 중요한 요소라는 사실을 깨닫고 어떻게 기술을 예측하고 적용할지 고민해 보자.

• 기술은 어떻게 변할까?
• 기술예측이 어려운 이유는?
• 기술을 어떻게 예측할까?

3.1 기술은 어떻게 변할까?

'기술은 살아있다!'

기술도 생명체처럼 생로병사의 과정을 거쳐 시장에서 탄생하고 사라진다. 이러한 기술의 발전 단계는 일반적으로 〈그림 3.1〉과 같이 제품수명주기Product Life Cycle, PLC와 그 궤를 같이한다.

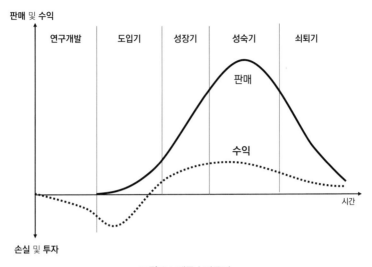

그림 3.1 제품수명주기

연구개발[R&D]을 통해 탄생한 제품은 도입기[Introduction], 성장기[Growth], 성숙기[Maturity], 쇠퇴기[Decline]를 거친다. 이 과정에서 판매된 제품을 통해 연구개발에 투입된 비용을 만회하고 수익을 올린다. 물론 판매가 부진할 때에는 손실을 볼 수도 있다.

기술 역시 제품과 유사한 수명주기를 따른다. 하지만 기술은 일반적인 제품수명주기 외에 다음과 같이 기술의 특성에 입각해 3가지 측면에서 수명주기를 분석한 대표적인 이론이 존재한다.

- 기술의 발전 측면: 기술이 S자 모양의 패턴으로 성장하고 혁신이 일어나며 발전한다는 S커브[S-Curve] 이론이다.
- 기술의 확산 측면: 기술이 시장에서 상이한 사용자 집단 간에 확산되는 메커니즘을 나타내는 기술수용주기[Technology Adoption Life Cycle,

TALC 이론이다.

- 기술의 기대 측면: 시간에 따른 대중의 기대수준을 나타낸 가트너의 하이프 사이클Hype Cycle이다.

글로벌 시장조사 기관인 가트너(Gartner.com)는 하이프 사이클과 함께 매직 쿼드런트(Magic Quadrant)로 제품이나 기업을 비교해 주기적으로 발표하는 것으로 유명하다. 매직 쿼드런트란 〈그림 3.2〉와 같이 조사 업체를 '비전 완성도'와 '실행 능력'을 기준으로 평가해 '선두 기업', '도전 기업', '비전 기업', '틈새시장 기업'의 4개 그룹으로 분류한다.

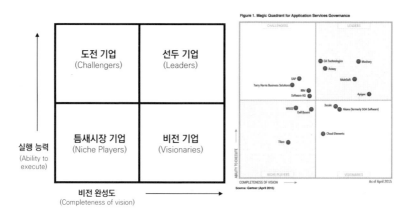

그림 3.2 가트너의 매직 쿼드런트

이러한 이론을 활용해 기술의 흐름을 예측하면 기술의 발전, 확산, 기대심리 등의 변화 패턴을 예측해 경영의 의사결정에서 중요한 근거 자료로 활용할 수 있다. 그럼 지금부터 각 이론에 대해 하나씩 살펴보자.

〔기술의 발전〕 S커브 이론

S커브S-Curve 이론에 따르면 기술의 발전은 〈그림 3.3〉과 같이 초기에는 완만한 기울기를 갖다가(도입기), 임계점을 지난 이후부터 급속히 성장하며(성장기), 일정 시점 이후부터는 다시 완만하게 수렴하는(성숙기) 형태로 발전한다. 하지만 기술이 한계점에 이를 때까지 계속 발전하는 것은 아니며 새롭게 출현한 혁신적인 기술로 인해 대체될 수도 있다.

이처럼 새로운 기술로 인해 산업에서의 경쟁구도가 뒤집히는 경우를 파괴적 혁신Disruptive Innovation이라고 한다. S커브 이론은 존속적 혁신Sustaining Innovation과 함께 파괴적 혁신 같은 불연속적인 혁신을 설명할 때 많이 사용되며, S커브 패턴을 통해 기술의 발전 속도와 한계, 그리고 대체 기술의 출현에 대한 깊이 있는 예측을 할 수 있다.

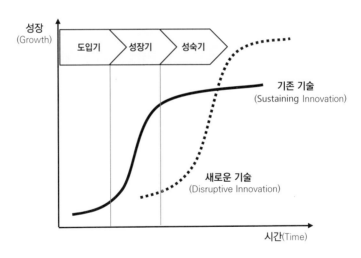

그림 3.3 S커브 그래프

〔기술의 확산〕기술수용주기 이론

기술수용주기Technology Adoption Life Cycle, TALC 이론은 미국의 사회학자 에 버렛 로저스Everett M. Rogers가 그의 저서 『개혁의 확산』(커뮤니케이션북스, 2005)에서 소개한 이론으로 새로운 기술이나 새로운 제품을 채택하는 데 걸리는 시간에 따라 소비자를 혁신 수용자Innovators, 선각 수용자Early Adoptors, 전기다수 수용자Early Majority, 후기다수 수용자Late Majority, 지각 수용자Laggards와 같이 5개의 그룹으로 나눴다.

〈그림 3.4〉와 같이 기술수용주기 이론은 하이테크High-Tech 마케팅에 서 초기 시장과 주류 시장 사이에 단절이 존재한다는 '캐즘Chasm' 이론 과 함께 자주 사용된다. 캐즘이라는 개념은 스탠포드대 영문학박사 출 신인 제프리 무어Geoffrey A. Moore가 그의 저서 『제프리 무어의 캐즘 마케 팅』(세종서적, 2015)에서 처음으로 사용했다.

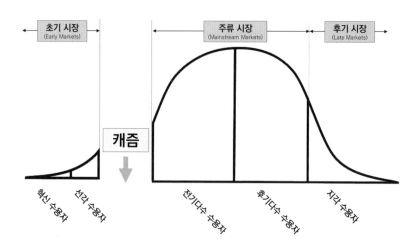

그림 3.4 기술수용주기

〔기술의 기대〕 하이프 사이클 이론

하이프 사이클Hype Cycle 이론은 글로벌 시장조사 기관인 가트너가 제시한 개념으로 〈그림 3.5〉와 같이 시간의 흐름에 따라 대중의 기술에 대한 기대수준Expectations은 소개 단계인 기술/혁신 촉발Technology/Innovation Trigger, 기대 충만 단계인 과장된 기대의 정점Peak of Inflated Expectations, 실망 단계인 환멸 단계Trough of Disillusionment, 확산 단계인 계몽 단계Slope of Enlightenment, 안정 단계인 생산성 안정 단계Plateau of Productivity와 같이 5단계를 거치며, 초기 과장된 기대가 최고 정점에 달했다가 거품이 꺼지고 시장에서 서서히 받아들여지면서 확산된다는 이론이다.

하이프 사이클 이론은 X축과 Y축을 각각 시간과 기대수준으로 구성하고 그 위에 성숙도를 의미하는 그래프가 있으며, 이 그래프를 따라 개별 기술의 단계 수준을 표시한다. 특정 기술을 수명주기상의 단계와 대중의 인지도, 그리고 범용적으로 적용될 시점 같은 정보를 추가적으로 제공한다는 점에서 기존의 다른 수명주기 이론과 차이점을 가진다.

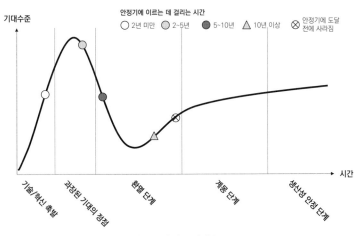

그림 3.5 하이프 사이클

지금까지 살펴본 3가지 대표적인 기술수명주기 이론은 기술예측에 필요한 통찰력은 기르는 데 필수적인 내용으로 별도로 자세히 다루겠다.

먼저, S커브 이론은 기술의 발전 관점에서 수명주기를 분석한 이론으로 존속적 기술과 혁신기술의 출동을 나타내는 파괴적 혁신의 토대가 되는 이론이다. 따라서 10장, '파괴적 혁신'에서 자세히 살펴본다.

그다음으로 기술수용주기 이론은 기술의 확산 관점에서 상이한 소비자 계층에서의 기술전달 패턴을 나타낸 이론으로 하이테크 마케팅의 토대가 되는 중요한 이론이다. 이 내용은 7장, '캐즘'에서 자세히 알아본다.

3장에서는 하이프 사이클에 대해 논의한다. 하이프 사이클은 기술에 대한 기대 관점에서 다양한 기술의 단계를 그래프상에 함께 표시해 한눈에 확인/비교할 수 있고 매년 주기적으로 발표되므로 기술 간 발전 단계를 지속적으로 예측하는 데 매우 유용하다.

지금까지 언급한 대표적인 이론들은 직관적인 방법으로 기술수명주기의 큰 흐름을 이해하고 동향을 파악할 있도록 도와주므로 일반적으로 기술전략수립Information Strategy Planning, ISP과 같이 기술의 흐름에 대한 분석이 필요할 때 좋은 근거 자료가 된다. 특히 하이프 사이클은 기술에 대한 대중의 기대가 시간이 지남에 따라 어떻게 변화되는지에 대한 표준화된 패턴을 제공한다는 점에서 기술을 예측할 때 한 번은 꼭 참고하게 되는 그래프다.

그런데 왜 하이프 사이클은 다른 기술수명주기 그래프와 달리 규칙적이거나 대칭적인 모습이 아니라 다소 낯선 비대칭적인 궤적을 그리고 있을까? 바로 이 궤적에 기술에 대한 기대감의 이상과 현실의 비밀이 숨어 있다. 그럼 하이프 사이클이 어떻게 구성돼 있고 어떠한 중요한 의미가 담겨 있는지 하나씩 살펴보자.

3.2 기술예측이 어려운 이유는?

기술에 대한 인지부조화

'인지부조화Cognitive Dissonance'란 미국의 심리학자 레온 페스팅거Leon Festinger가 1950년대에 발표한 책『인지부조화 이론』(나남, 2016)을 통해 널리 알려지게 된 용어로, 일반적으로 태도와 행동이 서로 일관되지 않거나 모순이 존재하는 상태를 나타낼 때 자주 사용한다. 이러한 인지부조화는 기술에 대한 대중의 기대수준과 활용의 차이에서도 발생한다. 다음 두 가지 사례를 생각해 보자.

[사례1] 너무 앞서가지 말라

신기술이 처음 등장했을 경우다. 초기에는 새로움에 대한 관심과 기대로 인해 신문과 방송, 그리고 인터넷에 관련 기사들이 쏟아져 나오기 시작한다. 예컨대 빅데이터, IoT, 핀테크Fintech 등의 새로운 기술을 앞다퉈 소개하는 프로그램이나 기사가 폭발적으로 늘어난다. 그러면 해당 기술에 대한 대중의 관심 역시 급격히 증가한다. 하지만 초기에는 기술에 대한 객관적인 분석이나 깊이 있는 이해가 부족한 상태이므로 신기술의 장밋빛 미래만 보이게 되어 기술에 대한 기대가 최고조에 달한다. 하지만 이 시기에는 정작 신기술을 적극적으로 받아들이거나 사용하려는 기업이나 사례는 많지 않다.

[사례2] 너무 **빨리** 포기하지 말라

앞선 사례와는 반대로 초기의 신기술에 대한 폭발적인 기대가 잦아들 경우다. 신기술이 대중의 관심에서 멀어지고 어느덧 익숙한 기술로 인식될 즈음, 해당 기술을 지원하는 솔루션이 앞다퉈 출시되고 적용 사례도 속속 등장하면서 기술을 도입하고 활용하려는 움직임이 증가한다.

이처럼 기술의 인지부조화란 기술에 대한 대중의 기대수준과 활용의 움직임이 상반된 형태로 일어나는 현상을 말한다. 비단 새로움에 대한 초기의 폭발적 기대와 점진적인 변화가 기술에만 국한되는 얘기는 아니지만 기술에서 이러한 특징이 더욱 뚜렷하게 나타난다. 그럼 지금부터 기술의 인지부조화가 왜 일어나는지 하이프 사이클을 통해 하나씩 알아보자.

하이프 사이클의 탄생

앞서 살펴봤듯이 기술은 처음 등장해서 주목을 받고, 기대치가 부풀려져 많은 관심을 받다가 점차 그 거품이 줄어들어 사라지거나, 개선과 실용적인 활용을 통해 일반적인 기술로 적용되기도 한다. 이러한 과정을 두 단계로 구분하면 초기 신기술에 대한 '폭발적인' 기대감이 만든 단계와 기술의 발전에 따른 '점진적인' 기대감의 단계로 구분할 수 있다.

하이프 사이클은 〈그림 3.6〉과 같이 이 두 단계가 합쳐져 탄생한 그래프다. 그래프의 이름을 '과장'이나 '과대'라는 의미의 '하이프Hype'라 명명한 이유도 신기술 등장에 따라 나타나는 시장의 초기 과장과 흥분 현상을 강조하기 위함이다.

이상적인 측면에서 기술에 대한 기대감은 짧은 시간에 집중적인 관심을 받는 폭발적인 형태를 띤다. 반면에 현실적인 측면에서 기술의 발전은 일반적으로 배아기Embryonic, 신생기Emerging, 미숙기Adolescent, 초기 주류Early mainstream 단계를 차례로 거치며 S커브 형태로 점진적으로 발전한다. 이처럼 하이프 사이클은 기술에 대한 이상과 현실이 결합해 탄생했다.

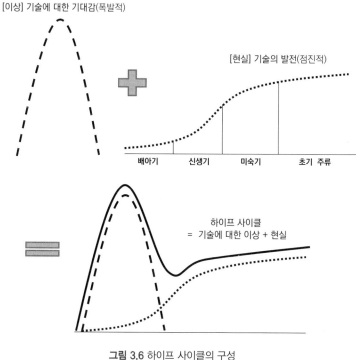

그림 3.6 하이프 사이클의 구성

하이프 사이클의 분석

신기술에 대한 기대감은 〈표 3.1〉과 같이 5단계로 구분할 수 있다.

표 3.1 하이프 사이클의 5단계 분석

단계	명칭	설명
1	기술/혁신 촉발 (Technology/ Innovation Trigger)	• [태동기] 잠재적 기술이 관심을 받기 시작하는 시기 • 초기 단계의 개념적 모델과 미디어의 관심이 대중의 관심을 불러 일으킨다. • 상용화된 제품은 없고 상업적 가치도 아직 증명되지 않은 상태다.
2	과장된 기대의 정점 (Peak of Inflated Expectations)	• [거품기] 초기의 대중성이 일부의 성공적 사례와 다수의 실패 사례를 양산해 내는 시기 • 일부 기업이 실제 사업에 착수하지만 대부분의 기업들은 관망한다.
3	환멸 단계 (Trough of Disillusionment)	• [거품 제거기] 실험 및 구현이 결과물을 내놓는 데 실패함에 따라 관심이 시들해지는 시기 • 제품화를 시도한 주체들이 포기하거나 실패한다. • 살아 남은 사업 주체들이 소비자들을 만족시킬 만한 제품 향상에 성공한 경우에만 투자가 지속된다.
4	계몽 단계 (Slope of Enlightenment)	• [재조명기] 기술의 수익 모델을 보여 주는 좋은 사례들이 늘어나고 기술에 대한 이해도도 높아지는 시기 • 2-3세대 제품들이 출시되고 많은 기업들이 사업에 투자하기 시작한다. 하지만 보수적인 기업들은 여전히 유보적인 입장을 취한다.
5	생산성 안정 단계 (Plateau of Productivity)	• [안정기] 기술이 시장의 주류로 자리 잡기 시작하는 시기 • 사업자의 생존 가능성을 평가하기 위한 기준이 명확해지고 시장에서 성과를 거두기 시작한다.

물론 모든 기술이 이 단계를 거치는 것은 아니다. 중간 단계에서 사라지는 기술도 많다. 또한 각 단계를 거쳐가는 속도 역시 기술마다 다르다. 따라서 〈그림 3.7〉과 같이 가트너에서 실제로 하이프 사이클을 발표할 때에는 기술별로 마지막인 5단계에 몇 년 후에 도달하게 될

지 구분해 표시함으로써 각 기술에 대한 발전 속도를 추정할 수 있다.

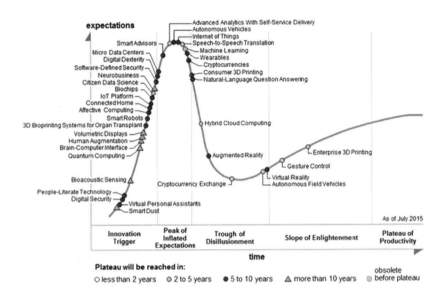

그림 3.7 하이프 사이클(출처: 가트너)

하이프 사이클의 의미

하이프 사이클에서 보듯이 기술의 기대감과 기술의 활용에는 말 그대로 인지부조화가 존재한다. 기술의 기대감이 가장 큰 '과장된 기대의 정점 단계(2단계)'는 기술에 대한 거품이 가장 큰 단계이므로 기술의 활용 측면에서는 가장 위험한 시기일 수 있으며, 기술의 기대감이 최저점인 '환멸 단계(3단계)'는 기술에 대한 거품이 제거되어 기술을 활용해 새로운 기회를 포착하기에 가장 좋은 시기라고 할 수 있다.

이는 하이프 사이클을 기술수용주기 이론과 비교하면 그 의미를 더 명확히 파악할 수 있다. 다음 〈그림 3.8〉을 보자.

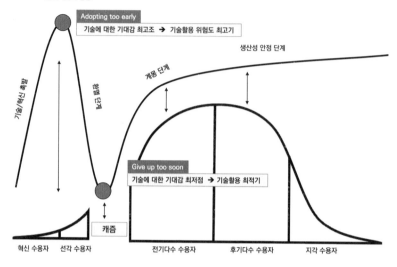

과장된 기대의 정점

Adopting too early
기술에 대한 기대감 최고조 ➔ 기술활용 위험도 최고기

생산성 안정 단계

계몽 단계

기술(혁신)촉발

환멸 단계

Give up too soon
기술에 대한 기대감 최저점 ➔ 기술활용 최적기

캐즘

혁신 수용자　선각 수용자　　　전기다수 수용자　　　후기다수 수용자　　　지각 수용자

그림 3.8 하이프 사이클과 기술수용주기 간의 관계

　시장의 관심도가 최고조에 달한 시기는 선각 수용자를 중심으로 집중적인 관심을 받는 초기 단계다. 이 시기에 기술의 수준도 최고조에 달했다고 오해할 수 있으나 기술수용주기에서 보면 캐즘 직전 단계로, 구체적인 캐즘 극복 전략이 없다면 주류 시장으로 넘어가지 못하고 사장될 수도 있다. 따라서 기술활용도 측면에서는 위험Risk 역시 최고조인 시기다. 그러므로 기술에 대한 대중의 관심이 최고조인 시기는 기술의 채택 관점에서 보면 너무 이른 시기라고 할 수 있다.

　반면에 대중의 관심이 식어가면 이미 성숙기에 들어섰다고 판단하거나 한물간 기술로 간주해 해당 기술을 소홀히 취급할 수 있다. 하지만 이 시기는 기술수용주기에서 보면 캐즘에서 벗어나 주류 시장으로의 진입을 눈앞에 두고 있는 단계로, 캐즘 극복에 성공한다면 본격적인 성장기를 맞이할 수 있는 기술들이다. 따라서 기술에 대한 대중의 기대감은 최저지만 기술의 채택 관점에서 보면 최적기인 시기다. 따라서 기술의 기대감이 낮다고 해서 너무 빨리 포기한다면 경쟁자들에게 시장을 내주는 실수를 범할 수 있다.

물론 기술수명주기를 이러한 이상적인 그래프와 같이 정확히 예측하기란 매우 어려운 일이다. 또한 모든 기술이 이러한 패턴을 정확히 따르는 것도 아니다. 따라서 기술수명주기 이론에 대한 비판과 반박도 끊임없이 제기되고 있다. 그럼에도 불구하고 기술수명주기 예측이 중요한 이유는 기술의 큰 흐름을 통해 패턴을 파악하고 일관된 기준을 제공하기 때문이다. 그리고 그 과정에서 시행착오를 겪으면서 해당 기술에 대한 타당한 기술수용주기 이론을 선정하고 예측의 신뢰도를 높일 수 있는 통찰력과 안목을 기를 수 있다.

MEMO

기술의 예측은 단순한 '감'이 아니라 연구방법론에서 중요시 여기는 타당성과 신뢰성을 기반으로 해야 한다.

▶ 타당성(Validity): 올바른 측정 도구와 측정 방법을 사용했느냐를 말한다. 다시 말해, 측정 도구가 측정하고자 하는 개념이나 속성을 얼마나 정확히 반영하느냐의 정도를 의미한다.

▶ 신뢰성(Reliability): 측정 대상을 정확하게 선정해 타당성 있는 도구와 방법을 신뢰할 수 있게 사용했느냐를 말한다. 동일한 현상(대상)에 같거나 유사한 측정 도구를 사용해 반복 측정할 경우 동일하거나 비슷한 결과를 얻을 수 있는 정도를 의미한다.

타당성과 신뢰성의 관계를 비교하면 〈그림 3.9〉와 같다.

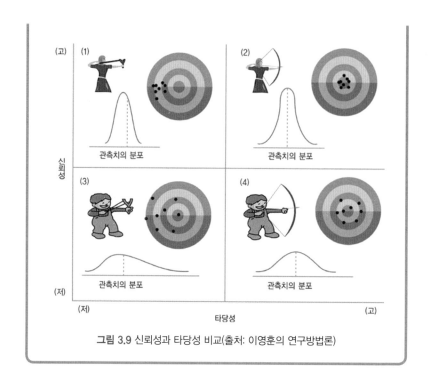

그림 3.9 신뢰성과 타당성 비교(출처: 이영훈의 연구방법론)

3.3 기술을 어떻게 예측할까?

포트폴리오 분석

하이프 사이클을 통해서 깨달을 수 있는 또 다른 교훈은 기술의 수명
주기를 통해 기술에 기대하는 이상과 현실을 함께 고려해 '입체적'으
로 분석하라는 것이다.

결과적으로 기술의 이상적 측면에서 '기술적 성공 가능성'과 함께
기술의 현실적 측면에서 '시장에서의 성공 가능성(기대수익)'도 고려하
는 등 다각적인 측면에서 기술을 비교하고 분석해 〈그림 3.10〉과 같이

기술 포트폴리오^{Portfolio}를 관리해야 한다.

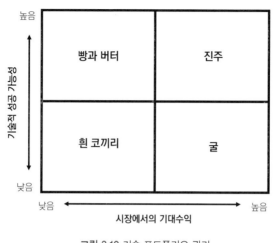

그림 3.10 기술 포트폴리오 관리

〈그림 3.10〉에서 기술의 특징에 따라 부여한 이름의 세부적인 의미는 다음과 같다.

- 진주^{Pearls}: 잠재적 스타 기술로 성공 가능성이 매우 높은 기술이다. 매우 큰 보상을 가져다 줄 것으로 예상된다. 대부분의 기업에서는 이 영역에 속하는 기술이 많았으면 하고 바란다.
- 빵과 버터^{Bread and Butter}: 성공 가능성은 높지만 보상이 적은 규모가 작고 간단한 기술이다. 기술 추가, 변경, 개선 등이 포함된다.
- 굴^{Oysters}: 예상되는 보상은 높지만, 기술적 성공 가능성이 낮은 기술이다. 기술적 혁신을 통해 장기적으로 확고한 보상을 얻을 수 있는 기초 기술 등을 말한다.

• 흰 코끼리White Elephants: 성공 가능성도 보상도 낮은 기술을 말한다. 때로는 중단하기도 매우 어렵다. 훌륭한 기술이라고 판단해서 시작은 했으나 시간이 흐름에 따라 매력이 떨어지는 기술이다.

MEMO

흰 코끼리: 처치 곤란한 존재, 성가신 일을 뜻하는 관용어로 사용한다. 이 말은 옛 태국에서 왕이 신하에게 흰 코끼리를 하사하는 벌에서 유래되었다. 왕이 내린 성스러운 흰 코끼리를 돌보는 데 실수가 있어서는 안 되고 극진히 대접해야 하므로 결국 파산할 수밖에 없기 때문이다.

그리고 이러한 포트폴리오 분석은 〈그림 3.11〉과 같이 기술에 대한 경쟁력과 기술 성숙도, 기대수익과 기술개발 위험도, 자원투입과 계획기간 등과 같이 다양한 지표를 사용해 분석 기준을 확장할 수 있다.

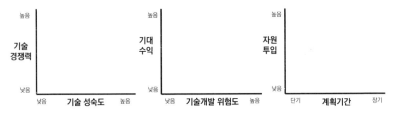

그림 3.11 포트폴리오 분석의 확장

이러한 기준을 바탕으로 성장 가능성과 경쟁력이 모두 취약한 분야에 대한 사업이 존재하는지, 기대수익 규모에 비해 기술개발 위험이 큰 기술 사업이 많은지, 50% 이상 과다한 비중의 자원이 장기Long-term 기술개발에 투자되고 있는지 등을 파악한다.

그런 다음 기술 포트폴리오 분석을 통해 경쟁력이 취약하고 활용

가능성도 낮은 기술을 제외하고, 좀 더 우수한 신규 기술을 추가하고, 기술개발 위험이 큰 경우는 기대수익도 큰 과제들로 포트폴리오를 재구성하며, 70% 이상의 자원을 단/중기 기술 과제에 투입해 재무구조를 개선할 수 있다.

지금까지 설명한 기술 포트폴리오의 개선 내용을 도식화하면 〈그림 3.12〉와 같다

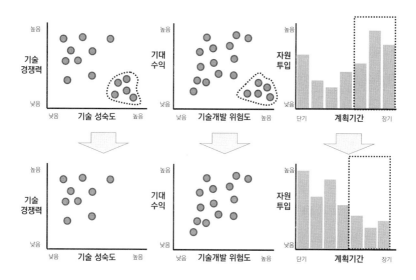

그림 3.12 기술 포트폴리오 개선 전/후

이처럼 다양한 기준으로 기술 포트폴리오를 관리하고 분석하면 기술에 대한 올바른 예측과 함께 지속적인 개선이 가능하다. 그리고 이를 바탕으로 기술의 경쟁력을 유지하고 지속적인 성장동력을 확보할 수 있다.

기술예측은 기술수명주기에 대한 이론을 바탕으로 한다. 그리고 포

트폴리오 분석을 통해 기술의 이상과 현실 간의 균형적인 판단이 가능하다. 앞으로 전개될 기술의 발전 속도, 방향, 범위 등을 예측해 기술의 가치를 극대화하는 것이 기업의 성장은 물론 생존과도 직결된다는 사실을 기억하기 바란다.

경영의 지혜

기술예측과 기술전망

미래를 내다보기 위해서는 기본적으로 기술의 발전, 확산, 기대심리에 대한 이해가 필요하다. 그리고 이를 바탕으로 기술을 예측^{Forecast}할 수 있다. 하지만 여기에 더해 기술을 전망^{Foresight}하는 능력도 필요하다. 미래를 바라보는 방법은 〈그림 3.13〉과 같이 현재 시점에서 과거 데이터를 통해 미래를 내다보는 '기술예측'과 미래에 대한 정보를 통해 현시점의 전략을 고민하는 '기술전망'이 균형적으로 이뤄져야 한다. 따라서 기술전망을 forecast와 대비되는 개념으로 backcast라고도 한다.

우예리 대리가 사내 공모전에 제출한 신사업 아이템 계획서에 기술에 대한 예측과 함께 전망에 대한 분석이 추가로 있었다면 설득력이 높은 제안서가 됐을 것이다. 여기에 더해 우예리 대리의 제안서가 좋은 신사업 아이템의 3요소인 창조적^{Creative}, 구체적^{Concrete}, 그리고 경쟁력^{Competitive}을 갖췄다면 훌륭한 제안서로 채택됐을 것이다.

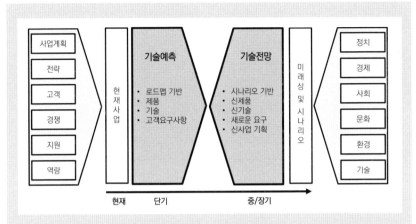

그림 3.13 기술예측과 기술전망 개념도(수정인용: DBR 135호)

포트폴리오와 시장 분석

기술의 발전 추이와 포트폴리오 분석 연계는 균형 있는 미래 예측에 많은 도움이 된다. 따라서 포트폴리오 분석은 종합적으로 기술을 예측하는 데 중요한 단계라 할 수 있다. 하지만 이때 주의할 점은 기술을 예측할 때 '시장'을 함께 고려해야 한다는 사실이다. 이런 측면에서 〈그림 3.14〉와 같이 보스턴 컨설팅 그룹BCG이 개발한 '시장성장률Market Growth'과 '시장점유율Market Share' 관점의 전략평가 기법인 'BCG 매트릭스'는 가장 기본적인 사업 포트폴리오 분석 방법이라 할 수 있다.

우예리 대리의 신사업 아이템이 현재는 물음표로만 가득한 신사업인 탓에 채택되지 않았지만, 다음에 신사업 아이템을 제출할 때에는 기술예측과 전망을 통해 기술과 사업에 대한 포트폴리오를 함께 수립하고, 대박은행의 스타Star사업으로 성장시키며 안정적인 수익기반인 캐시카우Cash Cow 사업으로 정착시킬 수 있는 구체적인 추진전략을 제시한다면 신사업 아이템 채택은 물론 대박은행의 주요 사업으로 진행하게 될 것이다.

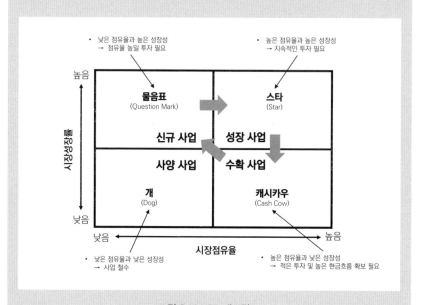

그림 3.14 BCG 매트릭스

MEMO

'돈을 만들어 내는 젖소'란 뜻의 마케팅 용어인 캐시카우란 단어는 'BCG 매트릭스'에서 유래됐다.

2부 통찰

문제는 본질이다

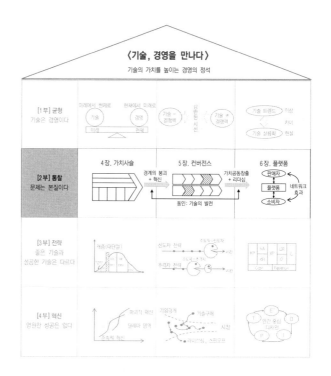

〈기술, 경영을 만나다〉

기술의 가치를 높이는 경영의 정석

4장

가치사슬:
본질로부터

평화로운 수요일 오후. CIO 미팅을 마치고 온 이관리 팀장이 급하게 전달사항이 있다며 최기술 대리를 호출했다. 나른한 오후의 짧은 평화에 취해있던 최기술 대리는 허겁지겁 업무수첩과 펜을 챙기고 이관리 팀장을 찾아갔다.

이관리 최대리. 대표이사 지시사항으로 핀테크^{FinTech} 사업 추진을 위한 TF^{Task Force} 팀이 준비 중이라는 얘기 들었지? TF는 정보경영 팀 한경영 차장 주도로 진행될 예정이고 우리 팀에서도 한 명 TF 팀으로 발령하는 걸로 얘기가 됐어.

최기술 아, 네 그렇군요. 그런데 저는 왜?

이관리 근데 한차장이 자넬 추천하던데? 자네가 잘할 것 같다고.

최기술 네? 저를요?

최기술 대리는 생각지도 못한 이야기에 놀랐지만 평소 관심 있는 분야였고 한경영 차장의 추천까지 있었다는 말에 내색은 못했지만 반가움 그 자체였다.

이관리 한차장이 추천했지만, 좀 걱정이 돼서 말이야. 물론 최대리가 할 수 있다는 생각은 가지고 있지만… 최기술! 확실히 할 수 있지?

최기술 네. 시켜만 주시면 열심히 해보겠습니다!

마침내 최기술 대리의 자신 있는 대답으로 참여가 결정됐다. TF 팀 참여가 걱정이 안 된 것은 아니지만 멘토라 생각하는 본받을 점이 많은 선배와 함께 일할 수 있는 기회가 왔다는 사실에 무척 고무됐다. 최기술 대리는 이관리 팀장과의 대화를 끝내고 한경영 차장을 찾아가 앞으로 진행 일정에 대해 잠시 이야기를 나눴다.

최기술 한차장님, 잘 부탁드립니다. 앞으로 많이 가르쳐 주십시오.

한경영 최대리, 잘 부탁해. 그리고 배우는 자세는 좋지만 여기는 학교가 아니니 성과를 내는 것이 가장 중요해. 그만큼의 사명감도 필요하고. 그런 의미에서 질문 하나! 최대리는 핀테크가 뭐라고 생각해?

갑작스런 한경영 차장의 질문에 당황했지만, 최기술 대리는 본인이 생각하는 바를 이야기했다.

최기술 네? 음… 금융서비스를 모바일이나 IT 기반으로 제공하는 것 아닌가요?

한경영 틀린 말은 아니지만 핀테크는 바로 대표적인 컨버전스^{Convergence}, 즉 융합서비스라고 볼 수 있어. 기존의 금융시장에서 존재하는 채널을 이용하는 것이 아니라 정보통신기술^{ICT}을 통해 새로운 비즈니스 모델을 만들어 내잖아. 그래서 핀테크를 '금융시장의 파괴자'라고 부르기도 하지. 기존 금융의 패러다임을 뒤집고 있으니까. 핀테크 TF 팀에 참여하기 전에 컨버전스에 대해 미리 공부해 두면 개념 잡는 데 많은 도움이 될 거야. 하지만 컨버전스를 이해하기 전에 먼저 가치사슬^{Value Chain}에 대해 알아두는 것이 좋아. 혹시 가치사슬에 대해 들어본 적 있어?

최기술 가치사슬이요? 들어보긴 했는데 솔직히 잘은 모르겠습니다. 경영 이론들은 아는 게 별로 없네요.

한경영 그럼 기본적인 질문부터 시작할게. 최대리는 기업의 경영활동을 어떻게 표현할 수 있을까?

최기술 음, 너무 추상적인 질문인데요. 일단 저희 회사는 금융회사니까 기본적으로 고객에게서 예금을 받아서 그 돈으로 다양한 투자를 통해 수익을 올리는…원하시는 답이 이런 건가요?

한경영 그래 맞아. 하지만 그런 식으로 기업의 활동을 설명한다면 너무 모호하고 주관적인 답변이 되겠지? 사람마다 바라보는 관점이 다 다를 수 있으니까 말이야.

최기술 그건 그렇죠. 하지만 이 정도밖에 설명이 안 되네요.

한경영 정보개발 팀 똘똘이 최기술 대리! 너무 기죽지 마. 안 배웠거나 들은 적이 없는 개념이라면 모르는 게 당연하니까. 방금 나눈 이야기는 가치사슬을 알면 이해에 많은 도움이 될 거야.

최기술 아, 가치사슬부터 공부해야겠네요.

한경영 그래. 가치사슬을 간단히 이야기하면 기업이 어떻게 돈을 버는가를 나타낸 프레임워크야. 고상한 말로 기업이 고객에게 재화나 서비스를 제공하는, 다시 말해 기업이 고객에게 가치^{Value}를 전달하기까지의 직간접적인 활동들을 나타내 놓은 거지.

최기술 아, 알 듯 말 듯한데 역시 쉽지 않네요. 경영 용어는….

한경영 자자, 너무 기죽지 말고. 천천히 해 나가면 이해할 수 있을 거야. 그럼 내일 오전까지 가치사슬에 대해 알아보고 오후 2시 TF 팀 회의 후에 다시 얘기하자.

그날 저녁, 업무를 마치고 한경영 차장이 내준 숙제를 위해 야근을 했지만 집에 가는 지하철에서의 기분은 그 어느 때보다 좋았다. 컨버전스, 가치사슬을 다 알 것만 같았다. 나름 한 장으로 정리하고 요약해 보며 뿌듯함을 느끼기도 했다. 하지만 갑자기 머릿속에서 새로운 질문들이 생겨나 지하철에서 내릴 무렵에는 이내 혼란스러워지기 시작했다.

"음… 가치사슬, 컨버전스, 플랫폼… 모두 대충은 알겠는데… 이들 간에 어떤 관계가 있는 거지?"

기술의 고민

최기술 대리는 원하던 핀테크 TF 팀 참여함으로써 한경영 차장으로부터 많은 것들을 배울 수 있다는 사실에 기뻤다. 하지만 그 기대만큼 걱정도 앞섰다. 이런 최기술 대리에게 한경영 차장은 가장 기본적인 접근 방법으로 가치사슬부터 이해하도록 조언했다.

가치사슬이란 통상적으로 기업 분석 시 가장 기본적으로 사용되는 프레임워크다. 가치사슬 분석을 통해 기업의 본원적인 활동들과 이를 지원하는 활동들에 대한 체계적인 이해가 가능하다. 따라서 TF 팀에 참여하는 최기술 대리에게 가치사슬에 대한 이해는 필수적이라 할 수 있다.

4장에서는 다음 질문을 통해 가치는 무엇이고 가치사슬은 어떻게 만들어지는지, 또 가치사슬은 어떻게 발전하는지 하나씩 알아보자.

- 가치의 본질은 무엇일까?
- 가치사슬이란 무엇일까?
- 가치사슬은 어떻게 진화할까?

4.1 가치의 본질은 무엇일까?

가치의 등장

도대체 가치라는 건 무엇일까? 가치라는 단어가 의미하는 바는 연상하기 어렵지 않다. 하지만 이 의미를 정의하고 말로 표현하기는 생각처럼 쉽지 않은데 이는 가치라는 단어가 비가시적이며 추상화된 표현이어서 사용하는 문맥에 따라 미묘하게 다른 뉘앙스를 갖기 때문이다. 예를 들어 경영/경제 분야에서 이야기하는 가치는 '돈'으로 대변되는 경제적 대가로 정량적 요인에 가깝고, 우리가 일상생활에서 흔히 사용하는 '쓸 만한 가치가 있다'라는 말에서의 가치는 개인적 만족도 혹은 이에 관련한 유/무형의 대가를 나타내는 정성적 요인에 가깝다. 그렇지만 미묘한 뉘앙스의 차이는 있을지언정 가치라는 단어는 공통적으로 무언가에 대한 만족감의 정도를 나타낸다는 점에선 같은 곳을 바라보고 있다.

통상적으로 기업경영에서 쓰이는 가치라는 단어의 의미는 고객이 해당 기업의 재화나 서비스를 사용함으로써 얻게 되는 만족감의 정도를 뜻한다. 따라서 이 가치라는 단어에는 기업의 이윤창출 요인과 직간접적으로 얽혀있다. 이러한 이유로 기업이 고객에게 제공하는 가치는 기업과 고객 모두에게 가장 중요한 요소며, 기업의 경영활동들과도 직간접적으로 관련돼 있다.

결국 고객에게 타 기업들보다 더 나은 가치를 제공하는 것이 기업의 미션 달성과 영속성 확보에 가장 큰 영향을 미치는 것이다. 과거 기업의 목표를 표현하는 수단이 '돈'이라는 재무적 요인에 한정되어 있었다면 최근에는 '가치'라는 좀 더 넓은 의미의 정량적 요인과 정성적 요인을 모두 포괄하는 단어로 고급스럽게 포장되는 것도 이러한 이유 때문이다.

가치와 기업의 생존부등식

기업의 생존과 지속성장을 위해서는 지속적인 이윤창출이 필수적이다. 이를 위해선 기업의 이윤Margin을 최대한으로 확보하는 게 중요한데 이를 위해 제품 가격을 높이거나 제품의 원가를 낮추는 노력 등의 다양한 활동들이 수반된다. 하지만 전자의 경우 고객의 반발과 시장경제를 흔들 수 있으므로 일반적으로 기업에선 후자에 노력을 기울이고 있다.

고객의 입장에선 지불하는 가격보다 더 많은 가치를 얻어야 제품 구매 의사가 생길 것이고, 기업의 입장에선 생산 원가보다 높은 가격으로 재화나 서비스를 판매하거나 원가를 최소화해야 많은 수익을 창출할 수 있다.

이러한 가치, 가격, 원가 간의 관계는 〈그림 4.1〉과 같이 나타낼 수 있는데, 이 관계가 유지되어야 기업이 생존할 수 있다 하여 이를 '기업의 생존부등식'이라고 부른다.

기업의 생존부등식을 구성하는 요소들을 살펴보면 V(가치)는 고객이 결정하며, P(가격)는 시장에 의해 형성되고. C(원가)는 기업이 고려해야 한다.

그림 4.1 기업의 생존부등식

기업 생존부등식은 서울대학교 명예교수인 윤석철 교수가 저서 프린시피아 매네지멘타(Principia Managementa)에서 제시한 기업의 생존을 위한 부등식에서 유래됐다.

생존부등식에 의하면 기업에서 이윤을 추구하기 위해서는 $P > C$의 최대화가 필요하다. 하지만 가격을 높이는 전략은 고객의 반발과 부담을 증가시킬 수 있기 때문에 $V > P$를 만족시키기 어렵다. 만일 $P > C$를 위해 무조건 원가를 낮춘다면 저기능, 저품질 제품을 생산하게 될 확률이 크다.

이와 같은 이유로 대부분의 기업에선 원가우위 확보를 위한 전략을 최우선으로 추진하며 생산효율성을 높이고 비효율을 제거하는 등 원가구조의 혁신을 이루기 위해 노력한다. 이처럼 $P > C$를 최대화한 다음 $V > P$를 극대화해 제품의 충성도Loyalty를 높이고 재구매를 유도한다.

따라서 기업의 이익 극대화는 원가 절감뿐만 아니라 혁신을 통한 가치창출이 함께 수반돼야 한다. 이처럼 기업의 생존은 $V > P > C$의 관점에서 균형적인 접근이 필요하다.

가치사슬의 등장

앞서 살펴봤듯이 가치는 기업경영의 핵심이라 할 수 있다. 하지만 아직까지도 가치라는 것이 추상화된 단어고 비가시적인 대상이라는 사실은 변함이 없다. 또한 가치를 창출하는 과정과 기업이 고객에게 재화나 서비스를 전달하는 기업의 경영활동 역시 상당히 복잡한 상호연결 과정들을 통해서만 확인이 가능할 뿐 바로 확인하기는 쉽지 않다.

이처럼 비가시화된 과정들의 연계는 우리가 쉽게 확인할 수 없기 때문에 개선이나 보완 역시 쉽지 않다. 복잡하게 묶여있는 매듭을 실제로 하나하나 확인하면서 푸는 것은 보기보다 쉬울 수 있지만 보이지 않는 사람의 마음을 읽는 것은 생각 이상으로 복잡한 것과 비슷하다.

따라서 무언가를 볼 수 있다는 것, 즉 가시화Visualization할 수 있다는 건 생각보다 큰 무기가 된다. 컨설팅이나 문제 해결 과정에서 다양한 방법들로 분석대상을 가시화하고 그룹화하며 정리를 시도하는 것도 이와 같은 이유다. 함께 볼 수 있다는 건 여러 이해관계자들과의 커뮤니케이션 시작점이 되고 개선을 위한 첫걸음이 된다.

최근 가시화의 기술이나 방법론이 주목을 받는 이유도 비가시적이고 정성적인 영역들을 가시화함으로써 다양한 활동들을 정량적으로 수행하는 것이 중요하기 때문이다. 이러한 논리로 기업이 고객에게 가치를 제공하는 과정을 시각화하려는 노력은 매우 중요하다.

가치사슬이란 보이지 않는 기업의 가치전달 체계를 표준화된 모델로 시각화한 것이다. 즉 기업이 고객에게 가치를 전달해 이윤을 창출하는 직간접적인 활동들을 구분해 도식화했다. 이때 기업이 고객에게 부가가치를 전달하기까지의 일련의 활동들을 가치 측면에서는 가치활동Value Activities이라고 한다. 그리고 이러한 가치활동의 연계를 가치사슬Value Chain이라고 한다.

그러므로 가치사슬은 개별적인 가치활동의 연계를 통해 경영활동 관점에서 전체적인 흐름을 분석할 수 있는 유용한 프레임워크로 기업의 경영활동 분석에 기본이 된다. 그럼 지금부터 가치사슬에 대해 자세히 살펴보자.

4.2 가치사슬이란 무엇일까?

가치사슬의 의미

가치사슬은 하버드대학의 마이클 포터^{Michael E. Porter} 교수가 1985년
『마이클 포터의 경쟁우위』(21세기북스, 2008) 책에서 제시한 개념으로, 기
업이 고객에게 가치를 전달하는 일련의 활동인 기업의 이윤창출 과정
에서 이루어지는 다양한 활동들을 연계해 표현하며, 〈그림 4.2〉와 같
이 크게 본원적 활동^{Primary Activities}과 지원 활동^{Support Activities}으로 구분
한다.

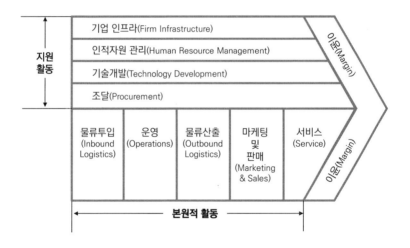

그림 4.2 가치사슬 프레임워크

    먼저 본원적 활동이란 기업의 부가가치창출에 직접적인 영향을 미
치는 활동을 뜻하는데, 이는 기업이 고객에게 전달할 재화나 서비스를

만들기 위한 직접적인 활동들로 〈표 4.1〉과 같이 5가지 활동으로 구성
돼 있다.

표 4.1 본원적 활동

구분	내용	핵심요소
물류투입	원자재 공급, 가격, 품질, 공급자 관계	원재료 및 부품의 품질
운영	조립 및 제조, 조립 방법, 기술, 시설 운용, 관리	무결점 제품, 다양성
물류산출	배송 시점, 배송 조건, 배송 방법	신속한 배송, 효율적인 주문처리
마케팅 및 판매	판매 전략, 광고, 미디어 관계	브랜드 평판 구축
서비스	수리 및 보수, 부품 공급, 소비자 관계(CRM)	고객 기술지원, 고객 신뢰

이처럼 5가지 본원적 활동들은 서로 연결돼 상호작용을 통해 직접
적으로 고객들에게 전달되는 부가가치창출에 기여한다.

MEMO

본원적 활동의 내용들을 차례대로 보면 구매, 물류에서 서비스까지 서로 이어
져 있으며 가장 일반적인 기업의 생산활동으로 제조 업체에 적합한 구성이다.
따라서 포터의 기본 가치사슬 모형은 원재료를 공급받아 조립하고 출하 판매하
는 기업에 적합하다. 그러므로 금융업이나 서비스업과는 다소 상이할 수 있다.
이처럼 가치사슬의 본원적 활동은 산업군(Industry)의 특성에 따라 조금씩 달
라진다.

지원 활동은 본원적 활동을 보조해 고객에게 가치를 전달하는 과
정에 간접적으로 관여하는 활동들로 〈표 4.2〉와 같이 4가지 활동으로
구성돼 있다.

표 4.2 지원 활동

구분	내용	핵심요소
기업 인프라	기획, 재무, 법무, 총무	정보경영 시스템
인적자원 관리	채용, 교육, 보수체계	최고의 고객서비스 제공을 위한 교육훈련
기술개발	제품 및 프로세스 혁신, 원천기술, 지식재산권	차별화된 제품, 신속한 신제품 개발
조달	종합조달계획, 배달기간, 보관	정확한 공급, 합리적 가격

　　이처럼 4가지 지원 활동들은 직접적으로 재화나 서비스 생산에 관여한다고 보기는 어렵지만 전체 가치활동에서 지원 활동이 뒷받침되지 않으면 사실상 기업경영이 불가능하다. 따라서 지원 활동의 중요성을 간과해서는 안 된다.

　　이와 같이 가치사슬은 기업의 부가가치창출 과정에 포함된 다양한 활동들을 도식화해 보여주므로 단순히 기업의 현재 재무적 상황, 기술적 구성을 보여주는 스냅샷Snapshot이 아닌 좀 더 고차원적인 분석을 위한 기본 프레임워크로 활용할 수 있다.

가치시스템, 가치사슬의 확장

최근과 같은 복잡한 경영 환경에서 독자적으로 존재할 수 있는 기업은 없다. 실제 산업을 생각해보면 다양한 기업들이 서로 연결돼 협업이 이뤄진다. 1인 기업일지라도 기업 하나만으로 움직이는 경우는 없다. 기업의 가치사슬도 마찬가지다. 다양한 기업들의 가치사슬이 연결돼 새로운 가치사슬을 형성한다.

　　〈그림 4.3〉과 같이 개별 기업의 가치사슬들의 연결로 새롭게 연결

된 가치사슬 체계는 기업 간뿐만 아니라 산업 및 국가 간에 이르기까지 확장될 수 있다. 이러한 가치사슬의 확장을 '가치시스템^{Value System}'이라고 한다.

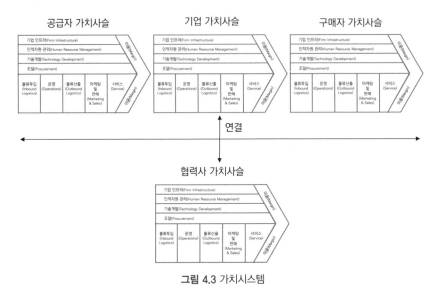

그림 4.3 가치시스템

기업 개별 가치사슬은 해당 기업의 부가가치 생성 과정을 보여주며 기업 내부를 볼 수 있는 근간이 되지만, 가치사슬이 모여 확장되는 가치시스템은 기업의 가치사슬들이 연계돼 어떻게 산업군을 구성하는지와 같은 외부적인 관점을 띠게 된다. 따라서 가치사슬과 가치시스템을 통해 미시적인 관점과 거시적인 관점의 경영 환경 분석 기반을 만들 수 있다.

지금까지 살펴본 가치사슬과 가치시스템을 비교하면 〈표 4.3〉과 같다.

표 4.3 가치사슬과 가치시스템

구분	구성요소	분석대상	정의
가치사슬	가치활동 (생산, 판매, 구매, 지원)	기업 내부	가치활동의 연결을 통해 부가가치를 창출하는 기업 내 프로세스
가치시스템	가치사슬 (공급, 제조, 유통 업체)	기업 간 관계	가치사슬의 연결을 통해 최종 고객에게 제공되는 가치를 창조하는 프로세스

가치사슬의 분석

기업경쟁력 확보를 위해선 무엇보다 자사의 강점을 극대화하고 약점을 보완하며 타사와 대비되는 차별화 요소를 찾아 경쟁우위 수단으로 활용하는 것이 기본이다. 가치사슬 분석은 이와 같이 자사와 타사의 전략적 활동들을 비교하고 분석하는 데 효과적인 분석 도구로 일반적으로 〈그림 4.4〉와 같이 4단계를 거쳐 분석한다.

그림 4.4 가치사슬 분석 4단계

먼저 내부의 가치사슬을 기반으로 본원적 활동과 지원 활동에 대해 원가와 이에 대한 가치를 추출하고 이를 통해 기본적인 기업 가치사슬 체계를 분석한다(1단계). 그다음 경쟁사나 선두 업체의 가치사슬을 분석하고(2단계), 자사와의 비교를 통해 자사의 상대적 장점과 약점을 찾아내(3단계), 경쟁우위를 위한 전략을 고민한다(4단계). 이를 바탕으로 강점을 강화해 차별화 요소로 활용하고 약점은 보완하거나 대체재를 찾아낸다. 그리고 이러한 과정을 수치화하고 지속적으로 반복하면서 경영전략의 기준 자료와 표준 전략 프로세스로 활용한다.

분석 방법은 〈그림 4.5〉와 같이 가치사슬의 주요 활동과 지원 활동에 대한 핵심성공요인Critical Success Factor, CSF과 이에 대한 핵심성과지표 Key Performance Indicator, KPI를 도출해 평가하고 비교한다.

MEMO

▶ 핵심성공요인(CSF): 회사나 조직 내에서 업무에 가장 영향력이 큰 요인
▶ 핵심성과지표(KPI): 핵심성공요인(CSF)의 수행결과로 나타나는 특정한 성과를 정량적 또는 정성적으로 표현한 지표

핵심성공요인과 핵심성과지표는 일의 원인과 결과 관계다. 따라서 〈표 4.4〉와 같이 CSF의 수행결과에 대해 KPI로 표현되는 성과가 나타난다.

표 4.4 CSF와 KPI 분석 예시

핵심성공요인(CSF)	핵심성과지표(KPI)	목표 수준	현 수준
제품경쟁력 강화	신제품 매출 기여도	20%	13%
	신제품 개발 건수	10건	5건
	특허 등록 건수	50건	27건

참고로 가치사슬 분석은 일반적으로 '경쟁우위 분석'이라는 용어로도 많이 사용되는데 이는 앞서 살펴본 바와 같이 가치사슬에 대한 경쟁사와의 분석을 통해 기업 내부의 약점은 개선하고 강점은 극대화해 경쟁우위 확보에 필요한 전략을 수립하는 데 많이 활용되기 때문이다.

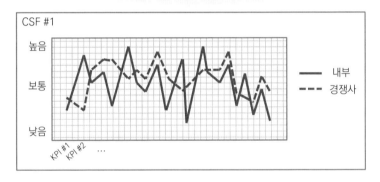

항목 \ 가치사슬		물류투입	운영	물류산출	마케팅 및 판매	서비스
CSF #1	KPI #1 KPI #2 ...	●	◔	◕	●	◔
CSF #2	KPI #1 KPI #2 ...	◕	◐	●	◔	◕
CSF #3	KPI #1 KPI #2 ...	◕	○	◕	◔	◐
CSF #4	KPI #1 KPI #2 ...	◐	●	○	◔	◕

그림 4.5 가치사슬(본원적 활동) 분석 예시(출처: 경영전략 수립 방법론)

그리고 가치사슬을 분석할 때 각 가치활동들의 성격이 독립적으로 보인다 할지라도 실제 서로 연결돼 있음을 잊지 말아야 한다. 가치의 연계를 고려해 분석했을 때 전체적인 가치의 흐름을 읽을 수 있고 종합적인 분석이 가능하다.

4.3 가치사슬은 어떻게 진화할까?

수직통합과 수평통합, 컨버전스의 서막

서로 다른 두 기업이 인수합병M&A을 통해 하나의 기업이 됐다고 가정해 보자. 이때 두 기업의 효과적인 통합 방법은 서로 다른 두 기업의 가치사슬을 분석해 새로운 가치를 창출하는 가치사슬을 생성하는 것이다. 이를 위해 앞서 살펴본 가치사슬 분석 프로세스를 활용해 가치활동들의 CSF와 이에 대한 KPI를 도출하고 비교해 최적의 가치사슬 통합을 고민해볼 수 있다.

이때 가치사슬의 통합은 그 목적에 따라 동일 가치사슬 내의 서로 다른 가치활동의 통합을 뜻하는 '수직통합Vertical Integration'과 다른 가치사슬 간에 유사한 가치활동의 통합을 뜻하는 '수평통합Horizontal Integration'으로 구분할 수 있다. 따라서 수직통합은 한 기업의 가치사슬상에서 연관 관계가 있는 영역의 통합, 수평통합은 동종 사업자 간의 가치사슬상에서 유사한 영역의 통합이라고 볼 수 있다.

MEMO

> 경영학에서 수직은 가치사슬(프로세스)상의 관계를, 수평은 동종 제품 사이의 관계를 말한다. 예컨대 휴대폰 제조 프로세스에서 반도체와 디스플레이는 수직 관계, 아이폰과 갤럭시는 수평 관계에 있다고 볼 수 있다.

가치사슬의 통합을 도식화하면 〈그림 4.6〉과 같다. 그림에서 수직통합은 가치사슬 B에서 가치활동 B1과 B2가 통합된 경우이고, 수평통합은 서로 다른 가치사슬 A와 가치사슬 B에서 유사한 가치활동 A4와 B4가 통합된 경우다.

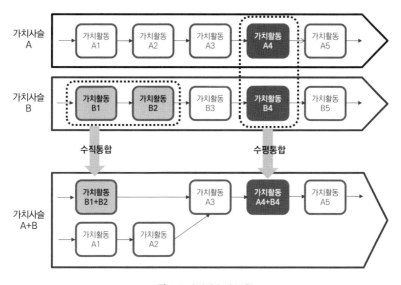

그림 4.6 가치사슬의 통합

이처럼 가치사슬 분석을 통해 서로의 연결고리를 찾아 통합하고 혁신하는 과정이 바로 컨버전스의 시작점이다. 물론 컨버전스의 범위는 매우 방대하고 그 의미도 다양하게 사용되지만 컨버전스의 시작은 모두 이러한 가치사슬의 통합 과정을 거쳐서 이뤄진다. 따라서 컨버전스의 본질은 가치사슬의 파괴와 재조합에 따른 새로운 가치창출의 관점에서 접근해야 한다.

가치사슬의 통합 사례

그럼 지금부터는 실제 가치사슬의 통합 사례에 대해 간단히 살펴보자.

[사례1] 수직통합

제조 업체 A사의 경우 생산에 필요한 원자재를 정기적으로 구입해 창고에 보관했다. 하지만 생산에 필요한 원자재가 부족해 높은 가격에 원자재를 급하게 매입하는 경우도 있었고, 때로는 남은 원자재 보관으로 인해 비용이 증가하는 경우도 발생했다. 이는 모두 원가 상승으로 이어졌고, 결과적으로 A사의 경쟁력 약화의 원인이 됐다.

이를 개선하고자 A사는 통합 물류관리 시스템을 구축했고, 〈그림 4.7〉과 같이 물류투입과 운영의 가치활동을 통합해 제조에 투입된 원자재의 양을 실시간으로 파악하고 예측해 원자재를 적기에 제공함과 동시에 원자재 보관 주기를 최소화하고 회전율Turnover rate을 높여 원가를 획기적으로 절감해 경쟁력을 회복했다.

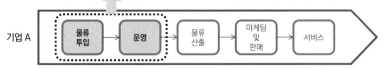

그림 4.7 물류투입과 운영 가치활동의 수직통합

[사례2] 수평통합

금융권에서의 대표적인 수평통합 사례는 방카슈랑스Bancassurance다. 방카슈랑스란 프랑스어로 방크Banque(은행)와 아슈랑스Assurance(보험)란 단어가 합쳐져 이루어진 용어로 좁은 의미에서는 은행에서도 보험상품을 판매하는 것이고, 넓은 의미에서는 은행과 보험사 간의 업무 제휴를 뜻한다.

이를 가치사슬 관점에서 보면 〈그림 4.8〉과 같이 은행과 보험사의 가치사슬상에서 유사한 은행의 '상품판매'와 보험사의 '상품판매'의 가치활동이 통합된 사례라고 할 수 있다. 이를 통해 은행 입장에서는 이미 구축돼 있는 점포망과 판매조직을 활용해 더 저렴한 보험상품 판매가 가능하고 보험사 입장에서는 설계사 및 대리점에 지급하던 사업비를 절감해 비용효율화를 이뤄 가격 인하를 꾀할 수 있다.

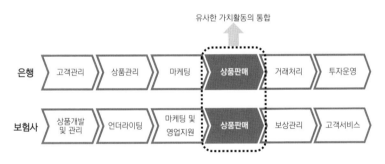

그림 4.8 은행과 보험사 상품판매 가치활동의 수평통합

가치사슬의 의미, 지피지기면 가치불패

결국 기업경영활동의 성패는 고객에게 얼마만큼의 가치를 제공하느냐에 달렸다. 따라서 기업경영활동의 연계라 할 수 있는 가치사슬을 기반으로 경쟁우위를 확보하는 것이 중요하다는 것은 아무리 강조해도 지나치지 않다.

가치는 가치사슬로 연결되고 가치사슬은 가치시스템으로 확장된다. 가치사슬이라는 미시적 관점에서의 분석도 중요하지만 가치시스템이라는 거시적 관점에서 경쟁 기업 간의 관계를 분석해 전략적 차별화 요인을 도출해야 한다.

물론 가치사슬이 절대적인 도구는 아니다. 최근 경영 패러다임이 빠르게 변하고 기술의 급격한 발전으로 인해 가치사슬도 지속적으로 변화하고 있다. 특히 최근에는 IT와의 컨버전스가 가속화되면서 전통적인 가치사슬구조가 파괴되는 현상이 나타나고 있다. 하지만 가치사슬을 통해 기업과 산업의 본질을 분석해야 한다는 사실은 변함없다.

가치를 지속적으로 창출하는 기업구조를 만들고 최상의 가치를 제공해 최대의 이윤을 창출하는 것은 기업의 생존과 발전에 가장 중요한 요소다. 그리고 경쟁우위는 고객을 위해 기업이 창출한 가치에서 발생한다. 따라서 기업이 치열한 시장 환경에서 지속적인 경쟁우위를 확보하려면 고객에게 제공하는 가치에 대한 고민은 필수적이다.

가치창출 프로세스는 고객에게 가치를 전달하는 과정을 수립하고 관리하는 데 그 의미가 있다. 경영전략을 수립할 때 다양한 요인을 고민해야 하겠지만 가장 먼저 업의 본질을 이해하고 가치 생성의 관점에서 접근해야 한다.

가치의 요구와 전달

가치사슬이 중요한 이유는 기업의 본질을 이해하는 시작점이기 때문이다. 하지만 하나 더 기억해야 할 점은 고객이 있어야 기업도 있다는 사실이다. 그러므로 가치는 고객이 기업에게 '가치를 요구'하고 기업이 고객에게 '가치를 전달'하는 흐름 속에 존재한다. 따라서 가치는 프로세스 중심의 기업 관점과 함께 성능 중심의 고객 관점을 함께 고려해야 하며 결국 〈그림 4.9〉와 같이 가치사슬과 가치흐름이 통합된 가치시스템Value System 관점에서 접근해야 한다.

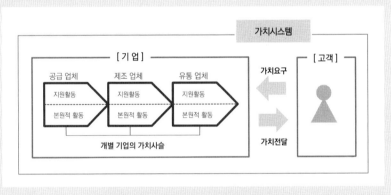

그림 4.9 가치사슬과 가치흐름의 가치시스템

최기술 대리가 가치사슬을 이해해야 하는 이유는 가치의 본질을 알아야 프로젝트의 목적이 분명해지고 방향성을 잃지 않기 때문이다. 특히 핀테크 같은 새로운 분야의 프로젝트를 진행하다 보면 자칫 새로운 기술이나 기능에 집착한 나머지 프로젝트의 본질을 망각하기 쉽다. 가치사슬은 이러한 상황에서 프로젝트의 방향성을 잃지 않게 하는 나침반과 같다. 하지만 여기에 머무르지 말고 기업의 가치사슬과 함께 기업과 고객과의 가치흐름을 이해하고 소통할 수 있는 가치시스템을 구축해야 함도 잊어서는 안 된다.

가치의 연계와 확장

가치는 움직인다. 그 과정에서 가치사슬은 내부 프로세스 간의 수직통합이나 연관 관계에 있는 산업 분야와의 수평통합이 발생한다. 이때 수직통합은 '연계' 관점으로 수평통합은 '확대' 관점으로 볼 수 있다. 따라서 가치사슬 관점에서 보면 IT 기반 비즈니스 혁신은 〈그림 4.10〉 과 같이 기술 분야와의 수직적 연계와 비즈니스 분야의 수평적 확장이 동시에 일어날 때 발생한다.

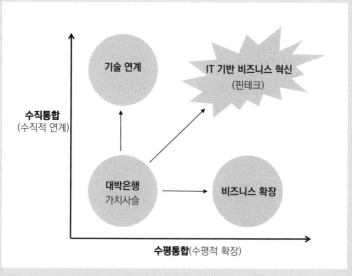

그림 4.10 가치사슬 관점의 수직적 연계와 수평적 확장

핀테크는 IT 기반 비즈니스 혁신의 전형적인 사례로, 모바일 기술을 중심으로 한 다양한 기술과의 연계를 바탕으로 지불결제, 송금 및 환전, 예금 및 대출(인터넷전문은행), 투자 중개(크라우드펀딩)와 같이 다양한 사업 영역으로 비즈니스를 확장하며 새로운 가치를 창조하고 진화하고 있다.

대박은행의 핀테크 프로젝트도 가치사슬 관점에서 기술 연계를 통해 각 가치활동 간에 수직통합이 일어나고 가치시스템 관점에서 비즈니스를 확장하기 위한 수평통합 방안을 구체적으로 수립해 진정한 IT 기반 프로젝트 혁신을 이룬 성공 사례가 되길 기대해 본다.

5장

컨버전스:
따로 또 같이

나름 많은 준비를 했다고 생각한 최기술 대리는 한경영 차장에게 조사한 내용들에 대해 이야기하며 컨버전스에서 가치사슬이 왜 중요한 의미를 지니는지에 대해서 자신의 생각을 말했다. 그리고 앞으로 수행하게 될 핀테크와 가치사슬에 대한 고민도 이야기했다.

한경영 　기대 이상이야 최대리. 가치사슬을 아주 잘 이해한 깃 같네. 최대리 말대로 핀테크가 바로 대표적인 컨버전스야. 금융과 IT의 융합이지. 최대리가 조사한 대로 서로 다른 가치사슬 간의 통합으로 가치사슬의 변화가 일어났고 이때 IT가 동인이 되어 컨버전스가 시작됐지. 물론 100%는 아니지만 이 기준으로 보면 상당히 많은 변화들을 이해할 수 있어.

최기술 　네. 그리고 가치사슬을 중심으로 새로운 가치활동들이 통합, 결합되고 이게 컨버전스의 시작이라는 게 제가 한차장님 숙제를 하며 배운 가장 큰 수확인 것 같아요.

한경영 　이제 왠지 전문가 느낌이 나는데?

최기술 　감사합니다.

한경영 　그리고 다시 강조하지만 컨버전스의 목표는 특정 재화나 서비스의 단순한 기능 조합에 의한 편의성 제공이 전부가 아니야. 새로운 가치의 창출이지.

최기술 　그렇죠. 가치라는 말이 이제야 조금 감이 온 것 같습니다. 가치창출이라는 게 요새 많이 강조되는 이유도 어렴풋이 알 것 같구요.

한경영 차장은 컨버전스 유형과 사례를 간단히 보여주었다. 그리고 이어서 컨버전스에서 고려해야 할 사항에 대해 설명했다.

한경영 이제 가치사슬에 대해 어느 정도 이해했으니 본격적으로 컨버전스에 대해 이야기해볼까? 일반적으로 IT와 기존 산업의 융합을 뜻하는 디지털 컨버전스를 떠올릴 거야. 디지털 컨버전스는 가장 대중적으로 알려진 컨버전스 사례니까 말이야. 하지만 이러한 이해는 컨버전스를 굉장히 협소한 시각으로 바라보는 거야. 과거와는 달리 IT가 일상화가 된 지금 단순히 IT가 적용된 것을 컨버전스로 보기엔 무리가 있어.

예를 들어, 단순히 기존의 네트워크 환경이 무선화되었다거나 일반 편의점 혹은 마트에서 새로운 포스POS 시스템을 도입했다고 컨버전스라고 보기 어려운 것과 같은 이치지. 컨버전스는 융합의 목표와 결과를 가치 중심적으로 보는 게 중요해. 따라서 바라보는 시각에 따라 컨버전스도 다양하게 분류해 볼 수 있어.

최기술 그렇죠. 컨버전스가 너무 다양하더라고요. 디바이스 컨버전스, 미디어 컨버전스, 디지털 컨버전스 등등 최근에는 컨버전스형 인재라는 말도 나오더라구요.

한경영 이야, 최대리. 정말 열심히 공부했나 보네. 맞아. 컨버전스의 범위가 굉장히 넓긴 해. 쉽게 산업 간의 컨버전스와 산업 내의 컨버전스로 구분해서 생각해봐. 너무 많은 것들을 담으려고 하지말고 컨버전스의 핵심 위주로만 간단하게 생각해보자고.

최기술 아, 그럼 저희가 이번에 하는 핀테크 프로젝트는 산업 간의 컨버전스 사례가 되겠군요?

한경영 그렇지. 핀테크는 말한 대로 산업 간의 컨버전스야. 금융과 IT라는 두 산업이 결합해서 전 세계를 뒤흔들고 있잖아. 과거의 단순한 기기 중심의 컨버전스와는 다르게 산업 간의 컨버전스는 전 세계를 뒤흔들 만큼 뜨거운 관심을 받고 있어.

최기술   네. 정말 그런 것 같아요. 그 외에도 자동차와 IT의 결합, 의료와 IT의 결합 등 너무 많이 들어 익숙하네요.

한경영   그렇지. 그리고 중요한 건 이러한 컨버전스들이 가치사슬도 변화시키기 시작했다는 거야. IT와의 결합으로 이렇게 변화하는 가치사슬의 모습은 앞서 최기술 대리도 이야기했지? 이제 가치사슬과 컨버전스의 연결고리가 보이기 시작해?

최기술   네. 솔직히 정확히는 모르겠지만 대충은 이해가 되는 듯합니다. 역시 쉽지는 않네요. 꽤나 생각할 게 많겠어요.

한경영   그렇지. 그리고 가치창출^{Value Creation}을 위해 지속적인 통합과 결합을 고민하는 것도 중요하지만 무엇보다 문화 차이에서 오는 문제도 간과해서는 안 돼. 한마디로 미디어, 통신, 금융 등 컨버전스 대상인 각 산업의 고유한 특징을 잘 이해해야 해.

최기술   음, 아무래도 그렇겠죠?

한경영   그래. 컨버전스 이후에 대한 고민도 중요하고, 내부적으로 기술 중심의 컨버전스를 통해 시장에 진출할 것인지 외부 시장의 요구에 의해 컨버전스를 받아들일 것인지도 잘 구별해야 해. 이때도 물론 고객 입장에서 필요한 가치가 무엇인지 잘 파악해야 하지.

최기술   가치사슬을 공부해서 그런지 무슨 말씀인지 이제 조금은 이해할 수 있을 것 같아요.

한경영   다행인 걸. 그럼 우리 핀테크 프로젝트도 고객 관점에서 새로운 가치를 창출하기 위해 어떠한 컨버전스가 필요한지 고민해 보자구.

가치사슬, 컨버전스, 그리고 가치창출까지 곰곰이 생각해 보니 무심코 지나쳤던 제품과 서비스가 모두 경영과 기술의 컨버전스로 설명됨을 보고 경영과 기술의 균형 잡힌 안목과 사고가 무엇보다 중요함을 깨달을 수 있었다.

기술의 고민

최기술 대리는 한경영 차장과의 대화를 통해 컨버전스는 가치사슬을 중심으로 만들어진다는 사실을 알게 됐다. 또한 여러 가지 컨버전스 사례들을 통해 컨버전스 시 다양한 요소를 고민해야 한다는 사실도 깨달았다.

컨버전스란 단순한 기능상의 결합이 아닌 가치사슬을 중심으로 다양한 가치활동들이 통합되어 새로운 가치를 창출해 내는 것이다. 특히 최근에는 IT를 기반으로 하는 컨버전스가 비약적으로 발전하고 있다. 최기술 대리가 참여한 핀테크 프로젝트 역시 금융과 IT의 대표적인 컨버전스 사례라고 할 수 있다.

5장에서는 다음 질문들을 통해 컨버전스가 왜 중요한지, 컨버전스가 산업을 어떻게 변화시키고 있는지, 또한 이러한 변화에 어떻게 대응해야 하는지 함께 고민해 보자.

- 컨버전스란 무엇일까?
- 컨버전스의 본질은 무엇일까?
- 컨버전스 시대의 전략은 무엇일까?

5.1 컨버전스란 무엇일까?

컨버전스의 정의

컨버전스Convergence의 사전적 정의는 '수렴'을 뜻한다. 수렴이라는 의미는 나뉘어 있는 여러 가지 사상이나 기능이 하나의 목적을 향해 모이는 것을 말한다. 최근 컨버전스라는 용어를 주변에서 쉽게 접할 수 있는데 이는 다양한 기능이나 서비스 등이 결합해 탄생한 제품이나 서비스를 넓은 의미에서 컨버전스라고 부르기 때문이다.

따라서 컨버전스는 더 포괄적인 개념으로 접근할 필요가 있다. 예컨대 흔히 맥가이버 칼이라고 불리는 〈그림 5.1〉의 빅토리녹스 스위스 아미Victorinox Swiss Army 다용도 칼도 컨버전스의 한 예라고 할 수 있다. 휴대용 칼에 가위, 드라이버 등의 다양한 기능을 첨부하되 부피는 늘리지 않음으로써 편의성을 극대화해 새로운 가치를 고객에게 제공했기 때문이다.

그림 5.1 빅토리녹스 스위스 아미 다용도 칼(출처: victorinox.com)

이처럼 컨버전스는 단순한 기술과 기능 간의 결합을 넘어 가치 관점에서 폭넓게 바라볼 필요가 있다. 가치사슬 관점에서 보면 컨버전스는 '서로 다른 가치사슬 간의 분리Disintegration와 재통합Reintegration을 통한 가치창출 프로세스'라고 정의할 수 있다.

컨버전스의 동인

최근 들어 컨버전스가 주목받는 이유는 디지털 시대에 접어들면서 비약적인 발전을 이룬 IT와 비즈니스가 결합하면서 기존에는 생각지 못했던 혁신적인 비즈니스 모델 탄생이 가능하게 됐기 때문이다.

과거 18세기 말에서 19세기 초 증기기관의 발명이 산업혁명의 시작이었듯이 IT의 발전은 컨버전스가 대세로 자리잡는 결정적인 요인으로 작용했다. IT가 대중화되고 관련 인프라가 갖춰짐으로써 기업과 개인의 생산성은 혁신적으로 향상됐다. 이와 더불어 기존 산업의 급격한 변화를 이끌었다. 과거 TV 속 추억의 스타 맥가이버가 그의 만능 칼을 사용해 맨손의 마법을 선보였다면 최근에는 다양한 분야에서 IT를 사용한 새로운 비즈니스 마법들이 출현하고 있다.

현대의 비즈니스 환경에서 홀로 존재할 수 있는 기업은 없다. 서로 관계를 맺는 다양한 기업들이 연결될 때 비로소 하나의 의미 있는 부가가치 체계가 완성된다. IT는 이와 같이 관계를 맺고 있는 기업들을 효율적으로 연결해 전통 산업의 가치사슬을 파괴하기 시작했다. 그리고 IT가 보편화되면서 기업은 전산화되었고 다양한 솔루션과 표준 기술의 등장에 따라 IT에 대한 진입장벽은 낮아졌으며 인터넷을 통해 전 세계는 하나로 연결됐다.

이러한 변화에 맞춰 기업은 자사의 가치를 높이고 원가를 낮추기 위해 다양한 측면에서 IT를 활용하기 시작했고 이에 따라 IT는 더 이상 도구가 아닌 프로세스 혁신의 주체로 자리매김했다. 그리고 기업은 이미 포화상태의 치열한 경쟁의 레드오션Red Ocean 시장이 아닌 새로운 블루오션Blue Ocean 시장을 갈망했다. 이와 같은 기업 환경의 변화 속에 다양한 컨버전스가 탄생했고 IT의 발전은 이러한 변화를 이끈 핵심 동인이 되었다.

컨버전스의 유형

컨버전스는 디바이스 컨버전스Device Convergence, 미디어 컨버전스Media Convergence, 네트워크 컨버전스Network Convergence, 서비스 컨버전스Service Convergence, 디지털 컨버전스Digital Convergence, 문화 컨버전스Culture Convergence까지 다양한 유형이 존재한다. 따라서 그 종류를 명확히 구분하기란 사실 쉬운 일이 아니다. 하지만 컨버전스의 정의를 기준으로 가치사슬 관점에서 접근하면 산업 내 컨버전스Intra Industry Convergence와 산업 간 컨버전스Inter Industry Convergence로 구분할 수 있다. 다음 〈그림 5.2〉를 보자.

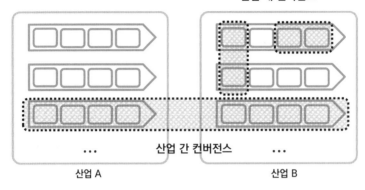

산업 내 컨버전스

산업 간 컨버전스

산업 A   산업 B

그림 5.2 가치사슬 관점의 산업 내/산업 간 컨버전스

이 두 가지 유형의 컨버전스에 대한 특징을 산업 진화 방식, 기술 발전 패턴, 경쟁요소, 신사업 창출 패턴을 기준을 세부적으로 비교하면 〈표 5.1〉과 같다.

표 5.1 산업 내/산업 간 컨버전스 비교(수정인용: 산업연구원)

구분	산업 내 컨버전스	산업 간 컨버전스
산업 진화 방식	• 산업 내 선형적 변화 • 산업 내 기존 기술 진화 중심의 존속 　적 기술(Sustaining Technology)의 　혁신 추구 • 제품과 기능의 결합	• 산업 간 융화로 인한 카오스(Chaos)적 변화 • 산업 간 경계에서 파괴적 기술(Disruptive 　Technology)의 혁신 생성 • 거대 산업 및 기술의 융/복합
기술 발전 패턴	• 수직적 Know—How 중심 • 독립 분야에서의 기술의 획기적 발전 　(Breakthrough)과 선형적 혁신 • 연속적 변화(Continuous Change)	• 수평적 Know—Where 중심 • 다분야 기술의 시너지 창출과 패러다임 　혁신 • 불연속적 변화(Discontinuous Change)
경쟁 요소	• 제품 차별화 • 추격자 전략 선호 • 모방혁신 전략 • 기업 간 경쟁(Inter—Firm Competition)	• 비즈니스 모델 차별화 • 선도자 전략 선호 • 시장선점 전략 • 기업군 간 경쟁(Alliance Competition)

신사업
창출
패턴
	• 시장 내 기존 제품 대체 및 시장 세분화
	• 산업 내 혁신을 통해 효용 증대와 신사
	  업 창출
	• 산업 내에서 수요, 기술, 정책 변화
	• 기존의 게임 룰 유효
		• 산업 간 융합 영역에서 새로운 시장 창출
		• 기존 산업 내 제품/서비스로는 힘든 새로
		  운 효용 창출
		• 산업 외 기업도 시장 진입 기회 확보
		• 기존 틀 파괴

그럼 지금부터 산업 내/산업 간의 컨버전스 사례를 통해 컨버전스의 의미에 대해 구체적으로 살펴보겠다. 먼저 산업 내 컨버전스 사례부터 살펴보자.

[사례1] IPTV

IPTV^{Internet Protocol Television}는 통신시장이 IP 기반의 고속 네트워크 망으로 대체되는 흐름에 맞춰 방송 분야 역시 기존 전파 기반의 방송체계에서 IP 기반의 디지털 방송체계로 빠르게 교체됐다. 일반적으로 인터넷 망이라고 불리는 이 네트워크 망을 이용해 빠른 미디어(콘텐츠)의 전달과 서비스를 제공할 수 있는 계기가 됐고 단순 서비스를 넘어 개인화/맞춤화 서비스를 제공하는 토대가 됐다. 방송 시간을 기다려 방송을 보던 일방향의 서비스체계에서 원하는 시간에 원하는 방송을 검색해 골라 보는 양방향의 서비스가 시작됐다.

이러한 변화를 가치사슬 관점에서 보면 IPTV는 미디어 기술과 네트워크 기술 간의 컨버전스를 통해 〈그림 5.3〉과 같이 CPND^{Content, Platform, Network, Device} 측면에서 기존의 방송 산업 가치사슬을 변화시켰다.

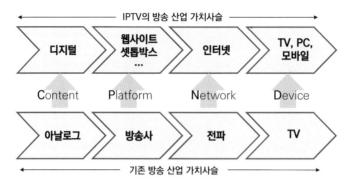

그림 5.3 IPTV: 방송 산업의 가치사슬 변화

[사례2] 스마트폰

스마트폰Smartphone은 단순히 휴대전화에 몇 가지 기능을 결합해 하나
의 기기로 만든 통합 제품의 수준이 아니라 사용자에게 새로운 가치를
제공한다. 기존 제품들의 획일적인 기능 및 서비스와 달리 앱스토어
등록된 다양한 애플리케이션을 다운로드해 설치하면 개인화된 맞춤형
서비스를 사용할 수 있다.

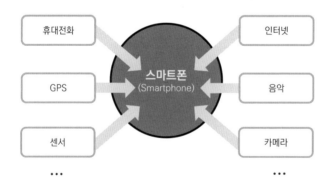

그림 5.4 스마트폰: 기능의 융합을 통한 새로운 가치 제공

〈그림 5.4〉와 같이 단순한 휴대전화의 기능을 넘어 인터넷, 음악, 카메라, GPS, 센서 등과 같이 스마트폰에 융합된 다양한 기능들을 통해 수많은 새로운 가치를 창출해 사용자에게 제공한다. 스마트폰과 같은 디바이스 컨버전스가 일반적으로 말하는 대표적인 컨버전스로서 최근 컨버전스를 새롭게 조명하게 된 계기가 됐다. 스마트폰의 성공으로 인해 통신 산업의 헤게모니Hegemony가 통신사에서 단말기 제조사로 넘어갔으며, 스마트폰이 플랫폼화되어 새로운 모바일 생태계Ecosystem를 구축했다.

지금까지 산업 내 컨버전스 사례에 대해 알아봤다. 이제 산업 간 컨버전스 사례를 살펴보자.

[사례1] 핀테크

핀테크Fintech는 〈그림 5.5〉와 같이 금융 산업과 IT 산업이 결합해 금융 산업을 혁신한 컨버전스 사례다. 핀테크는 결제 및 거래, 리스크 관리, 고객 신용도 평가, 모바일 뱅킹, 재화 및 서비스 거래, 외환시장 등을 아우르며 금융의 각 영역에서 새로운 서비스를 선보이고 있다. 이를 통해 기존 금융 산업에서는 시도하지 못했던 새로운 금융 비즈니스 모델을 탄생시켰다.

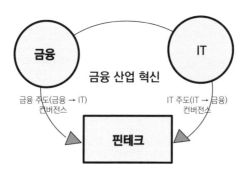

그림 5.5 핀테크: 금융 산업과 IT 산업 간의 컨버전스

최근에는 국내에서도 한국카카오 은행과 케이뱅크 은행을 시작으로 인터넷전문은행 서비스를 시작한다. 인터넷전문은행은 금융과 IT의 컨버전스를 극대화해 탄생한 새로운 혁신적인 비즈니스 모델이다. 기존 은행에 비해 수수료나 금리 등에서 가격경쟁력은 높이고 맞춤형, 편의성 등의 서비스 품질은 향상시켜 기존 은행 산업의 가치사슬을 파괴하는 새로운 서비스를 탄생시켰다.

표 5.2 국내 인터넷전문은행 비교(출처: bloter.net)

구분	한국카카오 은행	케이뱅크 은행
자본금	• 3,000억 원	• 2,500억 원
주요주주 (지분율)	• 한국투자금융지주(50%) • 카카오(10%) • 국민은행(10%)	• 우리은행(10%) • GS리테일(10%) • 한화생명보험(10%) • 다날(10%) • KT(8%)

핵심제공 서비스	• 중금리대출(빅데이터 기반)	• 중금리대출(빅데이터 기반)
	• 카카오톡 기반 간편송금	• 토탈 간편지급결제(Express Pay)
	• 카드, VAN, PG 없는 간편결제	• 휴대폰/이메일 기반 간편송금
	• 카카오톡 기반 금융비서	• Robo-advisor 기반 자산관리
	• 카카오 유니버셜 포인트	• Real-time 스마트해외송금

[사례2] 스마트카

자동차 산업은 과거의 단순한 제조 산업에서 〈그림 5.6〉과 같이 IT 산업이 결합하면서 컨버전스 산업으로 탈바꿈했다. 최근 차량용 전장 플랫폼이 기본으로 탑재되고 첨단 소프트웨어 기술이 자동차 산업과 접목되면서 무인자동차와 같은 영화 속 장면이 현실화되고 있다.

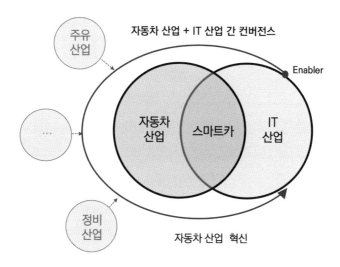

그림 5.6 스마트카: 자동차 산업과 IT 산업 간의 컨버전스

자동차 전장 플랫폼이란 자동차에 사용되는 전자장치들을 제어하고 운영하는 소프트웨어 플랫폼을 말한다. 이처럼 자동차의 부품에 소프트웨어가 탑재됨에 따라 공통 모듈의 재사용성, 부품 호환성 등의 문제점이 생겨나게 됐고 이를 해결하고자 하는 노력의 일환으로 AUTOSAR(AUTomotive Open System ARchitecture)라는 표준이 제정됐다.

이처럼 자동차 산업은 전통 내연기관 엔진 차에서 IT 기반의 스마트카로 변화하고 있다. 자동차와 IT의 결합은 단순히 기존 자동차에 IT의 기능이 추가되는 정도를 넘어선다. 휘발유 차량에서 전기차로 변화하고 있으며, 동력의 전기화에 따라 부품들의 전자장치화가 가속화되고 있고, 이를 제어하기 위한 다양한 IT 기술들도 발전하고 있다. 이에 따라 결국 자동차 산업의 가치사슬에도 〈그림 5.7〉과 같이 새로운 변화와 혁신이 일어나고 있다.

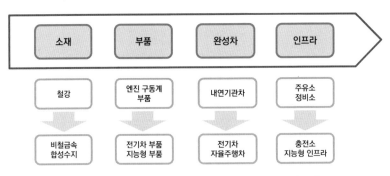

그림 5.7 자동차 산업의 가치사슬 변화(출처: 삼성경제연구소)

전문가들은 2020년에는 자동차의 제조 원가 중 전자 부품 및 소프트웨어의 비중이 약 35%, 2050년에는 50%까지 증가할 것으로 예상한다. 최근 전기차 충전 인프라와 같이 자동차를 둘러싼 새로운 생태계의 출현이 가속화되고 있어 전통적인 자동차 업체들이 테슬라나 구글차와 같은 신규 진입자의 위협을 받는 상황이 도래했다. 자동차 산업과 같이 성숙 산업이 IT와 결합하면서 자동차 산업의 핵심경쟁력이 변화하고 기존의 가치사슬 체계를 파괴하고 있다.

5.2 컨버전스의 본질은 무엇일까?

새로운 가치창출

컨버전스Convergence와 유사한 의미의 단어로 통합Integration이라는 단어가 있다. 하지만 이 두 단어 간에는 미묘한 차이가 존재한다. 컨버전스는 단순히 기능의 추가를 강조한 통합보다 한 가지 목표를 향하여 여러 기능이 결합해 시너지를 추구한다는 점에서 통합과 다른 의미를 갖는다. 〈그림 5.8〉과 같이 단순히 서로 다른 요소를 추가하는 것이 아닌 화학적으로 결합하는 것이 진정한 컨버전스다.

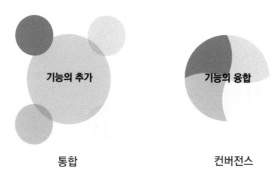

통합   컨버전스

그림 5.8 통합과 컨버전스(출처: DBR 58호)

기본적으로 컨버전스가 성공하기 위해선 다양한 기능들을 열거하고 이 개별적인 기능을 단순히 통합하는 것이 아닌 주요한 기능 중심으로의 수렴을 통한 화학적 결합이 필요하다. 해야 할 일과 용도가 먼저 제시되고 그 용도에 기반해 가장 생산성 높은 구조로 만들어져야 하며 스마트폰과 같이 성공적인 컨버전스로 진화하기 위해선 반드시 새로운 가치를 고객에게 제시해야 한다.

새로운 경쟁과 협력의 시작

컨버전스는 〈그림 5.9〉와 같이 전통적인 산업군의 가치사슬을 파괴하고 발전해 나간다. 모순적으로 보이는 이 말은 기존의 가치사슬 분석이 의미 없다거나 컨버전스가 전통 산업의 본질을 흐린다는 이야기가 아니다. 기존 산업(기업)과 기술이 상향 평준화되고 보편화되면서 서비스 공급과 수준이 높아져 이를 통해 혁신이 일어나 고객에게 새로운 부가가치를 전달할 수 있도록 가치사슬이 분리, 통합 그리고 파괴를 반복한다는 의미다.

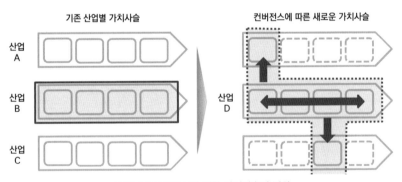

그림 5.9 컨버전스에 의한 가치사슬의 변화

핀테크의 경우도 마찬가지다. 〈그림 5.10〉과 같이 금융 산업이 각자의 영역에 고정되지 않고 서로 엮이면서 새로운 상품들과 컨버전스가 이루어진다. 이에 따라 기업 단위를 넘어 산업 간에 협업과 경쟁이 활발히 일어난다.

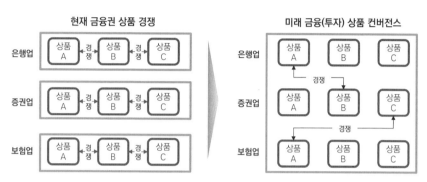

그림 5.10 금융투자 상품의 컨버전스(출처: 신한 FSB)

자동차 산업도 유사하다. 가치사슬이 변화하면서 새로운 산업과 경쟁구도가 나타나기 시작했다. 〈그림 5.11〉과 같이 IT 산업과 자동차 산업 간의 컨버전스로 인해 기존의 부품 공급 업체와 완성차 제조 업체의 관계로만 구성됐던 자동차 산업이 비포 마켓Before Market과 애프터 마켓After Market 모두에 걸쳐 IT 업체와 부품 공급 업체, 완성차 제조 업체, 그리고 소비자 간에 새로운 경쟁과 협력 관계가 생겨났다.

MEMO

▶ 비포 마켓: 자동차 출고 시 옵션으로 장착되어 판매되는 시장
▶ 애프터 마켓: 차량 사용자가 개인적으로 구매해 장착하는 시장

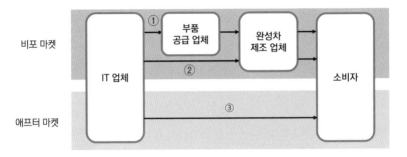
그림 5.11 자동차 가치사슬 체계의 변화(출처: 삼성경제연구소)

① 반도체의 경우처럼 IT 업체가 자동차 부품 공급 업체(보쉬, 델파이 등)에 납품하고 이를 완성차 제조 업체가 장착해 출고하는 형태
② 애플 아이팟의 경우처럼 IT 업체가 완성차 제조 업체에 직접 납품하는 형태
③ 내비게이션 장착 휴대폰의 경우처럼 IT 업체의 제품을 소비자가 구매한 후 완성차에 부착해 사용하는 형태

지금까지 컨버전스가 가치사슬을 변화시키고 있으며, 이는 새로운 경쟁과 협력의 시작임을 이야기했다. 컨버전스는 이제 시작일뿐 이 새로운 재화나 서비스가 유지되기 위해서는 견고한 체계가 필요하다. 이를 위한 가장 중요한 요소가 바로 플랫폼이다. 또한 이렇게 생성된 플랫폼은 새로운 생태계Ecosystem를 구축하게 된다. 컨버전스를 넘어 플랫폼화를, 플랫폼으로부터 견고한 생태계를 구축하는 것이 향후 컨버전스의 주도권 확보를 위한 핵심요소이기 때문이다.

5.3 컨버전스 시대의 전략은 무엇일까?

본질 중심의 컨버전스

일반적으로 기능이 많아진다는 건 그만큼 복잡하다는 의미인 동시에 불필요한 제품 가격의 상승요인이다. 또한 복잡한 기능은 사용자들에게 혼란과 기능피로도를 높이는 요인이 된다. 〈그림 5.12〉와 같이 소비자 실험에서 확인한 바에 따르면 상품 내 기능을 통합하는 데에는 최적의 수준이 존재한다. 사용 경험이 없는 사용자일수록 많은 기능을 선호하고 사용 경험이 있는 사용자일수록 적은 수의 기능을 선호한다는 것이다.

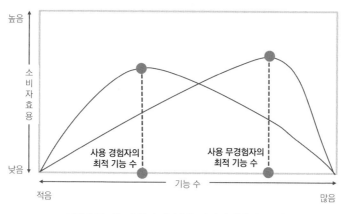

그림 5.12 기능 수와 소비자효용 간의 관계(출처: HBR)

이는 컨버전스와는 반대로 다이버전스^{Divergence} 제품들이 등장하고 각광을 받는 현상과 그 맥을 같이한다. 대표적인 가정용 백색가전인 냉장고는 다양한 기능으로 무장하며 발전했지만 김치냉장고, 와인냉장고 등의 특정 기능만을 강조한 전문 냉장고가 대세로 자리잡은 것과 같은 이치다.

컨버전스의 성공을 위해서는 이처럼 기능 간의 결합 목적을 명확히 해야 한다. 컨버전스로 다기능을 통합하는 게 중요한 것이 아니라 고객에게 진정으로 전달할 가치가 무엇인가를 명확히 하고 이를 중심으로 수렴되어야 한다. 어떤 기능들을 포함시키고, 이들을 어떻게 활용해야 하며, 궁극적으로 어떻게 고객에게 최상의 가치를 제공하는지와 같은 본질적인 부분에 대한 고민이 컨버전스의 중심에 있어야 한다.

컨버전스 성공의 4가지 요건

컨버전스의 등장은 기존 경영전략에도 혁신Innovation이라는 변화를 요구한다. 이러한 변화 속에서 성공적인 컨버전스를 위한 요인을 도출하면 〈그림 5.13〉과 같이 4가지로 요약할 수 있다.

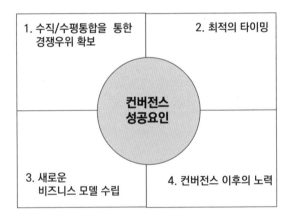

그림 5.13 컨버전스 성공의 4가지 요건

첫째, 기업의 수직통합과 수평통합에 대한 전략을 수립하고 이를 통해 지속적인 경쟁우위를 확보해야 한다. 우위를 확보할 수 있는 영역에 집중해 유연하고 빠른 변화를 받아들이고 새롭게 시도하는 것이 컨버전스와 같은 급격한 변화의 흐름에서는 반드시 필요하다. 스타트업이나 1인 기업들이 지속적으로 출현하고 컨버전스 분야에서 성공하는 것도 유사한 맥락이다.

둘째, 최적의 타이밍이다. 타이밍은 비단 컨버전스에서만 중요한 것은 아니지만 컨버전스의 경우 다양한 이해관계자와 빠른 기술흐름 속에서 발생하므로 최적의 타이밍은 컨버전스에서 특히 중요하다. 상황에 따라 선도자First Mover 전략을 펼쳐서 시장에 진입하는 것이 성공적일 수도 있고 추격자Fast Follower 전략으로 안정화된 다음 시장에 진입하는 것이 효과적일 수도 있다. 해당 기업의 제품 혹은 서비스의 포지셔닝과 시장의 흐름에 기반한 타이밍은 컨버전스의 성공에 중요한 요인이다.

셋째, 새로운 비즈니스 모델에 대한 고민이 필요하다. 예컨대 온/오프라인 업체들이 서로 종횡 결합해 탄생한 새로운 O2OOnline to Offline, Offline to Online 비즈니스 서비스는 온/오프라인의 벽을 없애 온라인 구매 고객에겐 오프라인 매장방문의 기회를, 오프라인 구매 고객에겐 온라인으로의 방문을 유도한다. 이와 같은 온/오프라인 서비스들은 IoTInternet of Things, 비콘Beacon 등 다양한 기술들과 결합하며 지속적으로 발전하고 있다.

넷째, 컨버전스 이후의 노력도 간과해서는 안 된다. 컨버전스는 일종의 인수합병M&A과도 같다. 많은 기업들의 인수합병은 통합 후 상충된 기업문화 간의 괴리를 극복하지 못하고 실패로 끝났다. 대표적인 예로 2000년 AOL^America Online과 타임 워너^Time Warner의 합병을 들 수 있다. 인터넷 서비스 기업인 AOL과 미디어 콘텐츠 기업인 타임 워너는 방송채널과 디지털 콘텐츠의 결합으로 시너지를 낼 것으로 기대했지만 2009년 실패로 끝났다. 이에 대한 다양한 원인들이 제기되었지만 결국 합병 상대와 기업문화에 대한 무지 및 통합 후 전략의 부재가 결정적 요인으로 작용했다는 것이 일반적인 견해다. 따라서 컨버전스의 성공적인 안착을 위해서는 컨버전스 대상에 대한 명확한 이해와 사후 관리를 통해 그 효과를 극대화하려는 전략도 필요함을 잊어선 안 된다.

MEMO

M&A의 성패는 'PMI(Post Merger Integration, 인수 후 통합)'에서 갈리는 경우가 많다. 인수 기업과 피인수 기업을 생산적인 방향으로 결합시킬 수 있도록 PMI 관리를 잘해야 한다. PMI의 핵심 질문은 "무엇을 통합하고 무엇을 그대로 두어야 하는가"이다.

(출처: BAIN & COMPANY)

경영의 지혜

가치 관점의 컨버전스

최근에 가장 많이 회자되는 두 단어가 있다. 바로 '스마트'와 '혁신'이다. 이 두 단어를 가치 관점으로 설명하면 어떻게 될까? 먼저 스마트의 의미를 가치 측면에서 보면 기존의 가치에 새로운 가치를 더하는 '가치의 제고^Value-Added'로 정의할 수 있다. 스마트폰과 피처폰^Feature Phone

의 차이도 이러한 관점에서 설명할 수 있다. 반면에 '혁신'을 가치 관점에서 보면 새로운 '가치창출Value-Created'로 정의할 수 있다. 혁신革新이라는 단어는 '가죽을 벗겨서 새롭게 한다'는 뜻으로 새로움의 가치가 내포돼 있다. 따라서 이러한 가치제고와 가치창출의 두 가지 가치 관점으로 기술경영의 핵심요소인 기술과 시장의 두 축에 따라 컨버전스 유형을 구분하면 〈그림 5.14〉와 같다.

	기술 기반 컨버전스	시장 기반 컨버전스
기존 가치제고	**기술진화형 컨버전스** • 의미: 2개 이상 기술이 융합해 기존 기술 분야 적용 • 예시: 유비쿼터스 컴퓨팅, LED TV, 터치폰, 디지털 카메라, eBook	**시장고도화형 컨버전스** • 의미: 2개 이상 제품 서비스가 융합해 기존 시장 확장 • 예시: 스마트폰, 스팀청소기, 전동칫솔, 찜질방, 크루즈선
새로운 가치창출	**돌파기술형 컨버전스** • 의미: 2개 이상 기술이 융합해 기존 기술의 한계 극복 • 예시: AMOLED폰, 생체보안기술, DNA칩, 굿바이 키보드	**신시장창출형 컨버전스** • 의미: 2개 이상 제품 서비스가 융합해 신시장 창출 • 예시: 전기자동차, 의료용 수술로봇, 스크린 골프

그림 5.14 컨버전스 유형(출처: 아시아경제)

단순히 새로운 기능의 추가나 여러 기능 간의 결합을 컨버전스라고 생각하는 경우가 있다. 하지만 이는 잘못된 생각이다. 컨버전스는 '기능의 플러스'가 아니라 '가치의 플러스'다. 핀테크 프로젝트를 준비하는 최기술 대리가 가치 관점에서 컨버전스의 유형을 이해하고 그 의미를 되새겨야 하는 이유가 여기에 있다.

컨버전스 전략 실행을 위한 원칙

컨버전스 전략을 고민할 때 다음과 같은 질문이 머리 속에 맴돌곤 한다. 컨버전스가 진행될 때 어떠한 기술로 시장을 선도해야 하는가? 시장을 어떻게 공략해야 하는가? 시장의 생태계는 어떻게 구성해야 하는가? 비즈니스 모델은 어떻게 바꿔야 하는가? 등의 질문이 꼬리에 꼬리를 문다. 이러한 컨버전스 전략에 대한 질문을 〈표 5.3〉과 같이 진입 기업과 기존 기업의 관점에서 정리해보면 기술 선구자, 시장 공격자, 생태계 집합자, 비즈니스 개조자의 4가지 전략으로 요약할 수 있다.

표 5.3 컨버전스 전략 실행을 위한 원칙(출처: DBR 141호)

산업 내 입지	진입 기업		기존 기업	
전략선택	기술 선구자	시장 공격자	생태계 집합자	비즈니스 개조자
출발점	산업 간 컨버전스 진행에 직접적으로 뛰어난 기술 솔루션을 개발할 수 있을까?	선진 기술 응용을 상업화할 수 있으며 컨버전스가 진행 중인 시장에서 새로운 매출 기회를 찾아낼 수 있을까?	상호 보완적인 혁신가를 위한 플랫폼을 조직해 기존 자산과 시장 경험을 활용할 수 있을까?	산업 내에서 컨버전스가 미치는 영향을 예상하고 새롭게 떠오르는 가치 원천을 확보하기 위한 새로운 비즈니스 모델을 설계할 수 있을까?
실행원칙	• 기술 표준화 • 선택받는 기술 • 비독점 라이선스 협상	• 협력적인 관계 구축 • 참여 모형 강화 • 파트너 관계 확대	• 활용 가능한 자산 모듈화 • 생태계 일관성 확보 • 전유성 메커니즘 형성	• 대규모로 직접적인 고객 관계 구축 • 새로운 비즈니스 모델과 기존 비즈니스 모델의 공존 • 간접적으로 고객에게 접근하는 전략
필요자원 (적음 – 많음)	■■■□	■■■□	■■■■	■■■■
컨버전스 단계 (초기 – 후기)	■■□□	■■■■	■■■■	■■■□
기업사례	스카이프(Skype)	넷플릭스(Netflix)	구글(Google)	애플(Apple)

전유성(Appropriability)이란 기술혁신에 대한 수익을 배타적으로 보호/확보할 수 있는 정도를 뜻한다. 전유성의 예로는 특허(Patent), 영업비밀(Secrecy), 시장선점(Lead Time Advantage), 보완적 판매 및 서비스(Complementary Sales & Service), 보완적 제조(Complementary Manufacturing) 등이 있다.

사실 컨버전스 전략을 세운다는 것은 보통 어려운 일이 아니다. 하지만 이처럼 복잡해 보이는 문제일수록 기준을 정하고 원칙을 세운 다음 비교하면 그 해답이 선명해진다. 그리고 이러한 과정을 거쳐야 비로소 올바른 전략선택의 기반이 마련된다. 이때 진입 기업과 기존 기업처럼 큰 축을 선정해 〈표 5.3〉과 같이 컨버전스 전략을 한눈에 비교하는 작업은 기대 이상의 통찰력을 갖게 해준다.

따라서 지금 막 가치사슬을 시작으로 컨버전스의 기본적인 개념을 이해한 최기술 대리에게 가장 필요한 것은 복잡한 컨버전스 이론이 아니라 간결한 컨버전스 비교를 통해 대박은행의 컨버전스 목표와 방향을 구체화하는 작업일 것이다.

6장

플랫폼:
우리 모두 다 함께

어느덧 핀테크 프로젝트가 시작된 지도 한 달이 지났다. 진행되는 프로젝트는 이노M뱅크InnoMBank라는 핀테크 플랫폼으로 하나의 플랫폼에서 계좌관리, 자금이체, 외화송금 등의 금융 업무와 대출일정관리 등의 유관 업무를 동시에 처리할 수 있으며, 클라우드 방식의 서비스 제공으로 PC, 모바일 등 장소와 기기에 구애받지 않는 종합 자산관리 서비스 플랫폼이다.

프로젝트가 중반을 넘어서기 시작했지만 최기술 대리는 사실 플랫폼의 정확한 의미가 와 닿지 않았다. 게다가 회의 중에 나온 플랫폼 리더십이라는 용어는 더욱 모호하게 느껴졌다. '아니 플랫폼에 웬 리더십?' 이런 생각만이 가득했다. 또 프로젝트 시작 전 한경영 차장과 함께 살펴본 가치사슬, 컨버전스 등과 플랫폼은 어떠한 연관 관계가 있는지 잘 그려지지 않았다. 답답한 마음에 주간회의를 마치고 자리로 돌아가려는 한경영 차장에게 말을 걸었다.

최기술　차장님, 바쁘십니까?

한경영　최대리, 무슨 일이야?

최기술　죄송한데 잠깐 플랫폼에 대해 설명해 주실 수 있으신지요? 사실 아까 회의 때 논의한 플랫폼에 대한 정확한 의미가 와 닿지 않아서요. 왜 플랫폼 비즈니스가 중요한가요? 바쁘신데 죄송합니다.

한경영　좋은 질문이야. 우리가 프로젝트 시작 전에 얘기했던 가치사슬 기억하지?

최기술　가치사슬이요? 물론이죠! 얼마나 열심히 공부했는데요.

한경영　그래, 이 플랫폼에 대한 내용도 가치사슬 관점에서 고민해보면 어떨까? 과거에는 가치사슬에서 헤게모니 경쟁이 일어났어. 특정 영역을 두고 싸움이 일어났지. 하지만 컨버전스에서 살펴봤듯이 앞으로는 이러한 가치사슬 간, 가치시스템 간, 더 크게는 산업 생태계^{Ecosystem}에서 변화가 있을 거야. 플랫폼은 이 생태계의 중심에 위치해. 그래서 플랫폼을 차지하려고 경쟁하는 거지.

최기술   너무 어렵네요.

한경영   말이 너무 어렵나? 예를 들면 애플이나 구글의 비즈니스 모델이 대표적인 플랫폼 비즈니스라고 할 수 있지. 애플의 앱스토어를 생각해봐. 아이튠즈에는 앱을 만들어 올리는 회사나 개인도 있고, 디지털 미디어 콘텐츠를 공급하는 회사나 개인도 있어. 또 다양한 고객이 앱스토어에서 구매를 하게 되잖아. 애플은 이러한 과정에서 수수료 수익을 얻고 말이야.

최기술   아, 쉽게 말하면 애플은 판을 벌이고 판매자와 소비자는 알아서 거래를 하고… 이런 거군요.

한경영   그래, 바로 그게 가장 간단한 플랫폼의 예라고 할 수 있어. 하지만 플랫폼을 좀 더 명확히 이해하려면 먼저 네트워크 효과에 대해 알아야 해.

한경영 차장의 네트워크 효과에 대한 설명이 이어졌다.

한경영   네트워크 효과란 한마디로 특정 상품이나 서비스에 대한 수요가 다른 사람들의 수요에 의해 영향을 받는다는 거야. 가장 간단한 예로 친구들이 메신저에 많이 가입하면 할수록 더 많은 친구들과 소통할 수 있어 더 유용하겠지? 이게 바로 네트워크 효과야. 그리고 이런 네트워크 효과에는 직접적 네트워크 효과^{Direct Network Effect}와 간접적 네트워크 효과^{Indirect Network Effect}가 있어. 이 두 가지는 한번 정리해보면 큰 도움이 될 거야.

최기술 아, 그럼 혹시 회의 때 나온 양면시장Two-Sided Market은 뭐죠? 이것도 플랫폼과 관련이 있나요?

한경영 양면시장은 쉽게 생각하면 애플의 앱스토어나 구글의 플레이스토어를 기준으로 개발자들과 고객이 대면하게 되는 시장을 이야기해. 이 시장에선 상호 보완적 관계가 되지. 따라서 한쪽이 줄어들면 당연히 반대쪽도 영향을 받겠지? 이러한 시장이 플랫폼의 기본 개념이야. 고객이 없는 플랫폼을 위해 개발할 개발자는 없을 테니까 말이야.

최기술 그럼 결국 플랫폼도 이런 네트워크 효과가 잘 갖춰져야 하는 거군요!

한경영 빙고! 최대리 말대로 판만 벌인다고 플랫폼이 성공하진 않아. 숱하게 많은 실패 사례도 있고 말이야. 따라서 플랫폼 비즈니스에서는 무엇보다 전략이 중요하지. 플랫폼은 어떻게 만드는가도 중요하지만 어떻게 운영하는가가 더 중요해.

지금까지 네트워크 효과와 플랫폼에 대해 설명을 들은 최기술 대리는 그동안 무심코 지나쳤던 IT 산업에 대한 현상과 흐름이 논리적으로 이해가 가는 듯했다. 이때 한경영 차장이 질문을 던졌다.

한경영 판만 벌인다고 성공하는 게 아님은 알 듯하고… 그럼 성공적인 플랫폼 리더가 되려면 어떻게 해야 할까? 내가 내일 오전에 임원보고가 있어서 지금은 보고서를 마무리해야 하니까 내일 오후 다시 얘기하자. 그때까지 성공적인 플랫폼 전략에 대해 잘 정리해봐. 참고로 플랫폼 비즈니스는 절대 쉬운 일이 아니야. 고려해야 할 사항도 많지. 같이 TF 팀에 있으니까 그 점은 하나하나 고민하자고.

기술의 고민

지금까지 기술전문가인 최기술 대리는 플랫폼을 시스템이나 애플리케이션과 같이 기술적인 관점에서만 바라봤다. 하지만 TF 팀 회의를 통해 플랫폼을 비즈니스의 관점에서 바라볼 필요가 있음을 깨달았다.

플랫폼이란 다양한 산업 주체들이 모여 새로운 가치를 창출하는 하나의 장(場)이다. 최근 비즈니스는 이러한 플랫폼하에서 가치창출이 일어나고 생태계를 구축해 선순환 구조를 이루기 때문에 많은 기업에서 관심을 가지고 있다.

6장에서는 다음 질문을 통해 플랫폼 비즈니스의 진정한 의미와 본질 그리고 플랫폼 비즈니스의 성공전략에 대해 알아보자.

• 플랫폼이 등장하게 된 이유는?
• 플랫폼 비즈니스란 무엇일까?
• 플랫폼 비즈니스의 본질은 무엇일까?

6.1 플랫폼이 등장하게 된 이유는?

플랫폼의 정의

사전적인 의미의 플랫폼Platform이란 기차나 전철에서 승객들이 타고 내리는 승강장을 의미한다. 하지만 오늘날의 플랫폼이란 단어는 여러 산업군에서 다양하게 사용되고 있다. '승강장', 즉 사람들이 기차나 전철을 타기 위해 지나치게 되는 '물리적인' 플랫폼의 의미 외에 부가적으로 다양한 산업군의 '논리적인' 승강장을 의미하는 데 플랫폼이라는 단어가 사용되기 시작했다.

제조업에서의 플랫폼은 대량생산과 표준화, 그리고 대중화에 큰 기여를 한 컨베이어 벨트 기반의 관련 시설을 의미하고 IT 분야에서는 시스템 아키텍처의 중심인 운영체계를 의미한다. 이처럼 산업군과 분야에 따라 플랫폼에 대한 정확한 정의에는 차이가 있을 수 있지만 그 본질은 크게 다르지 않다. 그러므로 플랫폼이란 여러 참여자가 공통된 사양이나 규칙에 따라 경제적 가치를 창출하는 토대를 의미한다고 볼 수 있다.

플랫폼의 유형

최근 사용되는 플랫폼의 의미를 분류해보면 크게 2가지 유형으로 나눌 수 있다. 한 가지는 과거부터 전통적으로 활용해오던 제품을 생산하기 위한 플랫폼을 의미하는 제품 플랫폼Product Platform이고, 다른 하나는 최근 각광을 받기 시작한 판매자와 구매자를 이어주는 매개자로서의 비즈니스 플랫폼Business Platform이다.

제품 플랫폼

제품 플랫폼은 주로 제조업에서 등장하는 플랫폼으로 원가 절감을 위해 공통된 토대를 만들어 제품을 생산하는 일종의 틀이나 시설 등을 의미한다. 초기 산업혁명 시대, 포드는 〈그림 6.1〉과 같은 T-Model이라는 플랫폼을 구축하고 자동차의 기본 뼈대를 만들어 이에 다양한 외양을 탑재해 제품들을 생산했는데, 이것이 대표적인 제품 플랫폼이다.

그림 6.1 포드의 제조 공정(출처: telegraph.co.uk)

제품의 대량생산을 위해선 다양한 공정과 생산설비를 필요로 하기 때문에 대량생산 체계를 만드는 것이나 제품의 품종을 다각화하는 것은 생각처럼 쉬운 일이 아니었다. 포드는 육류가공 공장의 운반설비에서 힌트를 얻어 컨베이어 벨트를 기준으로 작업자를 배치해 효율화를 도모했고, 이러한 구조하에서 생산돼 나오는 제품들의 부품 규격을 통일하고 단순화해 이를 기반으로 다양한 차량 모델을 양산해냈다. 기본 차체 프레임, 엔진, 트랜스미션 등을 공유하고 모형을 달리하며 변화를 시도한 것이다. 덕분에 이 T-Model은 역사상 가장 많이 팔린 차로 기록됐는데 1908년부터 1927년까지 약 1,500만 대 이상의 차가 판매된 것으로 알려졌다.

이처럼 포드의 T-Model은 가장 성공적인 최초의 플랫폼으로 인식되고 있다. 지금까지도 자동차 산업과 제조 산업에서 이와 같은 자동화된 제품 플랫폼은 생산의 기본으로 자리 잡고 있다. 국내에서도 현대, 기아자동차의 소나타와 K5, 그랜저와 K7의 경우 플랫폼을 공유해 생산한 덕분에 약 4조 5,000억 원 이상의 비용을 절감한 것으로 알려져 있다.

제품 플랫폼은 이처럼 비용 절감과 생산성 향상이라는 관점에서 큰 의미를 갖는다. 오늘날과 같이 자동차의 대중적인 보급에 플랫폼 기반의 대량생산 방식이 크게 기여했음은 부정할 수 없다. 또한 이러한 제품 플랫폼 덕택에 자동차 외에도 다양한 제품의 대중적 보급이 가능할 수 있었다.

비즈니스 플랫폼

비즈니스 플랫폼이란 제품 플랫폼처럼 가시적으로 확인한다거나 그 실체를 명확하게 인식하기 어렵다. 하지만 최근 비즈니스 환경에선 필수적인 대상이 되었는데 이는 기술의 발전과 함께 시공간적 제약성이 사라지고 인터넷 중심의 e-비즈니스 시장이 활성화되면서 찾아온 시장의 변화에 기인한다.

비즈니스 플랫폼이란 공통된 사양 혹은 규칙에 따라 경제적 가치를 창출하는 토대를 의미하는데, 쉽게 설명하면 〈그림 6.2〉와 같이 판매자와 구매자를 연결하는 매개자라고 볼 수 있다. 대표적인 비즈니스 플랫폼은 온라인상의 공간에서 판매자와 구매자를 연결하여 거래가 일어나는 인터넷 쇼핑몰이다. 인터넷 쇼핑몰은 비즈니스 플랫폼으로서 판매자와 구매자를 이어주는 매개자 역할을 한다.

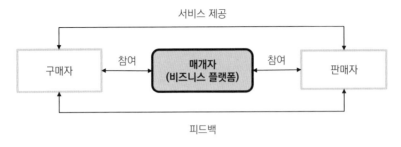

그림 6.2 비즈니스 플랫폼

이 외에도 신용카드사는 카드 사용자와 가맹점 사이를 이어주는 매개자며, 콘솔 게임기는 게임 이용자와 개발사 간의 매개자다. 각종 공연 티켓 예매 사이트들도 티켓 구매자와 공연 업체 사이의 연결고리 역할을 한다.

이처럼 비즈니스 플랫폼은 이해관계에 있는 주체들을 연결하는 것에서 수익을 창출하며 이러한 이해관계자들의 규모가 클수록 수익 창출에 유리하다. 연결할 대상이 늘어나야 그만큼 많은 거래를 만들어 낼 수 있고 이것이 곧 매출로 이어지기 때문이다.

플랫폼의 규모와 이해관계자들의 규모는 비례한다. 간혹 온라인 쇼핑몰 광고로 '가입자 수 천만 돌파!'와 같은 광고들을 볼 수 있는데 가입자 수가 많다는 건 잠재적인 구매자들도 많다는 의미고 이는 곧 많은 판매자가 해당 쇼핑몰로 입점하는 결정적인 계기가 된다. 또한 판매자들이 많아지고 제품이 다양해져 양질의 제품을 위한 판매자들 간의 경쟁이 이루어지면 그만큼 새로운 고객을 이끄는 요인도 증가한다. 이러한 선순환 구조가 비즈니스 플랫폼에서는 중요하며 지속적인 성장의 밑거름이 된다.

또한 다양한 이해관계자들의 등장과 경쟁, 그리고 협업 전략이 중요한 최근 경영 환경에서 비즈니스 플랫폼에 대한 관심이 높아지고 있다.

6.2 플랫폼 비즈니스란 무엇일까?

글로벌 선두 기업들의 경영전략이자 많은 기업들이 지향하고, 스타트업 기업들의 사업계획서에서 쉽게 볼 수 있는 핵심 키워드가 바로 '플랫폼 비즈니스Platform Business'다. 이 말은 곧 앞서 이야기한 비즈니스 플랫폼을 기반으로 하는 비즈니스 모델을 갖고 있다는 의미다. 쉽게 말해 이해관계자들을 이어주는 매개자로서 사업을 운영하고 이를 통해 수익을 창출하겠다는 뜻이다. 그럼 지금부터 플랫폼 비즈니스란 무엇인지 자세히 알아보자.

네트워크 효과

플랫폼 비즈니스에서는 플랫폼을 둘러싼 참여자들의 규모가 중요하고 이러한 규모가 클수록 거래가 더 활발하게 일어난다. 이처럼 플랫폼의 규모가 커지면 참여자들을 끌어들이는 매력도가 증가해 참여자들도 더욱 증가하는데, 이러한 현상을 네트워크 효과Network Effect라 한다.

이러한 네트워크 효과에는 〈그림 6.3〉과 같이 직접적 네트워크 효과Direct Network Effect와 간접적 네트워크 효과Indirect Network Effect가 있다.

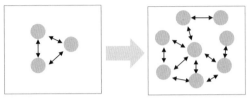

〈직접적 네트워크 효과〉

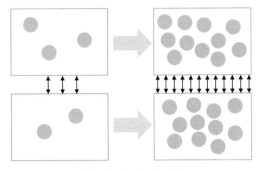

〈간접적 네트워크 효과〉

그림 6.3 네트워크 효과: 직접적 효과와 간접적 효과

직접적 네트워크 효과란 동일한 집단에 속한 참여자 간의 상호작용에 의해 효용Benefit이 커지는 현상을 말한다. 쉽게 말해 특정 집단이 커질수록 특정 집단의 효용이 커짐을 의미한다. 메신저나 소셜 미디어Social Media, 전화망처럼 가입자가 많을수록 더 많은 가입자들과 연결될 수 있으므로 이를 통해 참여자들의 효용이 높아지는 경우다.

반면에 간접적 네트워크 효과란 동일한 집단에 속한 참여자 간의 상호작용이 아닌 한 집단의 이용자 그룹이 얻는 효용이 다른 집단의 이용자 그룹의 수 또는 소비량에 직접적으로 영향을 받을 때 나타나는 효과를 말한다. 이는 한 그룹의 규모가 커지면 다른 집단의 효용이 커지는 현상을 의미한다. 앞서 설명한 인터넷 쇼핑몰이 대표적인 예다.

시장구조

플랫폼 비즈니스에서는 앞서 설명한 두 가지 네트워크 효과 중 특히 간접적 네트워크 효과가 중요한 변수로 작용한다. 그리고 이를 이해하기 위해선 〈그림 6.4〉와 같이 단면시장One-Sided Market과 양면시장Two-Sided Market으로 구분되는 시장구조에 대한 지식이 선행돼야 한다.

먼저 단면시장이란 간단히 말해 판매자가 상품을 제조사에서 받아 구매자에게 파는 시장구조다. 가치사슬 관점에서는 단방향성의 특징을 갖고 있으며, 매개자의 수익은 제품 판매 차익에서 발생되는 이윤과 같이 직접적으로 발생한다. 이에 반해 양면시장은 양방향성의 특징을 갖고 있으며 플랫폼의 수익원은 판매자와 구매자의 거래에 따른 수수료와 같이 간접적인 형태로 발생한다.

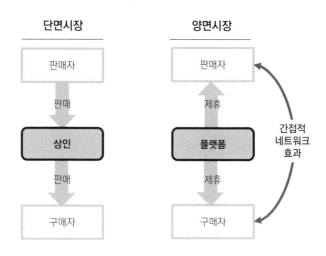

그림 6.4 시장구조: 단면시장과 양면시장

플랫폼의 양면시장구조는 앞서 살펴본 인터넷 쇼핑몰에서도 확인할 수 있다. 인터넷 쇼핑몰의 판매자가 많아지면 소비자가 늘고, 소비자가 늘면 판매자도 증가한다. 이처럼 플랫폼을 중심으로 양측이 상호작용하는 구조하에서 간접적 네트워크 효과의 극대화는 매우 중요하다.

예컨대 이베이eBay의 경우 생산자와 판매자 간 매칭Matching 서비스를 제공해 검색 비용Search Cost을 줄이고 있으며, 신용카드의 경우도 〈그림 6.5〉와 같이 가맹점과 가입자 간 신용거래를 가능하게 함으로써 거래 비용Transaction Cost을 줄였으며 최근에는 모바일 기술을 접목해 간편결제와 같은 새로운 서비스로 발전하고 있다.

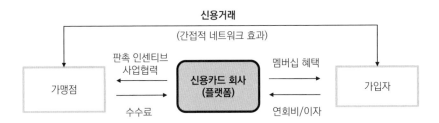

그림 6.5 신용카드의 양면시장과 간접적 네트워크 효과

이처럼 양면시장에서는 간접적 네트워크 효과의 극대화가 매우 중요하다. 과거의 가치사슬에서는 가치의 흐름이 단방향성을 가졌지만 양면시장에서는 플랫폼을 중심으로 양측으로 가치가 발생하는 양방향성을 가지게 된다. 그리고 사용자가 늘어날수록 네트워크 효과가 증가하며 이로 인해 네트워크 규모가 커지는 구조를 이룬다. 플랫폼은 이러한 양면시장의 대표적인 사례다.

플랫폼의 발전 단계

플랫폼은 일반적으로 〈그림 6.6〉과 같이 3단계를 거쳐 발전한다.

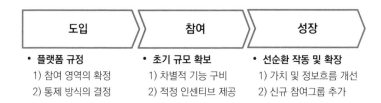

도입	참여	성장
• **플랫폼 규정** 1) 참여 영역의 확정 2) 통제 방식의 결정	• **초기 규모 확보** 1) 차별적 기능 구비 2) 적정 인센티브 제공	• **선순환 작동 및 확장** 1) 가치 및 정보흐름 개선 2) 신규 참여그룹 추가

그림 6.6 플랫폼의 발전 단계(출처: 삼성경제연구소)

먼저 도입 단계에서는 플랫폼의 핵심구조가 정의돼야 한다. 사업 영역과 이에 따른 플랫폼의 성격과 참여자가 정의되며, 통제 방식과 통제 수준이 이 단계에서 결정된다.

그런 다음 플랫폼의 참여자를 확보해야 한다. 이때 플랫폼의 장점을 기반으로 차별적 기능을 제공해야 하며 가장 중요한 주체들의 니즈를 만족시켜야 한다. 어떠한 방식으로 인센티브를 제공하는가에 대한 기준과 방식이 큰 영향을 미친다. 인센티브의 목적이 많은 수의 참여자를 유인하는 데 있는가 혹은 양질의 참여자를 확보하는 데 있는가에 따라 인센티브 제공 방식이 결정된다. 통상적으로는 네트워크 효과가 더 큰 쪽에 인센티브를 제공한다.

마지막으로 성장 단계에서는 가치 및 정보흐름의 개선과 신규 참여 그룹 추가가 중요하다. 플랫폼을 활용해 가치가 전달되는 과정에서 개선점은 없는지 잠재 그룹을 어떻게 유인할 것인지 등이 결정되는데 이를 통해 플랫폼의 확장이 이뤄진다.

6.3 플랫폼 비즈니스의 본질은 무엇일까?

최근 회사에서, 공공장소에서, 카페에서, 그리고 가정에서까지 익숙하게 듣는 문자 알림음은 바로 '카톡', '카톡 왔슈' 등의 카카오톡Kakao Talk 문자 알림음이다. 이 카카오톡이 바로 가장 쉽게 접할 수 있는 대표적인 플랫폼 비즈니스 사례다. 2006년에 설립돼 10년 남짓밖에 안 되는 짧은 역사를 가진 젊은 기업 카카오는 2010년 카카오톡 출시 이래로 줄곧 국내 모바일 메신저 시장을 지배해왔다. 2014년 대한민국 1세대 인터넷 기업인 다음 커뮤니케이션즈Daum Communications에 인수됐지만 실질적으로는 카카오가 다음을 지배하는 구조로 운영됐고 다음 카카오라는 사명을 거쳐 현재 카카오Kakao라는 사명으로 운영되고 있다.

그럼 지금부터 카카오 사례에 비춰 앞서 살펴본 플랫폼 비즈니스의 이론을 적용하고, 이를 통해 플랫폼 비즈니스의 본질에 대해 구체적으로 살펴보자.

플랫폼의 시작, 같이의 가치

카카오 플랫폼의 시작은 카카오톡이라는 모바일 메신저였다. 이 모바일 메신저가 플랫폼의 정점에 설 수 있었던 가장 큰 이유는 2015년 누적 1억 8,000만 명이라는 대규모의 가입자를 확보한 플랫폼이었기 때문이다. 따라서 카카오톡을 기반으로 만들어진 카카오 플랫폼은 많은 기업들에게 관심의 대상이 됐다.

카카오 플랫폼은 〈그림 6.7〉과 같이 크게 4가지의 플랫폼으로 구성돼 있다. 그리고 이 플랫폼들은 유기적으로 연계돼 다양한 사용자들과 공급자들을 연결하고 그 사이에서 가치를 극대화할 수 있는 기반을 조성한다. 이처럼 플랫폼의 시작은 단순한 연계를 넘어 가치의 흐름을 재구성하고 공유해 함께함으로써 이해관계자들 간에 최대의 효용을 나눌 수 있는 가치 기반을 조성하는 것에서 시작한다.

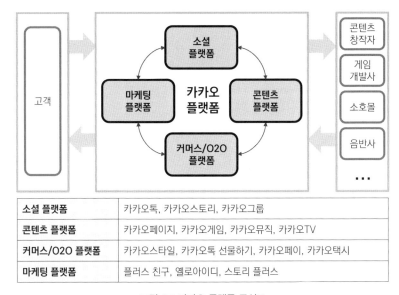

소셜 플랫폼	카카오톡, 카카오스토리, 카카오그룹
콘텐츠 플랫폼	카카오페이지, 카카오게임, 카카오뮤직, 카카오TV
커머스/O2O 플랫폼	카카오스타일, 카카오톡 선물하기, 카카오페이, 카카오택시
마케팅 플랫폼	플러스 친구, 옐로아이디, 스토리 플러스

그림 6.7 카카오 플랫폼 구성도

플랫폼의 역할, 동반성장

초창기 카카오 플랫폼을 주도했던 카카오게임을 생각해보자. 기업에서 신규 게임을 런칭할 때 무엇보다 중요한 것은 홍보, 배포, 그리고 사용자의 확보다. 특히 신생 스타트업 기업이 많았던 초창기 카카오게임에서는 카카오 플랫폼에서 쉬운 접근성과 사용자 풀Pool을 제공하므로 기업은 게임 개발 자체에 집중할 수 있었다. 따라서 많은 기업에서 카카오게임을 통해 게임을 런칭하게 되었고 카카오에서 즐길 수 있는 게임 수도 증가했다. 고객들은 카카오게임에서 다양한 게임들을 다운로드해 즐기고 카카오톡을 통해 친구에게 추천하며 추천받은 친구가 다시 게임에 참여하고 또 다른 친구에게 추천하는 선순환 구조를 이뤘다.

이러한 네트워크 효과를 바탕으로 게임 개발 기업과 사용자 양측이 모두 늘어나는 효과를 얻게 되고 이를 통해 다양한 수익이 창출됐다. 참고로 카카오 플랫폼에서는 네트워크 효과가 큰 고객들에겐 무료로 게임을 다운로드하게 하고 기업에게는 수수료를 받는 형태로 운영한다. 기업 입장에서는 카카오에 수수료를 지불해야 하지만 많은 잠재고객을 확보한 카카오 플랫폼은 이를 감내할 만큼의 매력이 있었고, 사용자 입장에서는 다양한 게임을 쉽게 구매하고 즐길 수 있게 됨으로써 〈그림 6.8〉과 같이 초기 카카오게임 파트너와 가입자 수 모두에 동반상승 효과를 가져왔다.

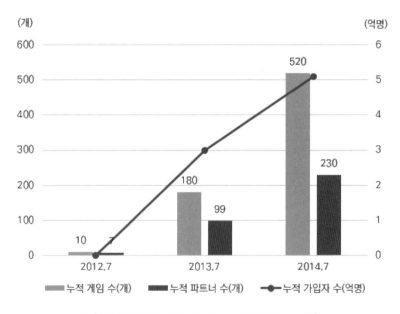

그림 6.8 카카오게임 런칭 초기 파트너 및 가입자 증가 현황

플랫폼의 의미, 상생의 생태계

카카오게임은 초기 신생 게임 회사들과 상생하며 성장했다. 초창기 카카오톡에서 제공하는 게임은 애니팡과 같이 가벼운 게임 방식과 다양한 연령층을 공략한 제품들이 많았는데, 이는 더 많은 사용자들을 끌어들이는 효과를 가져왔고 이에 따라 게임 개발사의 수익도 늘어났다. 게임 외에도 카카오 플랫폼은 〈표 6.1〉과 같이 다양한 플랫폼을 기반으로 파트너사와 상생의 생태계를 구축했다.

표 6.1 카카오 서비스별 상생 파트너

구분	서비스명	상생 파트너
콘텐츠 플랫폼	카카오게임	게임 개발사
	카카오페이지	콘텐츠 창작자
	카카오뮤직	음반사, 기획사, 저작권자
커머스/O2O 플랫폼	선물하기	모바일 쿠폰 업체 및 제휴사
	카카오스타일	중소 패션 소호몰
마케팅 플랫폼	플러스 친구	브랜드, 사회기관, 스타, 미디어 등

카카오 플랫폼은 카카오톡을 기반으로 사람과 사람 간의 소통을 이어주고 게임, 음악, 만화 등 다양한 서비스를 제공한다. 이러한 서비스에서 발생하는 결제는 카카오페이를 통해 이뤄진다. 최근에는 카카오택시라는 O2O 서비스까지 런칭했다. 카카오톡으로 택시 업체와 연결되고 택시의 정보를 카카오톡으로 알려주며 지도 서비스와 연결돼 기존 택시 비즈니스 모델에서는 없었던 새로운 가치를 고객에게 제공하는 기반을 갖췄다. 이처럼 카카오 플랫폼은 〈그림 6.9〉와 같이 '모바일 라이프 스타일 생태계'를 구축하는 플랫폼을 지향하며 계속 진화하고 있다.

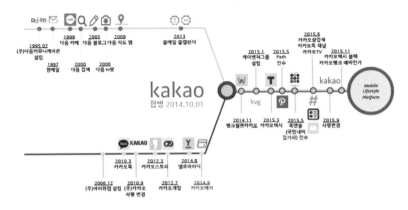

그림 6.9 카카오 플랫폼의 진화(출처: 카카오 IR 보고서)

MEMO

기업 생태계란 1993년 제임스 무어(James Moore)가 처음 제시한 개념으로 상호 의존하는 기업들의 느슨한 연결을 의미하는데, 이를 달리 해석하면 플랫폼과 이를 중심으로 얽힌 기업들의 연결이라고 할 수 있다. 따라서 기업 생태계 관점에서 보면 공생과 진화의 연결고리를 만들어 경쟁력을 확보하는 핵심방안에 플랫폼이 존재한다고 할 수 있다.

플랫폼의 성장, 선순환 구조

최근 비즈니스 환경에서 홀로 존재할 수 있는 기업은 없다. 다양한 주체들과 관계를 맺고 발전해 나간다. 최근 플랫폼에 관심을 갖는 이유도 플랫폼을 중심으로 한 상생의 생태계가 동반성장을 위한 효과적인 방안이기 때문이다.

이러한 플랫폼이 지속적으로 성장하기 위해서는 〈그림 6.10〉과 같은 성장의 선순환 구조를 만들어야 한다. 고객의 가치를 증대시켜

수요를 자극하고 이를 통해 신규 이용자를 유입시켜야 한다. 이는 공급자를 자극하는 요인이 되어 외부 사업자를 참여시켜 새로운 제품이나 서비스를 공급하게 함으로써 플랫폼 성장의 선순환 구조를 만든다.

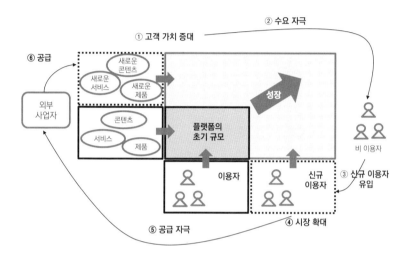

그림 6.10 플랫폼 성장의 선순환 구조(수정인용: LG경제연구원)

플랫폼 리더십, 듬직한 맏형의 역할

플랫폼 비즈니스는 단기간에 수익과 성과를 내기 어렵다. 거시적인 안목과 함께 철저한 준비가 돼있어야만 비로소 성공적인 플랫폼 구축이 가능하다. 그리고 다양한 이해관계자가 있는 만큼 플랫폼 비즈니스에서 리더십은 매우 중요한 요소다.

그럼 리더십을 확보하기 위해서는 무엇을 해야 할까? 플랫폼 비즈니스를 추진할 때 규모의 경쟁에만 집착하는 경우가 많은데 이는 올바른 전략이 아니다. 오히려 급격한 양적 팽창은 독이 될 수 있다. 플랫폼 리더십은 규모가 아니라 〈그림 6.11〉과 같은 4가지 요소의 균형을 통해 확보할 수 있다.

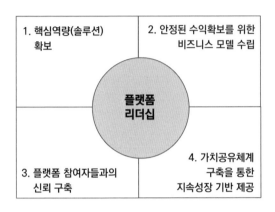

그림 6.11 플랫폼 리더십 확보를 위한 4가지 요건

첫째, 플랫폼 리더십을 확보하기 위해선 먼저 핵심역량 확보가 필요하다. 결국 플랫폼도 비즈니스다. 단순히 매개자의 역할에만 집중하면 양측의 핵심적인 문제 해결에 도움이 되지 않는다. 따라서 플랫폼의 역할을 명확히 하고 참여자들의 요구를 해결할 수 있는 핵심역량을 확보해야 한다. 문제는 해결하고 장점은 극대화하는 솔루션 제공자Solution Provider의 역할을 할 수 있는 플랫폼이 돼야 한다.

둘째, 안정된 수익확보를 위한 비즈니스 모델을 수립해야 한다. 플랫폼 비즈니스의 가격구조 내에서 주 수익원은 수수료다. 수수료율이 낮으면 참여자는 늘 수 있지만 플랫폼 유지가 어렵고, 수수료율이 높으면 참여자들의 반발과 이탈이 수반된다. 이처럼 가격구조의 결정은 매우 어려우며 플랫폼 정책과 함께 고려돼야 한다.

플랫폼 정책이란 플랫폼의 통제 수준을 어느 정도에 맞출지에 대한 고민이다. 소니Sony와 마이크로소프트Microsoft와 같은 게임 콘솔 회사의 경우 콘솔 플랫폼을 중심으로 엄격한 기준을 세워 판매자를 통제한다. 반면 애플의 경우 앱스토어App Store의 운영에 있어 조정의 역할만을 수행한다. 또한 구글은 플레이스토어Play Store를 가급적 자율적으로 운영한다. 각각의 경우 모두 장점과 단점이 있음으로 플랫폼 정책 수립 시 트레이드오프Trade-off 관계를 유념해 업의 본질적 관점에서 안정적인 수익을 확보할 수 있는 비즈니스 모델을 수립해야 한다.

MEMO

> 트레이드오프란 두 개의 목표 가운데 하나를 달성하려고 하면 다른 목표의 달성이 늦어지거나 희생되는 경우와 같은 양자 간의 관계를 의미한다.

셋째, 플랫폼 참여자들과의 신뢰 구축이 필요하다. 플랫폼 비즈니스의 성공은 참여자들과의 생태계 구축과 유지에 달렸다. 하지만 플랫폼 비즈니스의 성격상 승자독식Winner Takes All의 문제가 발생해 독점을 유발하기 쉽다. 이는 플랫폼 구조를 종속적인 관계로 만들어 확장을 방해하고 참여자들의 반발과 이탈을 불러일으킬 수 있다. 특히 과금 정책 측면에서 갈등이 발생하기 쉬운데 이를 방지하기 위해 합리적인 수수료 정책을 유지하고 인센티브 제도 등을 도입해 신뢰 관계의 생태계를 구축해야 한다.

넷째, 가치공유체계를 구축해 지속성장 기반을 제공해야 한다. 가치를 창출하고Create, 유지하며Capture, 공유하는Share 가치공유체계를 구축해 플랫폼 참여자들에게 지속적인 성장 기반을 제공해야 한다. 플랫폼 전략 수립 시 수익을 극대화할 수 있는 비즈니스 모델을 고민하는 것도 좋지만 일방적인 플랫폼은 지속되기 어렵다. 결국 플랫폼 역시 생성된 가치를 어떻게 공유하고 향후 발전의 토대로 만들 것인지가 무엇보다도 중요한 요소라는 사실을 잊어선 안 된다.

MEMO

가치공유와 관련해 가치공동창출(Value Co-Creation)에 대해서도 고민해야 한다. 가치공동창출은 『The Future of Competition』(C. K. Prahalad, Venkat Ramaswamy, 2004) 책에서 제시한 개념으로 '신규 서비스나 제품을 공동아이디어창출(Co-Ideation), 공동디자인(Co-Design), 공동개발(Co-Development) 등의 활동에 소비자와 기업이 함께 참여하는 협동 작업'이라고 정의했다. 달리 말하면 소비자와의 상호작용에 의해서 기업이 소비자의 가치를 높일 수 있는 방법을 찾아가는 빠르고 지속적인 학습 과정이다. 가치공동창출은 기업의 경계를 고객에게까지 확장한 개방형 혁신(Open Innovation)과도 연결이 된다.

경영의 지혜

플랫폼 비즈니스 가치창조의 두 축

플랫폼 비즈니스의 성패는 '얼마나 많은 참여자'와 '유기적으로 협업'을 하느냐에 달렸다. 따라서 플랫폼의 가치는 네트워크 효과Network Effect와 함께 규모의 경제Economics of Scale에서 창출된다고 할 수 있다. 따라서 플랫폼 비즈니스의 등장과 가치를 이 두 축을 기준으로 이해하면 플랫폼의 목표와 성격을 구체적으로 정의할 수 있다. 예컨대 이 두

축을 기준으로 주요 플랫폼 비즈니스 사업자를 비교하면 〈그림 6.12〉
와 같다.

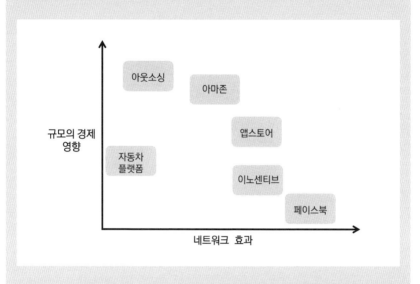

그림 6.12 플랫폼 비즈니스 가치창조의 두 축(출처: DBR 111호)

대박은행의 이노M뱅크^{InnoMBank} 핀테크 플랫폼도 두 축을 기준으
로 경쟁 플랫폼 비즈니스 사업자와 비교해 그 성격을 명확히 할 필요
가 있다. 자칫 잘못하면 모든 기능을 제공하지만 어떠한 기능도 제대
로 제공하지 못하는 '고물상 플랫폼 환경'이 돼 외면받을 수 있다.

따라서 먼저 두 축을 기준으로 이노M뱅크 플랫폼의 포지셔닝을
명확히 한 다음 비즈니스 간의 효율적인 상호작용을 통해 '규모의 경
제와 네트워크 효과 발생 → 고착화^{Stickiness} 시작 → 전환 비용^{Switching}
^{Cost} 증가 → 락인^{Lock-In}'으로 이어지는 플랫폼 발전의 선순환 구조를
만들어야 할 것이다.

그림 6.12에서 이노센티브(InnoCentive)는 과학자 집단과 전 세계 주요 기업을 연결해 각종 연구/개발 과제를 해결해주는 인터넷 비즈니스 회사다. 운영 방식은 기업이 이노센티브와 의뢰인 계약을 맺고 연구/개발 해결 과제를 제시하면, 해결자로 등록된 과학자가 주어진 해결 과제를 검토하고 온라인으로 솔루션을 제출한다. 그러면 의뢰한 기업은 제출된 솔루션을 검토해 그 가운데 최고의 솔루션을 선택하고, 이노센티브는 선정된 과학자나 해결자에게 상금을 지급하는 방식이다.

(출처: 네이버 지식백과)

플랫폼 전략의 4가지 성공요소

'정답은 없다. 하지만 해답은 있다.' 플랫폼 전략에 가장 적합한 표현일 듯하다. 수많은 플랫폼 전략이 쏟아져 나오고 다양한 주장이 존재하지만 성공 사례보다 수많은 실패 사례가 존재하는 것을 보면 플랫폼 전략이야말로 정답이 없는 분야가 확실하다. 하지만 〈표 6.2〉와 같이 4C로 대표되는 성공한 플랫폼의 공통요소는 분명 플랫폼 전략을 수립하는 데 훌륭한 길잡이가 될 수 있다.

표 6.2 플랫폼 전략의 4가지 성공요소(출처: DBR 88호)

플랫폼 전략(4C)	특성
Complementarity (호환성)	• 플랫폼과 모듈, 모듈과 모듈 간의 호환성 • 다른 제품과의 호환성 • 새로운 제품과의 호환성
Complementarity (보완성)	• 플랫폼 간의 상호의존성 • 약점 보완, 강점 강화
Connectivity (연결성)	• 개발자, 협력 업체, 광고 업체 간의 연결성 • 산업 간의 통합으로 새로운 산업구도 형성 • 산업 생태계 구축, 산업 표준화 설정
Commerciality (상업성)	• 소비자 평가와 피드백 수용 • 소비자의 제품에 대한 충성도(Loyalty) 증진

플랫폼 전략도 결국 새로운 가치를 창출하기 위해 존재한다. 가치사슬과 컨버전스 그리고 플랫폼까지 일관되게 가치 관점에서 바라보기를 요구한 이유가 여기에 있다. 아무리 좋은 플랫폼 전략도 이해당사자들에게 가치를 제공하지 못하면 무용지물이다. 그리고 플랫폼을 개방한 후에도 플랫폼을 유지하고 발전시키기 위한 구체적인 차별화 전략을 통해 가치를 지속적으로 제공하지 못하면 금세 그 영향력을 잃어버리기 마련이다.

대박은행이 의욕적으로 추진하고 있는 이노M뱅크 핀테크 플랫폼이 과연 4C의 성공요소를 얼마나 잘 반영하고 있는지 점검해 볼 필요가 있다. 분명 잘못된 점을 보완할 수 있는 좋은 지침이 될 것이다. 플랫폼이 성공하기 어려운 이유는 4C의 성공요소를 갖추기 힘들뿐더러 유지하기는 더 어렵기 때문이다. 이처럼 플랫폼 전략은 단거리 경주가 아니라 마라톤과 같다. 이노M뱅크 핀테크 플랫폼도 긴 호흡으로 4C의 성공요소를 고민해 봐야 한다.

3부 전략

좋은 기술과 성공한 기술은 다르다

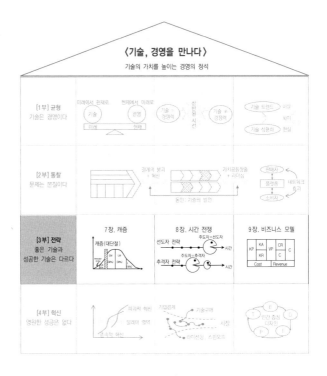

7장

캐즘:
기술의 확산에 찾아오는 함정

생각보다 핀테크FinTech 프로젝트는 잘 마무리됐다. 그렇게 과거의 영광을 뒤로 하고 대박은행의 모바일앱 쇼미더머니는 역사의 뒤안길로 향했고 새롭게 이노 M뱅크가 출시됐다. 이노M뱅크는 다양한 재미있는 기능들을 제공했다.

그중 하나가 바로 증강현실Augmented Reality, AR 기반의 대출 기능이다. 이 기능은 증강현실과 위치 기반 서비스Location Based Service, LBS 기능을 접목해 사용자가 아파트 담보대출이 필요한 경우 주변의 아파트 단지를 스마트폰으로 비추면 시세정보, 대출가능금액, 대출상담신청까지 다양한 기능을 제공했다. 그리고 이 서비스를 이용해 대출상담을 신청한 고객에게는 우대금리도 제공했다. 신기술이 접목된 서비스에 호기심을 가진 고객들의 반응도 긍정적이었다. 그리고 한동안 대출상담신청 건도 지속적으로 증가해 내부적으로도 좋은 평가를 받았다.

하지만 3개월이 지난 시점부터 서비스 이용 건수가 급격하게 감소하더니 6개월이 지난 지금은 거의 사용하지 않는 서비스가 되어 당초 기대와 달리 확대는 커녕 서비스 중단까지 논의되고 있다.

이 서비스를 TF부터 개발까지 참여했던 최기술 대리는 초기의 좋은 반응이 대중에게 확산되지 못하고 이처럼 급작스럽게 사그라진 현실에 참담한 마음을 감출 수 없었다. 경영진들은 이에 대한 대책을 TF 팀에 요구했고 다시 한 번 한경영 차장 주도로 이 답보 현상에 대한 분석 작업을 시작했다.

최기술 안녕하십니까? 한차장님. 한차장님께 조언을 구하고 싶은 문제가 있는데 잠시 시간 내주실 수 있으신지요?

한경영   최대리! 다른 사람도 아닌 최기술 대리인데 당연히 시간 내야지. 그런데 무슨 일이야? 안색이 안 좋네. 무슨 일이라도 있는 거야?

최기술   저희 이노M뱅크 말인데요. 오픈 후 몇 달 동안은 반응도 좋았고 대출 신청 건수도 증가해서 일반 고객들에게 빠르게 확산될 줄 알았는데 예상과 달리 서비스 이용 건수가 지지부진하다가 심지어 급격하게 줄어든 이유를 모르겠습니다. 처음에는 신기술을 접한 고객들이 좋은 의견도 남겨 주시고 반응도 좋았는데, 이러한 관심이 대중들에게 확산되지 않는 겁니다. 왜 갑자기 고객들이 등을 돌렸는지 잘 이해가 되지 않습니다. 솔직히 처음에 반응이 좋았던 만큼 실망도 큽니다.

한경영   나도 그렇지만 최대리는 주도적으로 참여한 첫 프로젝트라 더 실망이 크겠네. 나도 계속 원인을 분석해보고 있지만 다양한 요소들이 있을 수 있겠지. 아마 대출이라는 서비스의 특성상 경기를 많이 타니까 그럴 수도 있고, 부동산 시장의 흐름과도 연결돼 있을 것이고. 뭐 제공하는 기능과 고객이 기대하는 서비스에 차이가 있을 수도 있지. 하지만 기술의 확산 측면에서 보면 이러한 현상은 '캐즘Chasm' 이론의 관점에서 볼 수도 있을 것 같아.

최기술   네? 캐…즘이요?

한경영   응. 최근 IT 신기술 분야에서는 제품이 아무리 훌륭해도 대중들이 사용하기까지 넘어야 하는 함정 같은 것이 존재하는데 이를 캐즘이라고 해. 초기 시장에서 주류 시장으로 넘어가는 과도기에 일시적으로 수요가 정체되거나 후퇴하는 단절 현상을 뜻하는 것이지.

최기술   아, 캐즘 이론이라는 것이 있었군요. 그럼 우리 서비스가 침체기인 캐즘에 빠졌다는 말씀이신가요?

한경영 그렇지. 기술 확산의 시각에선 그렇게 봐도 좋은 가설이 아닐까? 나역시 이 서비스의 사용이 급격하게 줄어든 사실에 대해 난감한 마음이야. 다방면으로 검토 중이고. 그리고 실제로도 증강현실 자체에 캐즘을 적용한 논문이나 분석들이 있거든. 지금 전략기획 팀, 마케팅 팀 등다른 부서에서도 나름의 전문성을 가지고 분석을 하는 것으로 알고 있어. 우리는 기술전문가로서 이런 측면도 고려하는 게 좋을 것 같아.

최기술 그렇군요. 전 너무 감정적으로만 원인을 분석했네요. 제품을 출시하고 주류 상품으로 만들기까지 정말 쉬운 게 아니군요.

한경영 그렇지. 보통 혁신적인 기술은 한 유형의 소비자 집단에서 시작해 다른 유형의 소비자 집단으로 옮겨 가며 확산된다고 해. 그리고 한 집단이 혁신적인 변화에 직면하게 되면 해당 집단에서 그 변화를 받아들이는 데는 생각보다 많은 시간을 필요로 하고. 실제로 기술의 발명부터 대중화까지 소요된 시간이 전화가 38년, 전자레인지는 13년, 그리고 휴대폰도 9년이나 걸렸어.

최기술 그런 것들이 있군요! 그럼 캐즘 극복 전략은 뭔가요? 지금 바로 알려주시면….

한경영 최대리 릴렉스! 난 지금 고객만족도 측면에서 분석 중인데 캐즘을 통한 분석은 최대리가 찾아보고 나에게 설명해주면 어떨까?

최기술 알겠습니다. 저도 좋은 내용을 찾아보고 말씀드리겠습니다.

한경영 그래, 고마워. 최대리 파이팅!

기술의 고민

한경영 차장과 최기술 대리는 증강현실과 위치 기반이라는 새로운 기능으로 무장한 이노M뱅크가 초기에는 고객의 뜨거운 관심을 받았으나 확산되지 못하고 급격히 사라진 이유를 분석 중이다. 물론 현 시점에서 서비스의 성공과 실패를 단정짓기는 어렵지만, 초기 고객의 좋은 반응이 더 많은 고객들에게 확산되지 못하고 단절된 현상이 당혹스럽기만 하다.

캐즘(Chasm) 이론은 이처럼 초기 시장과 주류 시장 사이에 존재하는 단절현상을 의미한다. 그리고 이러한 현상은 기술수용주기에 존재하는 선각자와 실용주의자 사이에 존재하는 상이한 특성과 가치관의 차이에서 발생한다.

그럼 지금부터 다음 질문을 통해 캐즘이 무엇이고 왜 발생하며 어떻게 극복하는지 자세히 살펴보겠다. 이를 통해 기술을 사용자 관점에서 이해하고 그 특성에 맞게 가치를 올바르게 전달하는 방법에 대해 하나씩 알아보자.

- 기술은 어떻게 확산될까?
- 기술의 함정, 캐즘은 왜 중요할까?
- 캐즘은 어떻게 극복할까?

7.1 기술은 어떻게 확산될까?

제품수명주기

사람에게 생로병사가 있듯이 기술 관련 제품에도 수명주기가 있다. 이를 '제품수명주기Product Life Cycle, PLC'라고 한다. 이 내용은 3장, '기술과 예측'에서도 간단히 살펴봤다. 그 이유는 제품의 수명주기와 기술의 수명주기가 유사하기 때문이었다.

사람의 생로병사 단계로 제품수명주기를 표현하면 〈그림 7.1〉과 같이 발아기R&D, 유아기Introduction, 성장기Growth, 성숙기Maturity, 쇠퇴기Decline의 5단계로 구분할 수 있다. 제품수명주기가 중요한 이유는 각 단계별 시장 환경을 이해하고 이에 대한 추진전략을 수립해야 비로소 시장에서의 성공을 기대할 수 있기 때문이다.

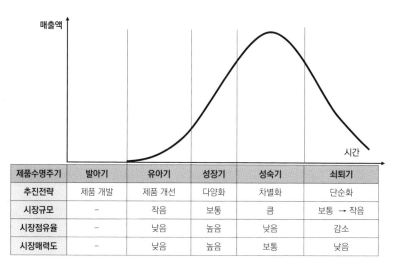

제품수명주기	발아기	유아기	성장기	성숙기	쇠퇴기
추진전략	제품 개발	제품 개선	다양화	차별화	단순화
시장규모	–	작음	보통	큼	보통 → 작음
시장점유율	–	낮음	높음	낮음	감소
시장매력도	–	낮음	높음	보통	낮음

그림 7.1 제품수명주기

기술수용주기

제품수명주기와 연관된 개념으로 기술수용주기Technology Adoption Life Cycle, TALC가 있다. 기술수용주기는 미국의 사회심리학자 에버렛 로저스Everett Rogers가 『개혁의 확산』(커뮤니케이션북스, 2005)에서 제시한 개념으로 혁신 기술을 대하는 행동 변화는 〈그림 7.2〉와 같이 5가지 계층의 소비자에 따라 다르게 나타난다는 이론이다.

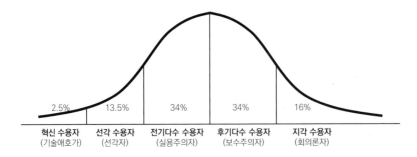

2.5%	13.5%	34%	34%	16%
혁신 수용자 (기술애호가)	선각 수용자 (선각자)	전기다수 수용자 (실용주의자)	후기다수 수용자 (보수주의자)	지각 수용자 (회의론자)

그림 7.2 기술수용주기

기술수용주기에서 제시한 5가지 계층의 소비자 특징과 신기술 수용 패턴은 〈표 7.1〉과 같다.

표 7.1 기술수용주기의 5가지 소비자 계층

구분	특성	신기술 수용 패턴
혁신 수용자 (Innovators)	기술애호가 (Technology Enthusiast)	**시험해보자!(Try it!)** • 기술 자체에 관심이 많고, 신기술 제품이 나오면 고가에도 구매한다. 자체로는 큰 시장은 아니지만 신기술을 최초로 검증해주는 문지기 역할을 한다. • 기술애호가의 추인 없이는 선각자를 움직일 수 없고 초기 시장 형성이 어렵다. • 보통 전체 고객의 2.5% 정도에 불과하며 혁신 수용자로 분류할 만한 고객이 존재하지 않는 경우도 있다.
선각 수용자 (Early Adopters)	선각자 (Visionary)	**무리보다 앞서 나가자!(Get ahead of the herd!)** • 신기술의 진가를 금방 알고, 경제적 이익과 전략적 가치를 높이 평가하여 경쟁우위 확보에 관심이 많다. • 신기술을 통한 가치창출에 역점을 두며, 상당한 위험도 기꺼이 감수하는 편이고, 예산도 신기술 도입에 충분히 할애하고 제품 가격에는 둔감한 편이다. 아울러 자신이 지식을 아는 것에서 그치지 않고 다른 잠재적 고객군에게 영향력을 끼치고 싶어 한다는 점에서 혁신 수용자와는 다르다. • 전체 고객의 13.5% 정도지만 이들에게 채택되느냐가 혁신 제품의 잠재력 유무를 판가름한다는 점에서 중요한 계층이다.

전기다수 수용자 (Early Majority)	실용주의자 (Pragmatists)	무리 속에 끼여 가자!(Stick with the head!) • 신기술에 어느 정도 관심은 있지만 개척자가 되고자 하는 마음은 없어 혁신을 기피한다. • 신기술 제품의 실용적인 측면을 중시하며 신기술이 '완전제품'으로 숙성될 때까지 관망한다. • 가격에 민감하게 반응하며 전체 시장의 34% 차지할 정도를 큰 시장이며 승자가 독식하는 성향이 있기 때문에 공략은 어렵지만 가장 중요한 시장이다.
후기다수 수용자 (Late Majority)	보수주의자 (Conservatives)	보류하자!(Hold on!) • 첨단기술에 두려움을 갖고 있으며 전기다수 수용자를 인정하고 따르는 부류다. • 첨단기술을 평가할 수 있는 능력이 없고, 신기술 제품이 '생필품'이 된 후에야 구입한다. 많은 서비스를 요구하고 유명 브랜드를 중시한다. • 가격에 매우 민감하며 전체 시장의 34% 정도로 상당한 크기를 가지고 있고 규모의 경제를 통해 원가 경쟁력을 조기에 갖출 경우 큰 이익을 창출할 수 있다.
지각 수용자 (Laggards)	회의론자 (Skeptics)	어쨌건 싫다!(No way!) • 적극적인 마케팅 대상이 아니다. 어쩌다 신기술을 활용하고 있으면서도 그 기술의 존재나 이용을 알지 못하는 사람들이다. • 인터넷의 역기능을 강조하는 등 첨단기술에 부정적 시각을 갖고 있는 집단이다. • 전체 시장의 16% 정도를 차지하며 기업의 입장에서는 놓치기에는 아깝고 집중하기는 어려운 '계륵' 같은 존재다.

캐즘의 존재

기술수용주기를 시장 관점에서 보면 혁신 수용자와 선각 수용자로 구성된 초기 시장, 전기다수 수용자와 후기다수 수용자로 구성된 주류 시장, 지각 수용자로 구성된 후기 시장의 3가지 계층으로 구분할 수 있다.

제프리 무어[Geoffrey A. Moore]는 『제프리 무어의 캐즘 마케팅』(세종서적, 2015)에서 기술수용주기에 존재하는 여러 개의 균열과 단절 중 초기 시장과 주류 시장 사이에 〈그림 7.3〉과 같이 '캐즘[Chasm]'이라는 대단절이 존재한다고 말한다. 다시 말해, 새로운 기술에 호의적인 소비자로 구성된 초기 시장Early Market과 새로운 기술을 수용하는 데 까다로운 소비자들로 구성된 주류 시장Mainstream Market 사이에 커다란 간격이 존재한다는 의미다. 따라서 초기 시장을 성공적으로 공략했다 하더라도 주류 시장의 소비자들이 초기 시장을 참조 대상으로 보지 않기 때문에 주류 시장에서 성공하기 위해서는 초기 시장과 완전히 다른 접근 방법이 필요하다.

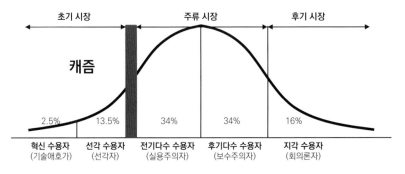

그림 7.3 캐즘

MEMO

캐즘은 지질학적 용어로 지층의 움직임으로 생겨난 골이 깊고 폭이 넓은 대단절을 의미하며, 사전상 '깊은 구렁, 깊게 갈라진 틈'이라는 뜻이다.

(출처: 네이버 지식백과)

지금까지 살펴본 제품수명주기, 기술수용주기, 캐즘은 각각 제품, 소비자, 시장 관점의 수명주기 분석이라 할 수 있으며 이를 종합하면 〈그림 7.4〉와 같다.

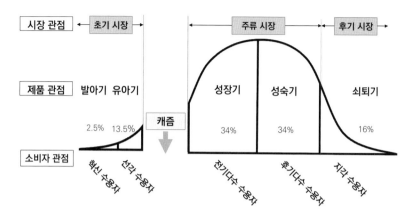

그림 7.4 제품, 소비자, 시장 관점의 분석

7.2 기술의 함정, 캐즘은 왜 중요할까?

지금까지 기술수용주기 이론을 통해 5가지의 상이한 소비자 계층이
존재하며, 초기 시장과 주류 시장 사이에는 캐즘이라는 대단절이 존재
한다는 사실을 알게 됐다. 이러한 캐즘이 중요한 이유는 첨단기술이
대중에게 알려지기 위해 극복해야 할 가장 큰 난관이기 때문이다. 따
라서 캐즘을 이해하고 넘어서야 비로소 첨단기술 시장에서의 성공을
기대할 수 있다. 이처럼 캐즘은 소비자의 상이한 계층의 특성을 바탕
으로 기술 확산의 패턴을 도출했다는 점에서 첨단기술과 관련된 하이
테크 마케팅High-Tech Marketing 분야의 중요한 이론적 토대가 된다.

그럼 지금부터 기존의 전통적인 마케팅과 하이테크 마케팅은 어떠
한 차이점이 있는지 살펴보자.

전통적인 마케팅과 하이테크 마케팅

전통적인 마케팅은 과거 자료를 바탕으로 4P, 즉 제품Product, 가격Price, 판촉/광고Promotion, 유통Place과 같은 정량적인Quantitative 방법을 주로 사용해 마케팅을 전개했다. 반면에 하이테크High-Tech 마케팅은 과거 자료가 없고, 시장수요도 불확실하며, 새로운 시장을 창출할 수도 있고, 기존 기술을 대체할 수도 있어서 매우 동태적Dynamic이다. 따라서 정량적인 방법보다 정성적인Qualitative 방법을 사용한다. 이처럼 전통적인 마케팅과 하이테크 마케팅 간에는 〈표 7.2〉와 같이 큰 차이점이 존재한다. 첨단기술이 시장에서 성공하기 위해서는 첨단기술 시장에 대한 특징을 파악하고 전통적인 마케팅 기법과 다른 하이테크 마케팅을 전개해야 한다.

표 7.2 전통적인 마케팅과 하이테크 마케팅 비교

구분	전통적인 마케팅	하이테크 마케팅
적용 대상	• 기존 시장, 기존 기술 중심	• 새로운 시장, 새로운 기술 중심
적용 기법	• 정량적(Quantitative) 방법	• 정성적(Qualitative) 방법
시장점유율의 산출	• 4P(Product, Price, Promotion, Place)	• 제품의 성능에 의한 신규 시장 창출 및 기존 시장 확대
기술변화	• 점진적(Evolutionary)	• 혁신적(Revolutionary)
제품수명주기	• 비교적 긺	• 매우 짧음
수요의 구체적 형태	• 비교적 명시적임 • 수요자가 알고 있음	• 잘 알려져 있지 않음 • 수요자도 잘 모름
수요 창출	• Market-Pull 중심 • 수요주도형(Demand-Side) 마케팅	• Technology-Push 중심 • 공급주도형(Supply-Side) 마케팅

첨단기술 시장의 10가지 특징

① 변화가 심하고 기술수명주기가 매우 짧음

② 대기업이라고 반드시 유리한 것은 아님

③ 공급주도형(Supply-side) 마케팅이 매우 중요함(특히 초기). 참고로 일반시
　 장에서는 수요주도형(Demand-side) 마케팅이 중요함

④ 초기에 기회들의 우선순위파악(Opportunity Prioritization)이 필요함

⑤ 여러 진입자가 생기고 산업구조가 변하면, 수요주도형으로 전환함

⑥ 수요자 불안감이 초기 수요 형성에 큰 영향을 끼침. 급속한 기술변화 등으
　 로 수요자들이 무엇을 살 것인가 망설임. 구매하고 나면 금방 또 구식이 돼
　 버릴까 걱정함

⑦ 첨단기술발전이 사회적 저항을 촉발할 수도 있음. 기술발전이 장기적으로는 새
　 로운 직업 창출로 고용을 증대하나 단기적으로는 저항을 불러일으킬 수 있음

⑧ 첨단기술발전이 정부의 과도한 규제를 불러일으킬 수도 있음

⑨ 첨단기술은 국가이익을 우선하는 기술민족주의의 성격이 있음

⑩ 첨단기술의 수요가 당장 나타나는 것은 아니나, 많은 경우에 사람들은 첨단
　 기술개발로 인한 당장의 시장잠재력을 과대평가함(캐즘 존재)

마케팅 유형

마케팅 유형은 기술 불확실성과 시장 불확실성 관점에서 구분하면 〈그
림 7.5〉와 같이 4가지로 분류할 수 있다. 하이테크 마케팅은 이처럼 기
술과 시장의 불확실성이 모두 높은 마케팅 활동이다.

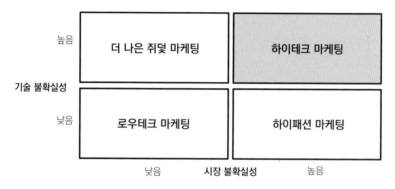

그림 7.5 기술과 시장 불확실성 구분에 따른 마케팅 유형(출처: Moriarty and Kosnik, HBR)

4가지 마케팅 유형별 세부 내용은 다음과 같다.

- 로우테크Low-Tech 마케팅: 기술과 시장의 불확실성이 모두 낮은 경우로, 비교적 시장의 욕구를 파악하기 쉬우며, 보편적 기술을 활용한 제품을 마케팅한다. 전통적인 마케팅이 여기에 해당된다.
- 하이패션High-Fashion 마케팅: 패션 상품과 같이 감성과 체험을 강조하는 마케팅이다. 기술의 불확실성은 낮으나 소비자의 욕구나 반응은 예측하기 어렵다. 엔터테인먼트 산업, 문화 산업, 스포츠 산업 등이 대표적인 예다.
- 더 나은 쥐덫Better Mousetrap 마케팅: 신기술로 소비자의 오래된 문제를 해결해 주는 제품에 대한 마케팅을 말한다. 소비자 욕구에 대한 불확실성은 낮으나 기술 불확실성이 매우 높은 경우로, 신개발 의약품이 대표적인 예다.
- 하이테크 마케팅High-Tech 마케팅: 시장과 기술의 불확실성이 매우 높은 상황의 마케팅으로, 신기술이 소비자의 욕구를 충족시킬 수

있는지와 시장의 반응을 이끌어 낼 수 있는지 모두 불확실한 상황의 마케팅이다.

이처럼 하이테크 마케팅은 전통적 마케팅에 해당하는 로우테크 마케팅과는 여러 차원에서 다른 마케팅 활동이 필요하다.

그리고 기술의 충격과 시장의 기대감 측면에서 5가지 계층의 소비자를 나타내면 〈그림 7.6〉과 같다.

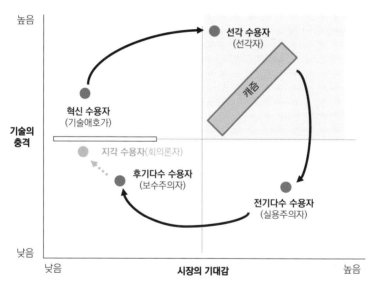

그림 7.6 기술의 충격과 시장의 기대감 측면에서 캐즘의 존재

캐즘은 이처럼 기술의 충격과 시장의 기대감이 정점에 이르렀을 때 나타난다. 캐즘을 넘어 기술의 충격은 낮춰 전기다수 수용자인 실용주의자의 마음을 사고 시장에서의 기대감은 이어나가야 한다. 그리

고 이후부터는 기술의 충격도 사라지고 시장의 기대감도 낮아지므로 후기다수 수용자인 보수주의자들이 안심하고 받아들이도록 해 시장에서의 온전한 성공을 거두도록 노력한다.

그림 캐즘을 극복하기 위해서는 어떻게 해야 할까? 지금부터는 그 구체적인 방안에 대해 하나씩 살펴보자.

7.3 캐즘은 어떻게 극복할까?

캐즘 극복 5단계

제프리 무어는 『제프리 무어의 캐즘 마케팅』(세종서적, 2015)에서 캐즘 극복 전략을 〈그림 7.7〉과 같이 5단계로 구분하고 이를 노르망디 상륙작전에 비유했다.

그림 7.7 캐즘 극복 5단계

기술수용주기와 캐즘 극복 전략

캐즘 극복 단계를 기술수용주기 모델에 적용해 재구성하면 〈그림 7.8〉과 같이 볼링앨리Bowling Alley, 돌풍Tornado, 중심가Main Street의 3단계로 구체화할 수 있다.

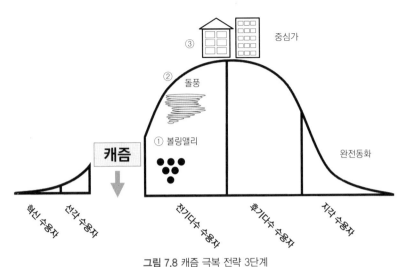

③

중심가

② 돌풍

① 볼링앨리

캐즘

완전동화

혁신 수용자   선각 수용자   전기다수 수용자   후기다수 수용자   지각 수용자

그림 7.8 캐즘 극복 전략 3단계

그럼 지금부터 각 단계가 의미하는 바가 무엇이며 각 단계별로 캐
즘을 극복하는 방법은 무엇인지 하나씩 살펴보겠다.

① 볼링앨리 단계

볼링앨리Bowling Alley 단계는 타깃으로 삼은 틈새시장에 집중해 교두보
를 확보했지만 아직 광범위하게 확산되지 못한 단계다. 따라서 〈그림
7.9〉와 같이 볼링에서 헤드핀을 공략해 옆의 핀을 넘어뜨리듯이 인접
한 틈새시장의 고객을 차례로 확보해 다음 단계인 돌풍 단계로 발전하
는 것이 목표다.

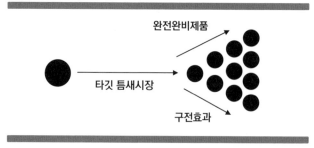

그림 7.9 볼링앨리 단계

이 단계에서는 무엇보다 타깃 틈새시장 내에서 선도자^{Leader} 위치를 확보하는 것이 중요하다. 시장 전체를 모두 만족시키겠다는 욕심을 버리고 타깃 틈새시장에서 고객의 요구사항을 충족시켜 최소한의 실용주의자 고객을 확보해야 한다. 이를 위해 타깃 시장 고객인 실용주의자의 문제를 완벽히 해결해 주는 제품인 '완전완비제품^{Whole Product}'을 개발해야 한다. 신기술이 캐즘에 빠지는 이유는 누구나 만들 수 있는 통상제품을 만들기 때문이다. 따라서 캐즘을 뛰어넘기 위해서는 완전완비제품의 연구와 개발을 지향해야 한다.

MEMO

완전완비제품이란 〈표 7.3〉과 같이 통상제품(핵심제품)만 아니라 고객이 제품의 사용을 극대화할 수 있도록 각종 편의장치, 서비스, 잠재적인 기능까지 갖춘 제품을 말한다.

표 7.3 완전완비제품의 조건

구분	설명	예시
통상제품 (Generic Product)	실제로 시장에 공급되는 제품(구매계약조건 만족)	PC 본체
기대제품 (Expected Product)	소비자가 당연히 포함돼 있다고 믿는 제품	모니터
보강제품 (Augmented Product)	구매 목적을 최대로 만족시켜주기 위한 제품	각종 소프트웨어
잠재제품 (Potential Product)	보조제품, 고객의 시스템 확장에 대비한 제품	블루투스 기능

작은 틈새시장이라도 실용주의자를 확보하게 되면 이들의 구전효과Word of Mouth, WOM를 기반으로 좀 더 쉽게 인접한 다른 틈새시장으로 진출할 수 있다. 이 단계를 실현하려면 다른 기업이 진출하지 않은 분야나 시장을 공략해야 하는데 혁신적 제품을 무기로 틈새시장에 집중하는 제품 선도력과 고객 친밀성이 필요하다.

② 돌풍 단계

돌풍Bowling Alley 단계에는 실용주의자와 업계 모두 신기술의 표준화를 강력히 요구하면서, 표준화한 한두 제품이 시장 전체를 휩쓰는 '수요 폭발(돌풍)' 현상이 발생하는 단계다.

이 단계에서는 시장 선도자가 초고속 성장을 누릴 수 있으므로 시장의 지배권을 갖고 표준을 형성하는 시장 선도자가 되기 위해 경쟁자를 물리치고 고객을 빼앗는 것을 최우선 목표로 전략을 수립해야 한다.

볼링앨리 단계에서는 맞춤형 완전완비제품을 통해 틈새시장 진출에 집중했지만, 돌풍 단계에서는 시장점유율 극대화를 위한 제품의 대중화와 광범위한 유통 채널이 중요하다. 그리고 볼링앨리 단계에서는 고객의 요구에 맞춰 제품을 공급했지만, 돌풍 단계는 수요가 공급을 앞지르고 고객이 급증하는 시기이므로 원활한 공급이 무엇보다 중요하다.

따라서 이 시기는 볼링앨리 단계와 달리 핵심적으로 접촉했던 최종 사용자나 경제적 구매자가 아닌 인프라 구매자에게 독점적으로 초점을 맞춰 제품을 공급해야 한다. 그리고 기업의 규모에 적합한 가격정책을 선택하고 핵심역량을 발굴하며 운영을 강화하는 노력이 필요하다. 그러므로 이 단계에서는 수요창출보다는 내부 역량 강화와 경쟁자 공격에 집중해야 한다.

③ 중심가 단계

중심가Main Street 단계는 수요와 소비가 급증하는 돌풍 단계를 거쳐 격렬한 인프라의 대체가 끝나고 새로운 패러다임이 시장에 정착하는 시기다.

이 시기에는 공급이 수요를 초과하게 되므로 이전 단계에서 초점을 두었던 구매자가 아닌 제품을 실제로 사용하는 최종 사용자에게 접근해 수요를 창출하는 것이 필요하다. 이를 틈새시장의 확장Niche Market Expansion이라 한다.

틈새시장의 확장은 이미 출시되어 일용품화된 완전완비제품에 작은 변화를 주어 최종 사용자에게 차별화된 가치를 제공하는 지렛대 효과를 향상시킴으로써 이뤄진다. 이를 '완전완비제품+1Whole Product +1' 마케팅이라고 한다.

이러한 매스 커스터마이제이션Mass Customization은 새로운 형태의 기술 도입이라기보다 최종 소비자의 편의성 증대를 목적으로 디자인의 감각적인 변경을 시도하거나 기능 추가 등의 부가가치 확장의 접근 방식으로 이뤄져야만 불필요한 비용을 줄이고 수익을 극대화할 수 있다. 따라서 저가 시장이나 틈새 고급 시장을 대상으로 시장 주도권을 유지해야 한다.

지금까지 살펴본 볼링앨리, 돌풍, 중심가 단계를 정리하면, 볼링앨리 단계에서 주류 시장의 틈새시장 공략을 통해 인접 틈새시장으로 확대해 나아가고, 이 여세를 몰아 돌풍 단계에 진입하며, 마지막으로 중심가 단계에서 안정적인 위치를 확보해야 한다. 그리고 이 3단계를 세부적으로 비교하면 〈표 7.4〉와 같다.

표 7.4 볼링앨리, 돌풍, 중심가 단계 비교

단계	볼링앨리	돌풍	중심가
타깃 고객	• 경제적 구매자	• 인프라 구매자	• 최종 사용자
경쟁우위	• 제품 선도력+고객 친밀성	• 제품 선도력+운영 능력의 효율성	• 운영 능력의 효율성+고객 친밀성
마케팅 상황	• 틈새시장 진입 • 틈새시장 간의 연속적 파급 효과 극대화	• 주류 시장 등장, 초고속 성장 • 대중화, 대량화 • 경쟁자 대거 진입	• 잔존한 잠재 시장과 세분 시장에 침투 • 재구매 시기 확인
마케팅 전략	• 다른 틈새시장의 침투 • 지렛대 효과 극대화	• 제품믹스 확장, 업계 표준 강조 • 경쟁력, 인프라 사용자, 유통망 확장 • 시장점유율 최대화, 저가 전략	• 저가공세, 물량공세, 다양한 전략, 하이터치 • 브랜드와 기업 이미지 강화, 대표브랜드화
마케팅 전술	• 시장세분화 • 구전효과	• 주류 시장 공략 • 유통확장 전략	• 완전제품 이미지

▶ 하이컨셉: 인간의 창의성과 독창성에 기반한 새로운 아이디어의 창출과 실현능력

▶ 하이터치: 하이컨셉의 성공적 구현을 위해 필요한 것으로 인간의 미묘한 감정을 이해하는 것, 공감을 이끌어 내는 것

(출처: 정재영, LG경제연구원)

특히 각 단계별로 중요한 경쟁우위 요소를 종합하면 〈그림 7.10〉과 같이 크게 3개의 축으로 재구성할 수 있으며, 각 단계별로 필요한 경쟁우위 요소에 집중하고 균형 있게 활용해 캐즘 극복 전략을 수립해야 한다.

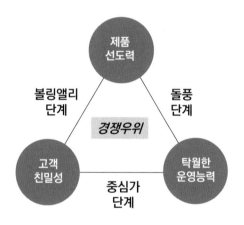

그림 7.10 캐즘 극복 단계별 경쟁우위

그리고 볼링앨리, 돌풍, 중심가 단계 외에도 지각 수용자 계층에서 발생하는 완전동화Total Assimilation 단계가 있는데, 이 단계는 개척된 지

얼마 되지도 않은 시장이 순식간에 다음 패러다임으로 바뀌어버리는 단계를 의미한다. 실제로 기술의 종말은 너무나도 맥없이 다가오는 경우가 많다. 따라서 이 단계에서는 과거를 잊고 하루빨리 새로운 시장 개척을 시작해야 한다.

첨단기술 확산을 성공적으로 이끌기 위해서는 기술수용주기상의 각 단계를 거치면서 전 단계에서 실행했던 전략 자체와 상반되는 전략을 채택해야 한다. 초기 시장에서는 시장을 세분하기보다는 혁신적인 선각 수용자들이 시장을 주도하게 하고, 볼링앨리 단계에 들어서면 세분화된 목표 틈새시장을 상대로 집중적으로 고객을 획득하는 전략으로 전환해야 한다. 반면 돌풍 단계에서는 가능한 많은 신규 고객을 평생 고객으로 발전시키기 위해 표준 인프라를 제공하는 데 주력하고, 중심가 단계로 이동하면 고객 맞춤화를 사용한 세분화를 통해 새로운 수요를 창출해야 한다. 이처럼 신기술의 성공을 위해서는 기술수용주기를 기준으로 소비자의 특성을 이해하고 이에 알맞은 시점에 반드시 효과적인 대응을 해야 한다.

또한 신기술의 확산에는 캐즘과 같은 '불연속적인' 단계가 존재하며, 이를 극복하기 위해서는 소비자가 갖는 불안감, 불확실성, 의심Fear, Uncertainty, Doubt, FUD 요소를 제거하고 작은 시장부터 집중적으로 공격하며 점진적으로 성장하는 단계별 차별화 전략이 필요하다.

이제 초기 시장과 주류 시장 간에 존재하는 캐즘이라는 함정을 뛰어넘어 좋은 기술이 성공한 기술로 이어질 수 있도록 구체적인 하이테크 마케팅을 고민해야 할 시점이다.

경쟁 포지셔닝 나침반

제프리 무어의 『제프리 무어의 캐즘 마케팅』(세종서적, 2015) 책에는 〈그림 7.11〉과 같은 '경쟁 포지셔닝 나침반The Competitive-Positioning Compass'에 대한 설명이 나온다.

하이테크 마케팅에는 기술, 제품, 시장, 기업이라는 가치 영역이 있다. 그리고 이 가치 영역은 기술수용주기에 따라 변하기 때문에 사용자에게 가장 중요한 가치 영역도 변한다. 혁신 수용자(기술애호가)와 선각 수용자(선각자)가 주도하는 초기 시장에서는 주요 가치 영역이 기술과 제품이 된다. 하지만 전기다수 수용자(실용주의자)와 후기다수 수용자(보수주의자)가 주도하는 주류 시장에서는 주요 가치 영역이 시장과 기업으로 바뀐다. 이처럼 캐즘을 뛰어넘는다는 것은 기술과 제품 중심의 가치에서 시장과 기업 중심의 가치로의 전환을 나타낸다.

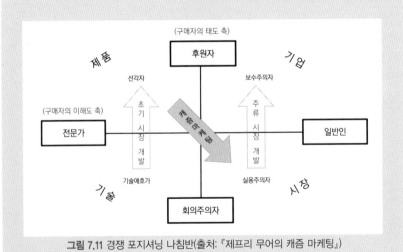

그림 7.11 경쟁 포지셔닝 나침반(출처: 『제프리 무어의 캐즘 마케팅』)

이처럼 캐즘의 의미는 주요 가치 영역이 제품에서 시장으로 넘어가는 데 있다. 따라서 시장을 고려하지 않은 기술은 캐즘에 빠져 사라질 수밖에 없다. 좋은 기술이 주류 기술로 확산되지 못하는 이유는 이처럼 제품과 시장 사이의 큰 단절을 뛰어넘을 전략이 부재하기 때문이다.

이노M뱅크의 문제도 제품과 시장 사이에 존재하는 큰 단절을 미처 고려하지 못했기 때문에 발생했다. '고객이 원할 것 같은 제품이 아닌, 고객이 원하는 제품을 제공하라.'는 말이 지금 최기술 대리에게 필요한 조언일 것이다.

마케팅 전략

캐즘은 시장과 사용자 관점에서 기술의 확산을 이해하는 큰 틀을 제시한다. 따라서 캐즘은 '캐즘 마케팅'이라 불릴 정도로 마케팅과 함께 자주 거론되는 이론이다. 이처럼 기술은 최종 정착지인 시장과 사용자를 향하므로 마케팅 전략은 기술을 경영하는 데 반드시 알아야 할 요소다. 따라서 기술경영자도 마케팅과 관련된 기본적인 전략은 숙지하고 있어야 한다.

마케팅의 기본적인 전략으로는 〈그림 7.12〉와 같이 3C, STP, 4P가 있다. 이 내용은 마케팅의 근간이 되는 가장 기본적인 개념이므로, 필수적으로 이해해야 한다. 그리고 이 3가지 전략은 서로 연계돼 순차적으로 진행된다.

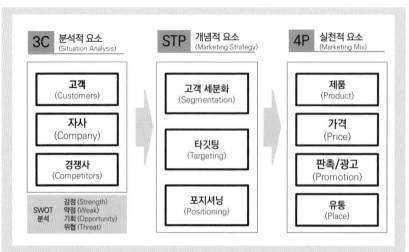

그림 7.12 마케팅 전략 체계(3C, STP, 4P)

캐즘에 빠진 이노M뱅크의 새로운 전략은 마케팅 관점에서 다시 시작할 필요가 있다. 현재의 증강현실과 같은 기능 중심의 한계를 극복하고 사용자 관점에서 캐즘 극복 전략을 새로 수립해야 초기 시장을 넘어 주류 시장으로 진출할 수 있는 대안을 찾을 수 있다. 기술경영자가 마케팅을 이해해야 하는 이유가 여기에 있다.

8장

시간 전쟁:
선도자와 추격자 경쟁

이노M뱅크에 캐즘 이론을 적용한 분석은 내부적으로 좋은 평가를 받았다. 경영진들이 이노M뱅크의 현 상황을 이해할 수 있게 도와주는 훌륭한 근거 자료가 됐고 이에 힘입어 경영진을 설득해 이노M뱅크의 캐즘을 극복하기 위한 구체적인 방안을 적용하기로 결정했다.

시간이 지날수록 최기술 대리에 대한 평판이 좋아졌고, 팀에서 제법 목소리를 낼 수 있는 몇 안 되는 '대리' 중 한 명이 되었다. 이처럼 짧은 기간에 많은 발전을 거듭할 수 있었던 것은 주변에 한경영 차장 같은 좋은 선배들이 있었기 때문이었다. 이 때문일까? 최기술 대리는 자신감을 넘어 조금씩 우쭐해졌다.

최근 대박은행에서 이노M뱅크의 캐즘 극복을 위해 고객의 구미를 당길 서비스 공모에 낸 아이디어 역시 최기술 대리의 상기된 기분을 반영하는 듯했다. 최기술 대리는 최신 기술에 밝은 우예리 대리의 도움을 받아 '생체인식 기술을 이용한 인증 방식 개선'을 제안했다. 아이폰, 갤럭시를 필두로 지문인식을 지원하는 스마트폰이 폭발적으로 늘어나는 추세에 발맞춰 지문이나 홍채인식 기술을 활용하면 인증의 편의성과 안전성을 제고할 수 있다는 취지였다.

사실 최근 경쟁 은행인 부자은행에서 은행권 최초로 모바일 애플리케이션에 지문인식 인증 서비스를 제공할 예정이라는 소식이 들려온 것이 결정적인 아이디어 제공의 단서였다.

이 제안이 좋은 반응을 얻은 것일까? 제안과 관련해 제안 심의를 담당하는 신중하고 차분한 성격의 신사업추진 팀 전조심 과장이 몇 가지 궁금한 사항이 있다며 회의를 요청했다. 최기술 대리는 '아, 나의 이 획기적인 아이디어가 드디어 채택되는구나'라는 들뜬 마음으로 전조심 과장을 만나기 위해 회의실로 향했다.

전조심 최대리. 바쁜데 불러서 미안해. 다름이 아니고 최대리가 제안한 '스마트 생체인증 서비스'에 대해 몇 가지 물어볼 게 있어서.

최기술 네. 뭐든지요!

전조심 지금 최대리가 제안한 내용에 대해 성공 가능성과 리스크 등을 종합적으로 검토 중인데 말이야. 사실 개인적인 생각으로는 이렇게 혁신기술이 접목된 서비스는 타사의 반응을 먼저 보고 진행하는 편이 더 낫지 않을까라는 생각이 들거든. 알다시피 현재 부자은행이 먼저 서비스를 시작한다고 하니 한번 반응을 지켜보고 괜찮으면 우리도 뒤이어 바로 서비스를 제공하는 게 시행착오도 줄이고 기술도 검증돼 더 안전할 것 같은데. 어떻게 생각해?

이 얘기를 들은 최기술 대리는 실망스러웠다. '역사는 1등만을 기억합니다.'라는 광고 문구도 있지 않았던가? 지금까지 항상 남보다 앞서 나가 시장을 선점하고 리더가 돼야 치열한 경쟁에서 살아남을 수 있다고 생각했는데 경쟁 은행의 상황을 지켜본 다음에 추진하자는 전조심 과장의 의견은 2등에 머물자는 패배자의 태도로 밖에 보이지 않았다.

최기술 전과장님, 제 생각엔 저희가 먼저 혁신적인 기술을 적용해서 경쟁 은행보다 한발 앞서가는 게 중요하다고 생각합니다.

전조심 그래, 무슨 말인지 알겠어. 하지만 혁신적인 기술이 반드시 성공하는 것은 아니잖아. 혁신적인 기술을 받아들이기 위해선 기업 입장에서는 상당한 리스크를 감수해야 해. 따라서 조금은 보수적으로 검토해야 하는 것도 사실이고. 현재 우리나라의 대부분 회사는 혁신적인 기술로 앞서 나가 성공한 것이 아니라 혁신적인 기술을 빠르게 따라가서 성공한 경우잖아. 먼저 앞서가지는 못하겠지만 빨리 따라간다면 앞선 기업의 시행착오를 반복하지 않으면서 효과적으로 시장에 대응할 수도 있지 않겠어? 2등이 유리한 경우도 있다구.

최기술   전과장님의 말씀도 일리는 있지만 제가 보기엔 지금은 저희 회사가 새롭게 도전할 시점인 것 같습니다. 이렇게 하면 영원히 2등에 머물며 안주하겠다는 소리 아닌가요?

전조심   너무 극단적으로 생각하지는 마. 내 얘기는 너무 빠른 선도 전략은 시장에서 실패로 이어질 가능성이 높다는 말이야. 혁신적인 기술의 경우 아직 시장에서 인정하는 표준이 결정되지 않은 상태에서 너무 앞서 추진하다가 더 빨리 사장될 수 있으니 시장에서 표준이 결정되면 재빨리 서비스화해 성공하는 전략이 좋겠다는 의견이야. 예컨대 시티은행이 ATM을 통해 소매은행에 혁신을 불러일으켰지만 다른 은행들이 빠르게 ATM을 따라 해 정작 시티은행은 큰 이득을 얻지 못한 사례도 있잖아.

무언가 더 이야길 하고 싶었지만 왠지 억지를 부리는 듯한 느낌을 줄 것 같아 최기술 대리는 다른 반론은 하지 못하고 자리를 일어설 수밖에 없었다. 이렇게 최기술 대리의 아이디어는 채택되지 못했다.

그리고 반년 후, 아니나 다를까 전조심 과장의 이야기처럼 부자은행을 시작으로 생체인증 서비스는 모바일 뱅킹 시장에 우후죽순처럼 나왔지만 폭발적으로 늘어난 고객들의 다양한 스마트폰 기종을 모두 지원하지 못하는 탓에 애플리케이션에는 오류가 빈번히 발행했고 기술 표준의 부재로 대응도 늦어져 사용자들의 불만이 계속 늘어났다. 더불어 생체인식에 관해 개인정보보호 문제를 제기한 보안 업체로 인해 부자은행을 포함한 타 은행들은 생체인증 서비스의 유지와 폐기에 대한 선택의 기로에 빠졌다.

기술의 고민

전조심 과장과 최기술 대리의 의견 차가 극명했던 생체인증 서비스의 성공과 실패 여부를 현재 시점에서 속단할 수는 없다. 하지만 생체인증 서비스 사례처럼 선도자 전략이 항상 유효한 것은 아니다. 오히려 혁신기술이 접목된 비즈니스의 경우 리스크는 더 높다. 그렇다고 계속 추격자로 남다간 승자독식의 냉혹한 경쟁시장에서 2인자는커녕 한순간에 시장에서 사라질 수도 있다.

이처럼 불확실성이 높은 혁신기술을 경영할 때 가장 중요하게 다뤄야 할 요소가 바로 타이밍(Timing)이다. 어느 시점에 앞서가야 하고 어느 시점에 뒤쫓아가야 하는지가 회사의 명운을 가를 만큼 중요한 의사결정이라는 사실은 수많은 기업의 흥망성쇠로 대변된다.

비즈니스의 목표는 최초가 아니라 성공이다. 이를 위해서는 선도자와 추격자 전략을 올바로 이해하고 최적의 기술 진입 시점을 결정해야 한다. 이러한 기술과 타이밍의 영원한 숙제를 다음 질문을 통해 하나씩 풀어보자.

- 최초 기술을 모두 성공했을까?
- 선도자와 추격자 전략이란 무엇일까?
- 선도자와 추격자, 타이밍만 중요할까?

8.1 최초 기술은 모두 성공했을까?

비운의 최초 기술

모토로라의 이리듐Iridium 위성전화와 애플의 뉴턴 메시지 패드Newton Message Pad의 공통점은 무엇일까? 정답은 모두 혁신적인 '최초' 기술이 었지만, 역사에 '실패'한 사례로 기록된 비운의 기술이라는 점이다.

모토로라의 이리듐 위성전화

〈그림 8.1〉의 이리듐 위성전화는 780km 상공의 저궤도 통신위성을 이용해 전 세계를 하나의 통화권으로 묶는 '최초'의 범세계 위성휴대 통신Global Mobile Personal Communication by Satellite, GMPCS 서비스였다. 모토로 라는 1989년 사업추진을 결정한 이후 1997년까지 72개의 위성발사 를 완료했으나 1990년대 후반 등장한 PCS 디지털 기술이 순식간에 아 날로그 시장을 대체하면서 기존 지상 기지국을 이용해 좀 더 싼 가격 에 글로벌 음성통화가 가능한 로밍 서비스가 등장했다. 이러한 급격한 통신 환경의 변화로 1998년 11월 이리듐 서비스를 시작한 지 1년도 안 된 1999년 8월 총 94억 달러의 손실을 기록하며 사업을 중단했다.

그림 8.1 이리듐 저궤도 통신위성과 전용 단말기

애플의 뉴턴

〈그림 8.2〉에 보이는 애플의 뉴턴 메시지 패드는 1993년 애플이 출시한 세계 '최초'의 개인정보단말기Personal Digital Assistant, PDA였다. 7인치 가량의 크기에 흑백 터치스크린을 장착했으며, 일정관리, 메모 송수신, 팩스 전송, 스타일러스Stylus를 이용한 필기 및 입력 기능이 가능했다. 또한 특정 단어의 선택이나 오타 수정, 작성한 단어의 근사치를 보여주는 기능 등을 제공하는 매우 혁신적인 제품이었다. 하지만 당시 소비자들은 PDA의 구체적인 필요성과 가치를 느끼지 못했고, 당시 경제상황에서 699달러라는 높은 초기 판매가격으로 인해 소비자들의 외면을 받은 끝에 1998년 단종됐다.

그림 8.2 애플의 뉴턴 메시지 패드

모토로라의 이리듐 위성전화는 PCS라는 대체 기술의 등장을 무시한 결과로, 애플의 뉴턴 메시지 패드는 시장을 너무 앞서간 나머지 이 두 기술은 모두 혁신적인 '최초' 기술임에도 불구하고 역사에 실패한 기술로 기록됐다.

이처럼 '최초' 기술이 반드시 성공한다는 보장은 없다. 그렇다고 항상 뒤따라가기만 하다가는 승자독식의 시장에서 영원히 사라질 수도 있다. 이처럼 기술의 시장 진입에는 '타이밍Timing'이라는 중요한 변수가 존재한다. 그럼 지금부터 기술의 성공적인 시장 진입을 위해 선도자First Mover와 추격자Fast Follower 전략의 장단점을 살펴보고 성공적인 기술 진입 전략에 대해 알아보자.

8.2 선도자와 추격자 전략이란 무엇일까?

기술과 연애의 공통점, 타이밍

사랑하는 연인과의 만남에서 중요한 변수 중 하나는 타이밍이다. 사랑이 준비된 두 사람이 영겁의 시간 속에 서로에게 운명이라고 부르는 타이밍에 만나 사랑을 키워 결혼의 결실을 맺는다. 기술과 시장의 관계도 이와 다르지 않다. 훌륭하게 준비된 기술도 시장의 상황과 맞는 시점에 진출해야 비로소 성공의 결실을 맺을 수 있다. 그럼 기술은 언제 움직여야 할까? 남보다 앞서가면 항상 성공할 수 있을까? 아니면 빠르게 쫓아가면 시행착오를 줄일 수 있어 성공 확률이 높아질까? 선도자와 추격자 전략은 '타이밍'이라는 변수에 대한 경영자의 가장 어려운 의사결정 사항 중 하나일 것이다.

머뭇거림과 조급증

사실 정확한 기술 진입 시점을 찾기란 매우 어렵다. 또한 그 시점이 옳았는지 틀렸는지는 어느 정도 시간이 지난 후에나 판단할 수 있다. 따라서 기술의 진입 시점에 대한 의사결정은 항상 머뭇거림과 조급증의 실수를 범하기 쉽다.

마이크로소프트의 머뭇거림

마이크로소프트는 인터넷은 취미 생활에 불과하므로 기업의 수익에 기여하지 못한다고 판단해 인터넷 사업 진입을 망설였다. 하지만 이후 넷스케이프^{Netscape} 상장에 자극받아 뒤늦게 사업에 뛰어들었다. 아마 마이크로소프트가 머뭇거리지 않고 인터넷 사업에 선도적으로 뛰어들었다면 마이크로소프트가 지금의 구글처럼 인터넷 시장을 주도했을 수도 있다. 그렇다면 현재 마이크로소프트가 고전하고 있는 모바일 시장의 판도도 완전히 바뀌었을 것이다.

애플의 조급증

애플은 애플 2^{Apple II}의 성공 이후 곧 성숙기에 도달할 것을 우려해 단일 제품 기업에서 탈피하고자 무리하게 애플 3^{Apple III}를 출시했다. 애플 3는 전문가용의 고가 제품이었으며 전시회에 맞춘 무리한 출시로 인해 개발 팀에 B급 엔지니어가 투입되기도 했다. 이러한 애플 3는 시장에서 큰 실패를 맛봤다. 애플 2의 수요는 예상과 달리 지속적으로 증가했고, 기대했던 애플 3는 품질 문제가 발생해 전량 회수하고 생산을 중단했다. 성장과 확장, 그리고 시장을 선도해야 한다는 조급증이 만들어낸 비극이었다.

이처럼 세계적인 초우량 기업도 정확한 기술 진입 시점을 올바로 파악하지 못하고 머뭇거림과 조급증의 실수를 범한다. 이는 기술의 타이밍을 결정하는 일이 그만큼 쉽지 않다는 것을 반증한다. 또한 기술 진입 시점에 관한 의사결정은 마이크로소프트와 애플의 사례처럼 회사의 운명을 가를 만큼 중요한 경우가 많다. 따라서 선도자와 추격자 전략으로 대변되는 기술 진입 시점에 관한 전략은 기술을 경영한다면 반드시 알아야 할 필수요소다.

이제 머뭇거림과 조급증의 실수를 반복하지 않도록 본격적으로 선도자와 추격자 전략의 주요 내용을 살펴보자.

선도자 전략, 최초 기술만 살아남는다.

'역사는 1등만을 기억합니다.'

1993년, 삼성그룹의 이건희 회장은 신경영을 선포하며 삼성그룹의 글로벌 진출을 선언했다. 그리고 이 문구를 앞세워 대대적인 광고를 시작했다. 아무도 2등은 기억하지 않는다며 삼성이 전 세계 1등이 되겠다는 포부를 밝혔고, 20여 년이 지난 지금 삼성은 현재 많은 분야에서 세계 1등을 달리고 있다.

선도자 전략의 목적은 바로 이 광고 문구에 함축돼있다. 즉 선도해 시장을 선점하는 기업이 승자가 된다는 논리다. 결국 승자독식의 기술 시장에서는 1등이 아니면 무의미하다는 것이다. 그리고 선도자 전략의 이점은 실제로 다음과 같이 3가지가 존재한다.

첫째, 시장점유율 확대에 유리하다. 초기에는 경쟁자가 없으니 일시적으로 독점 상황이 될 수도 있고 선도자로서의 회사 이미지도 제고해 브랜드 가치를 높일 수 있다.

둘째, 성공의 관성효과를 볼 수 있다. 선도자가 되어 성공하면 연이어 출시되는 제품이나 서비스의 개선 또는 추가 등을 통해 지속적인 선도자의 위치를 유지할 수 있고 후발 주자를 견제하면서 시장의 주도권을 이어갈 수 있다.

셋째, 시장의 표준을 정의할 수 있다. 선도 제품은 대부분 시장에서 '사실상의 표준De facto standard'으로 쉽게 받아들여진다. 물론 시장의 선도자가 된다고 해서 모두 표준이 되는 것은 아니다. 오히려 시장의 표준이 되지 못했을 경우에는 초기에 투자한 비용은 매몰 비용Sunken Cost이 될 수도 있다. 하지만 일단 선도자가 되면 시장의 표준으로 받아들여질 수 있는 유리한 고지를 점할 수 있다.

> **MEMO**
>
> 매몰 비용: 이미 지출되었기 때문에 되돌릴 수 없는 비용. 즉 의사결정을 하고 실행한 이후에 발생하는 비용 중 회수할 수 없는 비용을 말하며, 함몰 비용이라고도 한다. 미래에 비용이나 편익에 도움이 되지 않을 때 쓰인다.
>
> (출처: 네이버 지식백과)

그럼 선도자 전략으로는 구체적으로 무엇이 있을까? 'First Mover 전략의 핵심은 역동성'(LG경제연구원, 2013)에서는 선도자 전략을 〈그림 8.3〉과 같이 3가지로 제시했다.

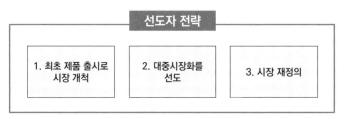

그림 8.3 핵심 선도자 전략

첫째, 최초 제품 출시로 시장을 개척한 예로는 탄산음료에서 코카콜라, 안전면도기에서 질레트, 진공청소기에서 후버Hoover, 즉석카메라에서 폴라로이드 등이 있다. 선도자는 산업 표준에 영향, 특허 등을 통해 기술적 리더십 우위를 점할 수 있고, 필수 원자재, 전문 기술 인력, 공급자와 유통채널 등 여러 희소 자원을 선점해 시장 지배력을 강화할 수 있다. 한 번 락인Lock-In된 고객이 다른 제품으로 옮겨가지 않도록 붙들어 둘 수 있는 전환 비용Switching Cost이 발생하며, 후발 진입자의 리드타임Lead Time이 길어지거나 네트워크 효과가 있는 제품일수록 고객 고착화와 경쟁우위가 발생한다. 최초 출시 유형의 경쟁적 이점은 선점한 시장에 후발 주자들이 쉽사리 들어오는 것을 막는 강력한 진입장벽 구축이다.

둘째, 대중시장화를 선도한 예로는 에디슨과 아마존이 있다. 에디슨이 발명한 백열전구 이전에도 영국의 화학자 조셉 스완이 가정용 백열전구를 발명하고 대중 앞에서 시연까지 했다. 그럼에도 불구하고 많은 사람들이 에디슨을 백열전구를 처음 만든 것으로 인식하는 것은 이전 제품보다 훨씬 뛰어난 제품을 발명해 새로운 전기조명 시장의 대중화를 선도했기 때문이다. 그리고 최초의 온라인 서점도 '아마존'이 아니라 1991년 미국 오하이오 주에서 '컴퓨터 리터러시 북스토어'라는 서점 체인을 운영하던 찰스 스택에 의해 처음 구현됐다. 이처럼 시장을 의미 있는 규모의 대중시장Mass Market으로 키워냈느냐의 여부가 선도자의 기준이라고 할 수 있다.

셋째, 시장을 재정의한 예로는 애플과 구글이 있다. 한국의 엠피맨과 IBM의 사이먼Simon이 가장 먼저 출시된 MP3 플레이어와 스마트폰이지만 소비자는 애플의 아이팟, 아이폰을 최초로 생각한다. 웹 검색엔진이라는 미지의 시장을 처음 발견한 것은 알리웹이고, 디렉토리 방식으로 대중시장화를 이끈 것은 야후지만 혁신적 방식으로 재정의된 시장에서의 선도자는 구글이다. 시장에서는 최초가 아니라 주도자가 선도자로 오인되는 경우가 많다.

하지만 선도자가 되는 것만이 능사일까? 선도자에게는 이점과 함께 위험 요인이 존재한다. 다음 〈표 8.1〉을 보자.

표 8.1 선도자의 이익과 위험 요인

선도자의 이익	선도자의 위험
• 시장과 유통망 선점	• 기술적 실패 가능성
• 명성과 이미지	• 시장개척 비용(소비자 교육이나 마케팅, 관허가 등)
• 학습곡선 효과로 인한 비용우위, 초기 수요에 의한 빠른 감가상각	• 수요의 불확실성, 고객수요의 변화
• 원자재나 부품 업체와의 교섭력	• 기술의 불연속적인(Discontinuous) 발전
• 산업 표준 설정의 이점과 선점/규제/제도를 통한 장벽 설정	• 모방의 용이성(시장이 열리기 전 기술을 출시하면 경쟁사에게 반격의 기회 제공)

결론적으로 선도자의 위험은 후발자의 이점이 될 수 있다. 기술처럼 변화무쌍한 시장 환경에서 자칫 먼저 앞서 가려다가 시쳇말로 '남좋은 일'만 시킬 수 있다. 『마켓 리더의 조건』(시아출판사, 2008)에 따르면 시장 개척자의 64%는 실패한다고 말한다. 대부분의 선도자는 어느 정도 기간이 지나면 시장점유율이 낮아지거나 완전히 실패한다는 의미다. 사실 기술처럼 예측이 어려운 시장에서 선도자 전략은 현실적으로 무척 어려운 선택이다. 따라서 대부분의 경영자들은 '벤치마킹'과 같이 경쟁사를 모니터링하고 주변 상황을 끊임없이 살피는 것을 택한다.

그럼 추격자 전략으로는 무엇이 있는지 살펴보자.

추격자 전략, 살아남는 기술이 최초 기술이다.

'강한 놈이 오래가는 것이 아니라, 오래가는 놈이 강한 것이더라.'

류승완 감독의 영화 《짝패》 중 장필호(이범수 분)의 대사다. 이 구문이 추격자 전략을 가장 잘 설명한 구문이다. 성공이란 처음이 아니라 마지막이다. 궁극에 살아남는 기술이 성공한 기술이요, 최초 기술로 인정받는다는 것을 명심하라. 따라서 먼저 앞서지 말고 빠르게 따라잡아 위험은 피하고 장점은 취하는 것이 현실적으로는 더 좋은 대안이라고 할 수 있다. 그리고 추격자는 실질적으로 다음과 같은 두 가지 이점이 존재한다.

첫째, 무임승차 효과다. 선도자가 개척해 놓은 시장, 고객, 인프라 등을 큰 노력이나 비용 없이 활용할 수 있다.

둘째, 리스크 회피 효과다. 시장과 기술의 불확실성에 대한 리스크를 회피할 수 있고 기술진부화Obsolescence에 대한 리스크 역시 줄일 수 있다.

그리고 추격자의 이점을 극대화할 수 있는 추격자 전략으로는 〈그림 8.4〉와 같이 2가지가 존재한다.

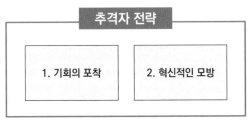

그림 8.4 핵심 추격자 전략

첫째, 기회의 포착이다. 기술의 패러다임이나 고객의 취향이 변화할 때가 진입장벽을 허물 수 있는 중요한 시기다. 또한 선도자의 정책적 실수를 틈타 추격할 수도 있다. 무엇보다 시장이 명확해질 때까지 기다린다. 특히 기술지향적인 시장에서는 소비자의 반응이 불확실할 뿐만 아니라 선호하는 기술도 국가와 문화에 따라 큰 차이가 난다. 그리고 신기술에 대한 사용자 경험이 부족할 경우 이에 대한 교육 비용도 선도자가 부담해야 할 비용이다.

둘째, 혁신적인 모방이다. 기존의 것을 단순히 복제하는 것에서 벗어나 PC나 스마트폰 산업처럼 모방을 바탕으로 한 학습을 통해 경쟁력을 갖춘 제품을 만들어 새로운 가치를 창출하는 것이다. 피카소의 '저급한 예술가들은 베낀다. 그러나 훌륭한 예술가들은 훔친다.'는 말처럼 모방을 넘어 혁신을 훔쳐 새로운 가치를 제공해야 한다.

하지만 선도자와 추격자 전략 모두에서 잊지 말아야 할 점이 하나 있다. 결국 선도자와 추격자 모두 성공이라는 공통분모에는 '고객의 인정'이 있다는 사실이다. 시장의 진입 시점, 경쟁 방식, 제품 특성에 따라 서로 다른 전략을 취할 수도 있고 심지어 선도자 전략과 추격자 전략의 구분 자체가 무의미한 경우도 있다. 고객 입장에서는 누가 먼저 제품을 출시했는지, 누가 시장을 키워냈는지 중요하지 않다. 중요한 것은 누가 고객의 삶을 바꿀 만큼 큰 혁신적 가치를 제공했냐는 점이다. 고객은 이러한 혁신적인 가치를 제공한 기업에게 선도자와 추격자를 넘어 시장에서 승리한 주도자로 인정한다.

MEMO

표 8.2 시장 개척자와 시장 주도자가 다른 사례

구분	시장 개척자	시장 주도자
비디오카세트리코더(VCR)	암펙스	소니, JVC
전자레인지	레이시온	GE, 삼성
복사기	3M 서모팩스	제록스
PC	MTS	델, 레노버
PC 운영 체제	CP/M	윈도우
포털(한국)	네띠앙	네이버, 다음
일회용 기저귀	존슨앤드존슨	P&G

8.3 선도자와 추격자, 타이밍만 중요할까?

적절한 시점과 올바른 방향

선도자와 추격자는 시간과 함께 방향에 대한 전략을 수립해야 한다. 그리고 이 방향은 〈그림 8.5〉와 같이 생산성 곡선Productivity Frontier을 기준으로 결정할 수 있다. 생산성 곡선을 기준으로 봤을 때 일반적으로 선도자 전략은 차별화우위를 높이는 방향으로, 추격자 전략은 비용우위를 높이는 방향으로 이동한다. 물론 차별화우위와 비용우위 모두를 고려해 방향을 정할 수도 있다. 이처럼 선도자와 추격자 전략은 시간과 함께 방향에 대한 포지셔닝 전략을 수립하는 것이다. 결국 타이밍 전략의 핵심은 '빠른 속도와 이동'이 아니라 '적합한 시점'과 '올바른 방향'에 있다고 말할 수 있다.

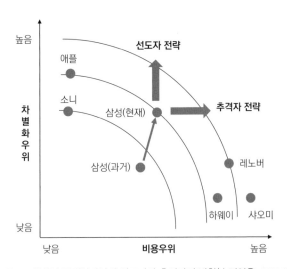

그림 8.5 생산성 곡선상에서의 선도자와 추격자의 방향(수정인용: DBR 179호)

'생산성 곡선'은 비용 또는 차별화에서 경쟁우위를 갖는 기업들의 시장 포지션을 연결한 것으로 생산성 곡선 위에 있는 기업들의 경영 성과는 높게 나타난다. 즉 차별화를 추구하는 기업과 비용우위를 추구하는 기업 모두 수익성이 높게 나타나므로 어느 한쪽이 더 낫다고 말할 수는 없다.

그리고 다시 한 번 강조하지만 잊지 말아야 할 점은 선도자와 추격자 전략의 근본 목적이다. 최초가, 1등이 중요한 것이 아니다. 중요한 것은 시장에서 승자가 되기 위해 어떠한 전략이 가장 적합한 방법인지 판단하는 것이다. 삼성과 LG는 물론이고 마이크로소프트, 월마트도 추격자로 시작했지만 현재는 시장에서 승자가 된 경우다. 이뿐만 아니라 미국 렌터카 업계 2위 기업인 에이비스Avis는 〈그림 8.6〉과 같이 2등 마케팅으로 고객들에게 좋은 반응을 얻었다.

**Avis is only No.2
in rent a cars.
So why go with us?**

We try harder.
(When you're not the biggest, you have to.)
We just can't afford dirty ash-trays. Or half-empty gas tanks. Or worn wipers. Or unwashed cars. Or low tires. Or anything less than seat-adjusters that adjust. Heaters that heat. Defrosters that defrost.
Obviously, the thing we try hardest for is just to be nice. To start you out right with a new car, like a lively, super-torque Ford, and a pleasant smile. To know, say, where you get a good pastrami sandwich in Duluth. Why?
Because we can't afford to take you for granted.
Go with us next time.
The line at our counter is shorter.

그림 8.6 에이비스 렌터카 광고("우리는 겨우 2등입니다. 그래서 더 열심히 노력합니다.")

물론 추격자가 선도자가 되는 것은 쉬운 일이 아니다. 하지만 핵심은 '최초'가 아니라 '최고'에 있다는 사실을 명심하고 냉철하게 전략을 수립해야 한다. 그리고 진정한 추격자는 선도자의 길을 그대로 따라가는 것이 아니라 선도자의 시행착오를 교훈 삼아 새로운 길을 만드는 개척자라는 사실을 명심해야 한다.

지금까지 우리나라 기업들은 대부분 추격자 전략을 취했다. 빠른 모방과 가격경쟁력으로 선두를 바짝 뒤쫓아가며 많은 성공을 거뒀다. 하지만 어느덧 가장 앞서 있는 우리나라 기업이 점차 많아졌다. 지금 선도자와 추격자의 전략을 함께 고민해야 하는 이유다. 선도자와 추격자가 공존하는 기술 환경에서 우리는 어떠한 전략을 취해야 할까? 기술의 타이밍이 기업의 생존을 결정하는 중요한 시점에 서 있다.

경영의 지혜

성장과 위험 사이

기술경영은 기술과 시장 사이의 끊임없는 의사결정 과정이라고 해도 과언이 아니다. 따라서 기술과 시장은 서로 분리해서 생각할 수 없다. 하지만 시장에서 고려해야 할 중요한 변수가 하나 더 있다. 바로 시장의 '성장'과 '위험'이다. 시장의 성장속도와 위험도를 기준으로 알맞은 진입 전략을 나타내면 〈그림 8.7〉과 같다. 선도자와 추격자 전략은 이처럼 시장의 성장속도가 빠른 경우에 유효한 전략이다. 하지만 이때 쉽게 간과할 수 있는 점이 바로 '시장의 위험도'다. 특히 좋은 기술을 갖췄을 때에는 위험요소를 무시하고 성공에 대한 맹목적인 기대감에 조급한 의사결정을 내리는 경우가 많다. 안타깝게도 현실은 시장에서의 성공보다 실패 확률이 훨씬 더 높다. 따라서 선도자와 추격자 전략을 선택할 때 시장의 위험도를 함께 고려해야 함을 잊지 말자. 최종 목표는 시장의 '선점'이 아니라 시장의 '선도' 아닌가?

그림 8.7 시장의 성장속도와 위험도에 따른 진입 전략

　사실 최기술 대리의 주장은 더 많은 검토가 필요했다. 위험을 고려하지 않은 선도자 전략은 실패했을 때 그 매몰 비용은 만회하기 불가능할 정도로 타격이 큰 경우가 많다. 최기술 대리 같은 기술전문가들이 범하는 실수가 바로 좋은 기술로 먼저 시장에 진입하면 성공할 수 있다는 막연한 기대로 의사결정을 내린다는 사실이다. 하지만 이는 환상에 불과하다. 시장의 위험요소를 냉정하게 고려한 후에 먼저 진입할지, 빠르게 따라갈지를 결정하는 것이 진입 전략의 기본 중의 기본이다. 시장 진입은 'High Risk, High Return'이 아니라 'High Risk, High

Loss'에 가깝다는 사실을 명심할 필요가 있다.

문제는 지속기간

시장 진입에 성공했다면 그다음 문제는 얼마 동안 그 성공을 유지할 수 있느냐는 점이다. 한 분야에서 큰 성공을 거두면 수많은 업체들이 그 분야에 뛰어들어 치열한 경쟁이 벌어진다. 따라서 경쟁이 시작되면 시장점유율은 필연적으로 떨어지게 된다. 『마켓 리더의 조건』(시아출판사, 2008)에 따르면 시장 진입 순서에 따른 시장점유율 변화는 〈그림 8.8〉과 같이 경쟁자의 등장에 따라 일정 비율로 떨어지며 지속된다. 그리고 일반적으로 경쟁자가 많이 등장할수록 경쟁자 간 시장점유율은 서로 수렴한다. 따라서 성공의 관건은 선도자라면 경쟁자의 도전을 뿌리쳐 높은 시장점유율을 오랜 기간 유지할 수 있는 전략을, 추격자라면 빠르게 시장점유율을 탈환할 수 있는 전략을 수립해야 한다.

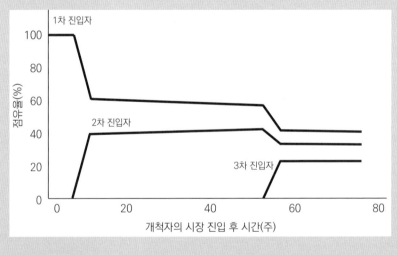

그림 8.8 시장 진입 순서에 따른 시장점유율 변화(출처: 『마켓 리더의 조건』)

최기술 대리가 이러한 사실을 미리 알았더라면 모바일 생체인증 서비스를 제안할 때 시장 진입과 관련해 위험요소를 제거할 수 있는 방안과 함께 시장 개척 후 오랜 기간 경쟁력을 유지할 수 있는 전략도 함께 고민했을 것이다.

스티브 잡스는 2007년 아이폰을 발표할 때 "경쟁 제품보다 5년은 앞서 있다."라는 말을 했다. 이제 이 말이 단순히 기술력이 경쟁사보다 5년 앞서 있다는 의미가 아니라 시장점유율에서 선도자로서의 시장 지배력을 5년 정도 유지할 수 있다는 자신감의 표현이었음을 알았을 것이다.

9장

비즈니스 모델:
결국, 기술도 비즈니스

하늘이 높고 선선한 바람이 불어오는 10월의 어느 날 정보개발 팀의 최기술 대리에게 의외의 인물인 전략기획 팀의 박추진 차장이 찾아왔다.

박추진   최대리, 경영 회의 결과 들었어?

최기술   아니요. 아직 못 들었습니다.

박추진   사장님께서 지난 경영 회의 때 내년 경영 목표를 '신성장동력 확보'에 두고 추진하겠다고 하셨어. 정보전략실에서도 각 팀별로 '신사업 모델'을 제출하라고 지시하셨고. 정보개발 팀에선 이팀장님이 팀 대표로 최대리를 추천했는데, 몰랐어?

최기술   아, 몰랐습니다.

박추진   아직 말씀 안 하셨나 보네. 내 개인적으로도 그동안 다양한 프로젝트에서 좋은 성과를 낸 경험도 많고 초급관리자 교육도 마쳤으니 최대리가 적임자라 생각되는데, 어때? 이번에 한번 최대리가 주도적으로 진행하면 잘 해낼 수 있을 듯한데.

최기술 대리는 박추진 차장의 이야기를 듣는 순간 머리가 복잡해지기 시작했다. 멋모르던 1년차 대리 때는 의욕과 열정이 넘쳐 흘렀지만 이제 조금씩 깨닫게 되다 보니 오히려 더 조심스러워 걱정이 많아졌다. 무엇보다 '사업 모델'에 대한 정의나 개념도 없는 상태여서 어디서부터 시작해야 하는지 막막한 상태에서 '신사업 모델'을 기획해야 한다니 앞이 캄캄했다. 그리고 신사업 추진의 경우 실패할 확률이 높은 데다 기술 모델도 아니고 잘 알지 못하는 비즈니스 모델을 수립하라니 마음이 더 무거웠다.

최기술   차장님, 지금까지 해온 일은 프로젝트를 제외하면 현업과 협의하고 요청한 내용을 개발하는 업무가 대부분이었습니다. 그런데 사실 단순히 아이디어를 만드는 것도 아니고 신사업 모델을 수립하라니 지금 무엇을 해야 하는지 잘 모르겠습니다. 죄송하지만 차장님께서 먼저 방향성을 알려주시면 안 될까요?

박추진   최대리 말대로 지금까지는 현업 부서에서 요청한 내용을 기술 측면에서 검토하고 개발하는 지원 업무가 대부분이었지만 이제 관리자로 들어섰으니 먼저 현업을 리드할 수 있는 능동적인 마음가짐과 태도의 변화가 필요해. 이를 위해선 시야도 좀 더 넓히고 경영자 관점에서 큰 그림을 보려고 노력해야 해.

그리고 앞으로 연차가 높아질수록 정보전략실을 넘어 회사의 경영자 관점에서 기술과 비즈니스를 함께 고민해야 할 일들이 많아질 거야. 이러한 고민의 시작에 '비즈니스 모델'이 있지. 그리고 최대리처럼 기술에 대한 이해가 깊은 엔지니어가 더 좋은 비즈니스 모델을 만들어낼 확률도 높다고 생각해.

최기술   좋은 말씀 감사합니다. 그런데 솔직히 지금까지 신사업 수립과 같은 일은 제 업무가 아니라고 생각해서 큰 관심도 없었고 기술 중심의 사고에만 익숙해서 그런지 비즈니스 모델이라는 말이 영 어색하네요.

박추진   처음 해보는 업무니까 너무 부담 갖지 말고 먼저 비즈니스 모델의 정의부터 알아보도록 해봐. 하나씩 알아가면 되지. 기운 내 최대리. 한번 잘해보자구.

최기술 대리는 박추진 차장과의 대화 후 고민이 많아졌다. 지난 사업 아이디어 공모전은 한창 우쭐해 있던 최기술 대리에게 현실의 높은 벽과 본인의 한계, 그리고 부족함을 느끼게 해주었기 때문이다. 무엇보다 가장 앞에서 사업이라는 내용을 끌고 갈 위치에 선다는 것에 자신이 없었다. 휴게실에서 커피를 한잔 손에 들고 창밖을 바라보며 생각에 잠겨있을 찰나 한경영 차장과 마주쳤다.

한경영   최대리! 박차장한테 이야기 들었어. 이야, 역시 요즘 최기술 시대야.

최기술   아닙니다. 차장님. 너무 부담도 되고 고민도 많고 지금 정신이 하나도 없습니다.

한경영   왜 그래? 좋은 기회야 이건. 그리고 지금까지 최대리가 고민해온 게 과연 무엇을 위한 건지 생각해봤어?

최기술   네? 그게 무슨 말씀이시죠?

한경영   최기술 대리가 고민해온 모든 것. 그거 결국 회사, 즉 비즈니스를 위한 거잖아? 안 그래? 회사의 발전을 위해 기술을 고민한 거고, 회사의 성장과 혁신을 위해 핀테크 프로젝트도 진행한 거잖아. 사업 아이디어들도 그렇고. 이번이야말로 최대리에게 절호의 기회가 온 것 같은데. 비즈니스 모델을 고민한다는 게 결국 기업의 경영을 고민한다는 것이거든. 업의 본질을 고민하는 게 실질적으로 그 어떤 것보다 중요하지 않을까?

최기술   음… 그렇군요. 그런데 제가 할 수 있을까요?

한경영   물론이지! 지금까지 본 최기술이라면 충분히 가능하지. 그리고 박추진 차장이 내 동기지만 나보다 이쪽으론 더 밝으니까 걱정 말고!

한경영 차장과의 대화 후 마음이 조금 가벼워지는 것을 느꼈다. 최기술 대리는 지금까지 다양한 업무들을 맡아서 수행하며 근본적인 고민을 많이 했는데 이 기회가 그 모든 것을 해결해 줄 것 같은 느낌도 들었다. 업의 본질에 대한 고민이라… 최기술 대리는 부담도 됐지만 왠지 부딪혀 보고 싶다는 생각이 강하게 들었다.

기술의 고민

최기술 대리가 신사업 모델 수립을 두려워하는 이유는 업의 본질을 설명하는 비즈니스 모델에 대한 고민을 깊게 해본 적이 없기 때문이다. 비즈니스 모델에 대한 고민은 일부 전략 부서나 기획 부서의 담당자만 해야 하는 전유물이 아니다.

비즈니스 모델은 기업이 활동하기 위해 필요한 구성요소를 도출하고 상호 관계를 설명한다. 따라서 비즈니스 모델은 기업의 주요 활동을 한눈에 볼 수 있는 청사진(Blueprint)과 같다. 그러므로 기술도 비즈니스 모델하에서 고민해야 비로소 그 진정한 가치를 이끌어낼 수 있다.

기술경영자라면 이제 비즈니스 모델을 중심으로 기술을 고민하는 노력이 필요하다. 이를 통해 비즈니스 모델로 기술의 가치를 설명할 수 있어야 한다. 그럼 지금부터 비즈니스 모델의 의미와 본질에 대해 구체적으로 살펴보자.

- 기술만 있으면 성공할 수 있을까?
- 비즈니스 모델은 어떻게 수립할까?
- 성공적인 비즈니스 모델이란?

9.1 기술만 있으면 성공할 수 있을까?

'아, 저런 기술은 나도 생각했었는데.'

성공 스토리를 들을 때면 주변에서 자주 듣는 말이다. 그리고 막상 성공한 기술을 보면 크게 특별하지 않은 경우도 많다. 그럼 무엇이 이들을 성공으로 이끌었을까? 가장 큰 요인은 바로 '실행력'이다. 전략을 수립하고, 팀원과 공유하고 이해한 다음, 동의를 이끌어 내 행동의 단계로 옮기는 실행력이야말로 성공의 시작이자 끝이라고 할 수 있다.

기술도 마찬가지다. 기술이 아무리 훌륭하다 할지라도 기술을 활용해 가치를 창출하지 못한다면 기술은 그저 '가능성'에 불과하다.

기술에 비즈니스 모델이 필요한 이유

기술이 가능성을 넘어 현실적인 성공을 거두려면 먼저 기술의 방향성을 수립해야 한다. 기술을 통해 고객에게 어떠한 가치를 제공할 수 있는지, 같이 협력할 파트너는 누구인지, 중요한 활동에는 무엇이 있는지, 어떠한 자원을 활용해야 하는지, 고객과의 관계는 어떻게 유지해야 하는지, 고객과의 채널은 어떻게 확보하는지, 타깃 고객은 누구인지, 그리고 비용구조와 수익의 원천까지 고민해야 한다.

이처럼 기술과 경제적 가치를 연결하는 프레임워크가 '비즈니스 모델Business Model'이다. 비즈니스 모델은 조직이 가치를 창출Create, 전달Deliver, 획득Capture하는 방법에 대한 근거를 설명한다. 다시 말해, 비즈니스 모델은 기업의 가치흐름을 확인할 수 있는 청사진이라고 할 수 있다.

피터 드러커Peter Drucker는 비즈니스 모델이란 다음과 같은 3가지 질문에 대한 답이라고 말했다.

- 고객이 누구인가?Who is the customer?
- 고객 가치는 무엇인가?What does the customer value?
- 고객에게 적절한 가격으로 가치를 전달하려면 어떻게 해야 하는가?How do you deliver value to customers at an appropriate cost?

그리고 경영전문 저술가인 조안 마그레타Joan Magretta는 위의 피터 드러커의 말을 인용하며 비즈니스 모델은 '기업이 돌아가는 방식을 설명해주는 이야기'라고 정의했다.

이처럼 기술도 비즈니스 모델 안에서 분석해야 진정한 기술의 가치를 창출하고 전달할 수 있다.

9.2 비즈니스 모델은 어떻게 수립할까?

세상에 무수한 비즈니스가 존재하듯 다양한 비즈니스 모델 분석 방법이 존재한다. 그중에서 대표적인 비즈니스 모델 분석 방법으로는 포 박스 비즈니스 모델Four-Box Business Model, 비즈니스 모델 캔버스Business Model Canvas, 가치 제안 캔버스Value Proposition Canvas와 같이 3가지가 있다.

그럼 지금부터 3가지 비즈니스 모델의 분석 방법에 대해 하나씩 살펴보자.

포 박스 비즈니스 모델

포 박스 비즈니스 모델은 경영의 구루 하버드 경영대학원의 클레이튼 크리스텐슨Clayton Christensen 교수에 의해 탄생한 모델로 비즈니스 모델을 〈그림 9.1〉과 같이 고객 가치 제안Customer Value Proposition, 이익 공식 Profit Formula, 핵심 자원Key Resources, 핵심 프로세스Key Processes의 4개 요소로 분석하는 모델이다. 직관적이면서 단순해 비즈니스 모델을 쉽게 분석할 수 있다.

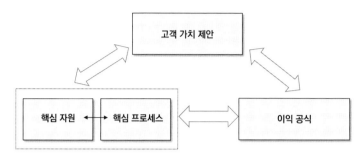

그림 9.1 포 박스 비즈니스 모델

4가지 요소에 대한 세부적인 내용은 다음과 같다.

- 고객 가치 제안: 고객들을 위해 자신이 하고자 하는 일을 설명한
  다. 고객은 중요한 문제를 해결하기 위해 제품이나 서비스를 구
  매한다. 따라서 여기서 해야 할 첫 번째 일은 자신이 할 일이 무
  엇인지, 그리고 판매하는 제품이 문제를 어떻게 해결하는지를
  구체적으로 설명하는 것이다. 해결책은 판매하는 제품뿐 아니라
  판매 방식과 이와 관련된 사항을 자세히 설명해야 한다.
- 이익 공식: 본질적으로 회사가 가치를 창출하는 방법을 자세히
  설명한 계획이다. 오랫동안 지속될 수 있는 이익 공식은 제품 배
  송과 관련된 자산과 고정 비용구조까지 모두 고려해 적정 수익
  마진을 창출할 수 있어야 한다.
- 핵심 자원: 측정이 가능하고 체계적인 방법으로 고객에게 가치
  제안을 전달하기 위해 필요한 인력, 기술, 장비, 자금 조달 등의
  독특한 조합을 의미한다. 비록 다양한 종류의 자원이 필요한 경
  우가 다반사지만 시장에서 성공과 실패의 차이를 뜻하는 핵심 자

원은 몇 가지인 경우가 많다. 예컨대 애플 아이팟^{iPod}의 경우 다른 MP3 플레이어와의 차별성을 이룬 것은 아이튠즈 스토어^{iTunes Store}의 활용도였다. 자원에는 핵심 인력, 기술, 장비, 유통 경로, 정보, 제휴, 브랜드, 특허(지식재산권) 등이 포함될 수 있다.

- 핵심 프로세스: 계속해 고객 가치 제안을 전달하기 위해 일관적으로 수행돼야 하는 반복 업무다. 핵심 자원에서 성공적으로 고객을 대하고 궁극적으로는 수익을 창출하는 데 필수 불가결한 몇 가지 과정이 존재한다. 일반적인 절차로는 차세대 제품 디자인, 공급자 물색 및 공급 협정, 제조 및 마케팅, 인적 자원 및 훈련 등이 있다.

이처럼 포 박스 비즈니스 모델은 고객을 위해 무엇을 제공하려 하는지, 어떻게 수익을 거둘 것인지, 실행에 옮기는 데 필요한 자원은 무엇인지, 고객에게 가치를 전달하는 데 필요한 절차는 무엇인지의 4가지 요소로 설명한다.

비즈니스 모델 캔버스

비즈니스 모델 캔버스는 가장 대표적인 비즈니스 모델 분석 방법이다. '비즈니스 모델 분석'과 '비즈니스 모델 캔버스'가 동의어로 사용될 정도로 가장 많이 사용하는 비즈니스 모델 분석 방법이다.

비즈니스 모델 캔버스는 『비즈니스 모델의 탄생』(타임비즈, 2011) 책에서 제시한 방법으로 비즈니스 모델을 〈그림 9.2〉와 같이 9가지 빌딩 블록9 Building Blocks으로 구분한다.

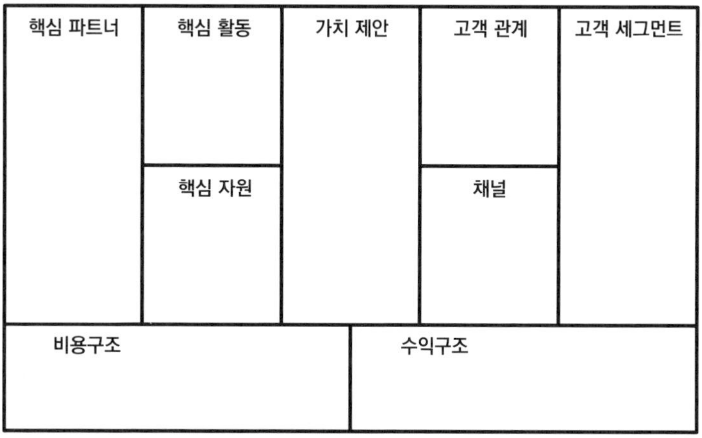

핵심 파트너	핵심 활동	가치 제안	고객 관계	고객 세그먼트
	핵심 자원		채널	
비용구조			수익구조	

그림 9.2 비즈니스 모델 캔버스

9가지 빌딩 블록에 대한 세부적인 내용은 다음 〈표 9.1〉과 같다.

표 9.1 비즈니스 모델 캔버스의 9가지 빌딩 블록에 대한 세부 설명

구분	내용	예시
핵심 파트너 (Key Partners)	고객에게 가치를 제공하고 전달하기 위해 협력 관계를 형성하는 파트너	아웃소싱 업체
핵심 활동 (Key Activities)	고객에게 가치를 제공하고 전달하기 위해 수행하는 활동	R&D
핵심 자원 (Key Resources)	고객에게 가치를 제공하고 전달하기 위해 필요한 자원	인력
가치 제안 (Value Proposition)	고객의 문제를 해결하거나 고객의 욕구를 만족시키는 제품이나 서비스	비용절감
고객 관계 (Customer Relationships)	고객을 창출하고 유지하는 방법	CRM
채널 (Channels)	가치 제안이 고객에게 전달되는 수단	모바일 앱
고객 세그먼트 (Customer Segments)	제품이나 서비스를 제공하고자 하는 고객 유형	금융회사

비용구조 (Cost Structure)	비즈니스 모델을 실행하는 데 필요한 모든 비용	인건비
수익구조 (Revenue Streams)	가치 제안을 고객에게 성공적으로 제공해 얻게 될 수익	수수료

9가지 빌딩 블록은 그 성격에 따라 〈그림 9.3〉과 같이 경영 기반, 제품/서비스, 고객접점, 재무와 같이 4가지 영역으로 구분할 수 있으며 이를 통해 기업활동을 균형 있게 볼 수 있는 기반을 제공한다.

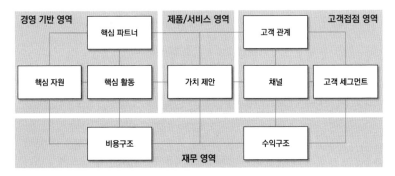

그림 9.3 비즈니스 모델 캔버스의 4가지 영역

이처럼 비즈니스 모델 캔버스는 비즈니스 모델 분석의 전형적인 틀을 제공하는 만큼 반드시 기억해야 할 비즈니스 모델 분석 방법이다. 스타트업Startup 비즈니스 모델에서 초우량 기업의 비즈니스 모델까지 비즈니스 모델을 분석한다면 한 번쯤 작성하게 될 분석 방법이므로 반드시 기억하기 바란다.

가치 제안 캔버스

가치 제안 캔버스는『비즈니스 모델의 탄생』(타임비즈, 2011)을 저술한 알렉산더 오스터왈더Alexander Osterwalder가 새롭게 낸『밸류 프로포지션 디자인』(아르고나인미디어그룹, 2016)에서 소개한 방법으로 비즈니스 모델 캔버스의 확장 버전이라고 할 수 있다.

가치 제안 캔버스는 〈그림 9.4〉와 같이 비즈니스 모델 캔버스에서 핵심이라고 할 수 있는 '가치 제안Value Proposition'과 '고객 세그먼트Customer Segment' 부분만 떼어 내어 좀 더 집중적으로 분석할 수 있는 또하나의 비즈니스 모델을 제시한다. 즉 어떤 고객을 타깃으로 할 것인지, 그리고 어떤 제품/서비스로 그 고객의 문제를 해결할지 집중적으로 분석한다.

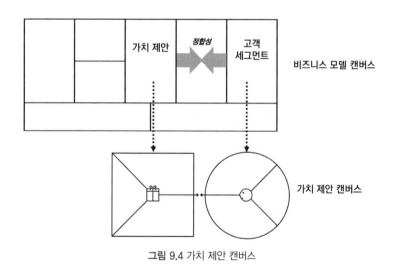

그림 9.4 가치 제안 캔버스

고객의 요구에 따라 해야 할 일을 연결해보고 고객의 문제를 해결하는 데 도움을 줄 수 있는 가치 제안을 만드는 것이 가치 제안 캔버스의 핵심이다. 이는 일반적으로 말하는 '제품과 시장의 정합성'이나 '문제점과 해결책의 정합성'과 동일한 의미라고 할 수 있다. 가치 제안 캔버스는 기업 측면과 고객 측면에서 기업이 제공하는 서비스가 고객의 문제 해결에 얼마나 잘 들어맞는가를 체계적으로 알아보는 데 많은 도움이 된다. 따라서 가치 제안과 고객 세그먼트 부분은 각 회사와 고객 간의 일대일 대응으로도 볼 수 있다.

이처럼 회사 측면Company Perspective으로 대변되는 가치 제안과 고객 측면Customer Perspective으로 대변되는 고객 세그먼트 부분의 세부 요소는 〈그림 9.5〉와 같이 각각 3가지 요소로 구성돼 있다.

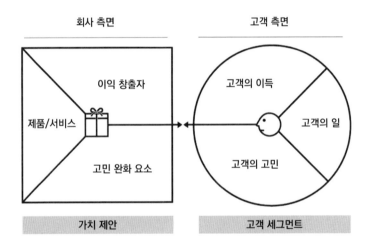

그림 9.5 가치 제안 캔버스의 구성요소

가치 제안 캔버스의 가치 제안과 고객 세그먼트의 구성요소에 대한 세부적인 내용은 다음과 같다.

가치 제안(회사 측면)

- 제품/서비스Products/Services: 제품이나 서비스의 기본적인 프로파일
- 이익 창출자Gain Creators: 사용자들에게 이익을 제공하기 위한 제품의 특장점
- 고민 완화 요소Pain Relievers: 제품/서비스를 사용함으로써 사용자들의 문제를 어떻게 해결할 수 있는지에 대한 내용

고객 세그먼트(고객 측면)

- 고객의 일Jobs: 타깃 고객들의 프로파일
- 고객의 이득Gains: 제품/서비스를 쓰면 얻을 수 있는 사용자들의 이익
- 고객의 고민Pains: 제품/서비스를 사용할 때 사용자들이 덜어낼 수 있는 문제 상황

예컨대 스마트 TV의 비즈니스 모델을 지금까지 살펴본 비즈니스 모델 캔버스와 가치 제안 캔버스를 활용해 분석하면 〈그림 9.6〉과 같다.

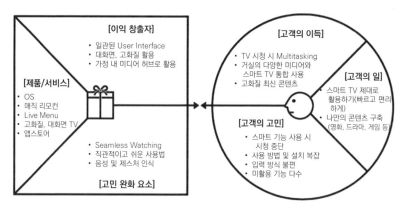

〈비즈니스 모델 캔버스〉

〈가치 제안 캔버스〉

그림 9.6 스마트 TV의 비즈니스 모델 분석(예시)

비즈니스 모델이 중요한 이유는 기술의 시장가치는 기술 그 자체로 결정되는 것이 아니라 비즈니스 모델과 결합돼야 진정한 가치를 확인할 수 있기 때문이다. 동일한 기술이라도 비즈니스 모델에 따라 산출되는 수익이 크게 달라질 수 있다. 따라서 비즈니스 모델이 없는 순수한 기술은 아이디어만 있는 사업과 같다. 따라서 비즈니스 아이디어와 비즈니스 모델을 혼동하면 안 된다.

9.3 성공적인 비즈니스 모델이란?

좋은 비즈니스 모델의 조건

좋은 비즈니스 모델이란 무엇일까? 'How to Design a Winning Business Model'(HBR)에서는 좋은 비즈니스 모델은 〈그림 9.7〉과 같은 3가지 질문에 답할 수 있어야 한다고 말한다.

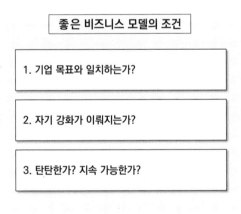

그림 9.7 좋은 비즈니스 모델의 조건

첫 번째 질문은 '기업 목표와 일치하는가?'이다. 비즈니스 모델을 설계할 때는 선택을 하게 된다. 그 선택을 통해 조직이 목표를 달성하는 데 도움이 되는 결과를 도출해내야 한다. 예컨대 70년대 이미 사용자 환경GUI과 유비쿼터스 컴퓨팅 같은 혁신적인 기술을 만들어낸 제록스의 팔로알토 연구소Xerox PARC가 실패한 이유도 혁신이 개탄스러울 정도로 제록스의 목표와 일치하지 않았기 때문이었다.

두 번째 질문은 '자기 강화가 이뤄지는가?'이다. 좋은 비즈니스 모델은 상호 보완적인 관계여야 한다. 예컨대 저가 항공사가 영국항공British Airways과 같은 일반 항공사에서 제공하는 서비스와 맞먹는 수준의 안락한 서비스를 제공할 수는 없다. 따라서 아일랜드 저가 항공사인 라이언에어Ryanair의 경우 모든 부가 서비스를 없애고 비용을 절감해 전례 없는 수준으로 가격을 낮췄다. 이를 통해 '저렴한 항공료 → 대량 판매 → 공급 업체 대상 강력한 협상력 → 더 낮은 고정 비용 → 한층 저렴한 항공료'와 같은 상호 보완적인 자기 강화를 이뤘다.

셋째는 '탄탄한가? 지속 가능한가?'이다. 좋은 비즈니스 모델은 판카즈 게마와트Pankaj Ghemawat가 찾아낸 다음과 같은 4가지의 위협을 막아내 오랜 시간 동안 비즈니스 모델의 효능을 유지할 수 있어야 한다.

- 모방Imitation: 경쟁 업체가 우리 회사의 비즈니스 모델을 복제할 수 있는가?
- 강탈Holdup: 고객, 공급 업체, 기타 관련자가 협상력을 활용해 우리 회사가 창출한 가치를 획득할 수 있는가?
- 태만Organizational Complacency: 현재 조직 내부에 안주하려는 분위기가 있는가?
- 대체Substitution: 신제품으로 인해 고객이 제품이나 서비스에 대해 느끼는 가치가 감소할 수 있는가?

과거에 비해 비즈니스 모델의 효과가 지속되는 기간이 줄어들 수는 있다. 하지만 비즈니스 모델의 강인성은 여전히 중요한 매개변수다. 따라서 좋은 비즈니스 모델을 유지하기 위해서는 〈그림 9.8〉과 같이 두 가지 점을 유의해야 한다.

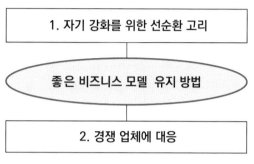

그림 9.8 좋은 비즈니스 모델 유지 방법

첫째, 자기 강화를 위한 선순환 고리Virtuous Cycle가 확실한 비즈니스 모델을 만들어야 한다. 즉 비즈니스 모델을 장기적이고 효과적으로 운영하는 데 필요한 선순환 고리를 만들어야 한다. 이는 애플, 구글, 페이스북과 같은 하이테크 기업들에서 확인할 수 있는 강력한 네트워크 효과와 유사하다.

둘째, 경쟁 업체에 대응하는 방식을 결정해야 한다. 이를 위해서는 다음과 같은 질문에 대한 대응방안을 수립해야 한다.

- 경쟁 업체의 비즈니스 모델이 창출한 시장에 진입해야 하는가?
- 진입한다면 새로운 비즈니스 모델로 대응할 것인가 아니면 기존 비즈니스 모델로 대응할 것인가?
- 새로운 비즈니스 모델로 대응한다면 새로운 비즈니스 모델을 만

들어야 하는가 아니면 경쟁자의 비즈니스 모델로 맞대응해야 하는가?

- 새로운 비즈니스 모델의 조직은 어떻게 구성해야 하는가?
- 기존 비즈니스 모델과 새로운 비즈니스 모델을 효과적으로 관리하는 방법은 무엇인가?

비즈니스 모델의 혁신

비즈니스 모델이 최근 자주 언급되는 이유는 컨버전스 시대에 발생하는 다양한 현상이 결국 비즈니스 모델 간의 컨버전스이기 때문이다. 비즈니스 모델을 구성하는 각 요소 간의 컨버전스로 기존 비즈니스 모델이 변하기도 하고 새로운 비즈니스 모델이 탄생하기도 한다.

『혁신은 왜 경계 밖에서 이루어지는가』(토네이도, 2011)에서는 새로운 성장을 이끌며, 변화에 박차를 가하고, 기업을 혁신하려면 비즈니스 모델 혁신Business Model Innovation을 통해 새로운 조직이 필요하고 새로운 고객이 존재하는 '여백White Space'을 포착하는 방법을 배워야 한다고 말한다. 다시 말해, 비즈니스 모델 혁신이란 여백 기회를 발굴해 고객의 관점에서 비즈니스 모델을 설계하고 발전시키는 체계화된 활동이라고 할 수 있다. 다음 〈그림 9.9〉를 참고하자.

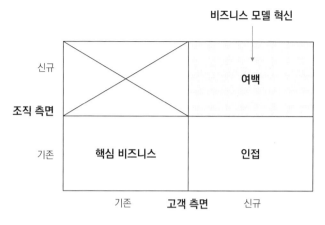

그림 9.9 여백에서의 비즈니스 모델 혁신

유명 기업들은 언제나 안정적이고 성공적인 시장을 이미 확보하고 있다. 대부분 이러한 시장은 이들 기업들이 현재 가장 잘하는 일과 정확하게 들어맞는다. 이들은 제품이나 서비스를 판매할 고객을 찾는 데 이미 오랜 시간을 투자했을 것이다. 또한 대다수 기업들은 시간이 지날수록 자신들의 핵심 비즈니스Core Business를 점진적으로 성장/확대하는 데 아주 능숙하다. 어쩌면 그들은 다른 틈새시장에 진출해 유사 제품을 판매하면서 인접 시장에 성공적으로 진입할 수도 있다. 하지만 '여백'에 존재하고 있는 상업적 기회는 '인접Adjacency'과는 다르다. 여백은 미지의 영역으로 이동할 수 있는 기회다. 이러한 여백에서 성공을 거두려면 기업은 수익을 내기 위해 새로운 비즈니스 모델을 모색하고 결정해야 한다. 이 새로운 비즈니스 모델은 새로운 전문 지식/자원/활동을 조직화한 새로운 도전이라 할 수 있다.

따라서 기업 입장에서는 주력 상품이 범용화됐을 때에는 기존 핵심사업과 핵심역량에서 벗어난 새로운 비즈니스 영역인 '여백'을 찾아 비즈니스 모델을 혁신해야 한다. 그리고 여백을 포착한 비즈니스 모델을 개발하기 위해서는 포 박스 모델처럼 강력한 고객 가치 제안을 만들고, 실행 가능한 이익 공식을 만들며, 핵심 자원을 적절하게 조합하고, 일관된 반복적인 핵심 절차를 만들어야 한다.

비즈니스 모델의 패턴

세상에 존재하는 다양한 비즈니스 모델은 몇 가지 패턴으로 그룹화할 수 있을까? 『비즈니스 모델의 탄생』(타임비즈, 2011)에서는 비즈니스 모델을 〈표 9.2〉와 같이 5가지 패턴으로 구분했다.

표 9.2 비즈니스 모델 패턴(출처: 『비즈니스 모델의 탄생』)

패턴	설명	사례
언번들링 (Unbundling Business Models)	• 갈등이나 상충효과를 피하기 위해 비즈니스 타입을 분해	• 프라이빗 뱅킹, 이동통신사
롱테일(The Long Tail)	• 대부분의 틈새 제품 제공 모델	• 출판 산업
멀티 사이드 플랫폼 (Multi-Sided Platforms)	• 하나의 플랫폼 위에 복수의 고객 집단을 연계한 모델	• 구글, 아이튠즈, 이베이
무료 (Free as a Business Model)	• 특정 대상에 무료로 상품과 서비스 제공 후 이를 기반으로 다른 비즈니스와 고객을 연결시키는 모델	• 광고, 오픈소스
개방형 비즈니스 (Open Business Models)	• 외부 파트너와의 협업에 의한 내/외 자원의 관계성을 활용한 모델	• P&G, 이노센티브

하지만 비즈니스 패턴을 더 구체적으로 구분한 경우도 있다. 『The Business Model Navigator』(FT Press, 2015)에서는 지난 25년간 서로 다른 산업에 적용된 250개의 비즈니스 모델을 분석해 〈그림 9.10〉과 같이 비즈니스 모델 패턴을 55가지로 도출하고 〈그림 9.11〉과 같이 시간에 따른 비즈니스 모델 혁신 지도를 작성했다.

No	Pattern name	Affected BM components	Exemplary companies	Pattern description
1	ADD-ON	What Value	Ryanair (1985), SAP (1992), Sega (1998)	The core offering is priced competitively, but there are numerous extras that drive the final price up. In the end, the costumer pays more than he or she initially assumed. Customers benefit from a variable offer, which they can adapt to their specific needs.
2	AFFILIATION	How Value	Amazon Store (1995), Cybererotica (1994), CDnow (1994), Pinterest (2010)	The focus lies in supporting others to successfully sell products and directly benefit from successful transactions. Affiliates usually profit from some kind of pay-per-sale or pay-per-display compensation. The company, on the other hand, is able to gain access to a more diverse potential customer base without additional active sales or marketing efforts.
3	AIKIDO	Who What Value	Six Flags (1961), The Body Shop (1976), Swatch (1983), Cirque du Soleil (1984), Nintendo (2006)	Aikido is a Japanese martial art in which the strength of an attacker is used against him or her. As a business model, Aikido allows a company to offer something diametrically opposed to the image and mindset of the competition. This new value proposition attracts customers who prefer ideas or concepts opposed to the mainstream.

그림 9.10 비즈니스 모델 패턴(일부 발췌: The Business Model Navigator)

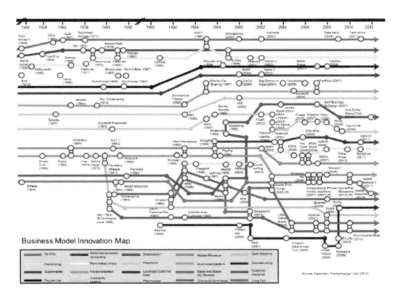

그림 9.11 비즈니스 모델 혁신 지도(출처: The Business Model Navigator)

『The Business Model Navigator』(FT Press, 2015)에 따르면 모든 비즈니스 모델 혁신의 90%는 비즈니스 모델 간의 재결합Recombination으로 생겨난다. 따라서 55개의 비즈니스 모델 패턴을 참고하면 체계적인 비즈니스 모델 혁신이 가능하다. 이때 비즈니스 모델 혁신이란 〈그림 9.12〉와 같이 매직 트라이앵글Magic Triangle로 불리는 Who, What, Value, How의 4가지 영역 중 적어도 두 가지 영역에서 변화가 일어나는 것을 의미한다.

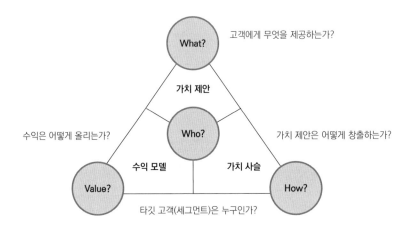

그림 9.12 비즈니스 모델 혁신과 매직 트라이 앵글(출처: The Business Model Navigator)

지금까지 살펴봤듯이 비즈니스 모델은 기업이 고객을 위해 가치를 어떻게 창조해 전달하고, 어떤 방법으로 수익을 획득하는가를 설명하는 '하나의 이야기Storytelling'다. 이처럼 비즈니스 모델은 단순히 좋은 아이디어나 기술이 아니라 비즈니스를 실현하기 위한 프레임워크라는 사실을 기억하자. 그리고 '고객 가치 제안', '수익 메커니즘', '선순환 구조', '모방 불가능성'이라는 비즈니스 모델의 기본적인 성공조건을 잊지 말고, 비즈니스 모델을 지속적으로 개선하고 보완할 수 있는 역량을 기르는 데 힘써야 한다.

린 스타트업과 린 캔버스

린 스타트업Lean Startup이란 극심한 불확실성 속에서 새로운 제품이나 서비스를 만들기 위해 군살을 빼 빠르게 움직이는 초기 단계의 조직이나 기업을 말한다. 스타트업 열풍인 요즘 창업에 관심이 있다면 한 번쯤 들어봤을 용어일 것이다. 린 스타트업에서는 〈그림 9.13〉과 같이 기존 비즈니스 모델 캔버스를 수정해 스타트업과 창업자에 맞게 최적화한 '린 캔버스Lean Canvas'를 사용한다. 비즈니스 모델 캔버스가 고객에 대한 가치 제안 중심의 비즈니스 모델이라면, 린 캔버스는 창업에 최적화하려는 목적으로 문제 정의와 문제 발견, 그리고 차별화된 가치를 강조한다.

　최기술 대리가 신규 사업 모델 수립을 어려워하는 이유는 기술을 비즈니스 모델 관점에서 보는 훈련이 돼있지 않기 때문이다. 최기술 대리가 창업자의 입장에서 린 스타트업 방식을 이해하고 비즈니스 모델 캔버스를 바탕으로 하는 린 캔버스에 표시된 순서대로 신사업 모델을 작성해 본다면 문제점을 쉽게 정의하고, 고객을 명확하고 세부적으로 파악하며, 고객핵심가치 전달에 대해 이해할 수 있을 것이다. 그리고 최소기능제품Minimum Viable Product, MVP 구현을 통해 비즈니스 모델의 검증까지 가능할 수도 있다. 기술전문가인 최기술 대리가 비즈니스 모델까지 이해한다면 현업을 뛰어넘는 구체적이고 경쟁력 있는 사업 계획서를 충분히 작성할 수 있을 것이다. 실리콘밸리의 수많은 이공계 출신 CEO가 이를 증명하고 있지 않은가?

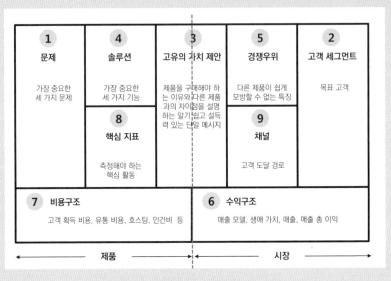

그림 9.13 린 캔버스

비즈니스 모델의 구성요소

경영이라는 학문을 배우는 궁극적인 이유는 좋은 비즈니스를 만들기 위함이다. 따라서 경영 이론은 좋은 비즈니스를 만들기 위한 지혜의 집합이라 해도 과언이 아니다. 그러므로 기술도 좋은 비즈니스 모델과 함께 고민해야 그 진가를 발휘할 수 있다. 그리고 비즈니스 모델 수립은 모든 경영의 시작이라 할 수 있다. 좋은 비즈니스 모델이란 〈그림 9.14〉와 같은 5가지 핵심 요소가 유기적으로 연계됐을 때 가능하다.

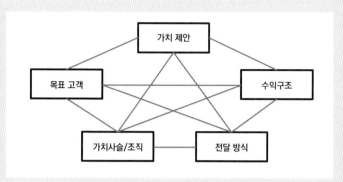

그림 9.14 좋은 비즈니스 모델의 5가지 핵심요소

　기술 부서는 개발만 하고 사업계획은 현업 부서에서 수립한다는 최기술 대리의 이분법적 사고는 잘못됐다. 이러한 사고는 아마도 문과와 이과로 분리한 교육체계가 만들어낸 고정관념의 부작용일 수도 있다. 사실 비즈니스 모델의 구성요소는 비단 새로운 사업 모델을 수립할 때뿐만 아니라 모든 업무를 추진함에 있어 고민해야 할 매우 기본적인 요소다. 따라서 최기술 대리는 이 5가지 요소를 기준으로 비즈니스 모델의 구상을 시작하면 균형 잡힌 신사업 모델을 수립할 수 있다.

　기술전문가 출신이 창업에 실패하는 이유 중 하나는 기술을 기능 중심으로만 보기 때문이다. 비즈니스 모델 수립은 이러한 기능 중심의 좁은 시야를 극복하고 모델 중심의 넓은 시야를 가질 수 있는 좋은 방법이다. 그리고 이러한 모델 중심의 사고는 업무 요건에 따라 개발하는 수동적인 기술전문가에서 기술을 통해 업무를 주도할 수 있는 기술경영자로 거듭나는 중요한 전환점Turning Point이 될 것이다.

4부 혁신

영원한 성공은 없다

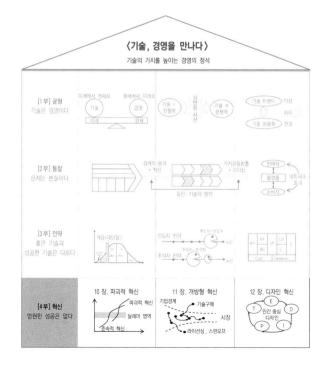

10장

파고적 혁신:
승자의 저주 풀기

'As time goes by'

시간은 그렇게 흘렀다. 최기술 대리도 어느덧 과장이 됐다. 누가 그랬다. 회사는 직원의 성장과 좌절의 곡선에 따라 슬럼프에 빠질 때쯤 진급을 시켜준다고. 하지만 최기술 대리, 아니 최기술 과장은 달랐다. 기술과 경영을 섭렵하며 어엿한 대박은행 정보전략실의 핵심 인력으로 성장하고 있었다.

진급 후 처음 맡게 된 업무는 바로 이노체인지InnoChange 서비스였다. 이노M뱅크 플랫폼에 새롭게 추가될 서비스로 사내 신사업 아이템 공모전에서 채택된 아이디어였다. 최기술 과장은 이 이노체인지 서비스의 사업기획을 담당하게 됐다.

이노체인지는 기존의 외환거래와 전혀 다른 형태의 서비스다. 기존에는 국내 현금카드로 유럽에서 출금하면, 원화 → 달러, 달러 → 유로화와 같이 2번의 거래가 발생한다. 하지만 이 플랫폼에서는 원화에서 바로 유로화로 환전하는 것이 가능하다. 사용자 측면에선 불필요한 수수료를 줄여주는 획기적인 서비스임에 틀림없었다.

최기술 과장은 이 서비스가 고객의 고민사항Pain Point을 완벽히 해결해 주기 때문에 성공할 수 있으리라 확신했다. 물론 아직 개발 결과물이 나오지 않아 고객들로부터 어떤 반응이 있을지 최기술 과장도 무척 궁금했지만 이 정도의 혁신적인 서비스라면 시장의 폭발적인 반응을 이끌어 낼 수 있으리라는 판단에 내심 기대가 컸다. 그런데 이처럼 혁신적인 개선이 가능함에도 불구하고 기획안의 최종 승인은 계속 지연됐다. 그렇게 한 달이 지나갔고 최기술 과장의 기대는 답답함과 초조함으로 바뀌었다.

한경영   이봐 최과장! 뭘 그렇게 고민하고 있어. 옆에 누가 지나가는지도 모르게.

뒤를 돌아보니 한경영 차장이었다.

한경영   최대리, 아니 최과장. 새롭게 기획한 서비스가 진행이 더디다는 소문
         을 들었는데 그것 때문에 그렇지?
최기술   아, 알고 계셨군요. 맞습니다. 저는 솔직히 이해가 잘 안 되네요. 차장
         님 생각은 어떠세요?
한경영   나야 뭐 자세한 상황까지는 모르니까. 진행이 느리니 많이 속상한 모
         양이네.
최기술   사실 며칠을 고민하고 밤새워가며 만든 신규 사업 기획안인데 아직까
         지 개발 승인이 나지 않고 있어서, 검토나 제대로 되고 있는지 답답할
         따름입니다.
한경영   그 마음 충분히 이해하네. 그런데 최과장도 잘 알고 있겠지만 이 신규
         서비스가 개발되면 가장 큰 손해를 입게 될 회사가 어디라고 생각하
         나? 바로 우리가 일하고 있는 대박은행이 아닐까? 특히, 대박은행은
         다른 은행에 비해 외환거래 수수료가 수익의 많은 비중을 차지하고
         있잖아.
최기술   맞습니다. 그걸 모르고 시작한 건 아닙니다. 하지만 앞으로 다가올 금
         융혁신에 대응하지 못하면 저희도 위험하지 않을까요?
한경영   그럼 경영진이 왜 이렇게 머뭇거릴 수밖에 없는지 생각해 보면 어때?
         왜 이런 판단을 하는지 그 의도를 꿰뚫어 보자는 말이야.
최기술   저는 개인적으로 아직 혁신을 받아들일 준비가 되지 않았거나 지금의
         안정적인 수익에 안주해 혁신 자체를 원하지 않는 것 같습니다.

한경영　자, 최과장. 흥분을 가라앉히고 얘기를 한번 해 보자고. 혹시 파괴적 혁신이라는 말 들어봤어?

최기술　네. 정확히는 잘 몰라도 많이 들어서 대충은 알고 있습니다.

한경영　그럼 이런 생각도 한번 해 보자구. 이노체인지 같은 파괴적 혁신을 추진하기에 지금이 최적의 시점인가? 그리고 시작한다면 현재의 캐시카우Cash Cow와의 충돌을 어떻게 조율해야 할까? 어느 정도까지 현재의 손실을 감수해야 하며 신사업 조직은 어떻게 구성해야 할까?

최기술　음… 제가 그 부분까지는 고민을 많이 해 보지 못했지만, 적어도 파괴적 혁신을 추진하는 것을 막지는 말아야 한다고 생각합니다. 그렇다면 새로운 혁신이란 존재할 수 없을 테니까요.

한경영　그럴 수도 있지. 하지만 최과장, 이런 상황에서 기업은 어떤 선택을 어떤 기준으로 판단하고 대응해야 하는지 더 알아보는 것이 좋아. 당장은 답답하겠지만 파괴적 혁신이 회사에 미칠 영향과 대응방안까지 고민한다면 선뜻 결정을 내리지 못하는 현 상황도 이해할 수 있지 않을까?

최기술　답답한 마음에 놓친 부분이 있었던 것 같습니다. 한차장님 말씀대로 파괴적 혁신과 더불어 그 대응전략까지 고민해야 할 것 같네요.

한경영　이 기회에 시야를 좀 더 넓혀 보자구. 나도 최과장 덕분에 많이 배우고 있네. 조금 더 경영진의 의사결정을 기다려 보자.

최기술 과장은 답답한 마음이 완전히 가시지는 않았지만 실마리는 찾은 듯했다. 그리고 새롭게 기획한 서비스인 이노체인지가 어떠한 이유로 통과되지 못하고 있는지 그 이유를 하나씩 확인해 보고, 또 이 문제를 해결하기 위한 방법으로는 무엇이 있는지 그 대안을 찾아보기로 했다.

기술의 고민

대박은행 경영진은 현재 주 수익원 중 하나인 외환거래 수수료가 줄더라도 새로운 혁신을 추진해야 하는지, 아니면 아직까지는 현 체제를 유지해 안정적 수익을 확보해야 하는지 심각하게 고민 중이다. 새로운 혁신을 추진하자니 스스로 기존의 수익원을 잠식하는 상황이 발생하고, 대응하지 않으면 경쟁사에 의해 잠식당할 수 있기 때문이다.

파괴적 혁신은 현재의 일시적인 수익 감소가 발생하더라도 미래의 먹거리 확보를 위해 새로운 도전을 감행해야 한다는 의미다. 지속적으로 성장하는 기업은 파괴적 혁신의 반복을 통해 새로운 성장동력을 끊임없이 확보하는 기업이기 때문이다.

하지만 현실적으로 현재 캐시카우의 감소를 감내하고 새로운 혁신을 시작하기란 보통 어려운 일이 아니다. 내부의 강력한 관성과 저항이 기다리고 있기 때문이다. 그럼 지금부터 이러한 진퇴양난의 상황에서 어떻게 대응해야 하는지 다음 질문을 통해 그 해답을 찾아보자.

- 왜 성공은 영원할 수 없을까?
- 파괴적 혁신이란 무엇일까?
- 파괴적 혁신에 어떻게 대응해야 할까?

10.1 왜 성공은 영원할 수 없을까?

영원한 성공은 없다. 기업의 성장과 도태

기술은 3장에서 간단히 살펴봤듯이 도입기, 성장기, 성숙기를 거치는 S 커브 패턴으로 발전한다. 기업의 성장도 이와 크게 다르지 않다. 기업은 기존 사업의 성장 정체기가 시작될 무렵 새로운 사업으로 갈아타며 지속적으로 성장한다. 이처럼 기업은 〈그림 10.1〉과 같이 신/구사업에 대한 S커브 갈아타기를 통해 지속성장을 이룰 수 있다.

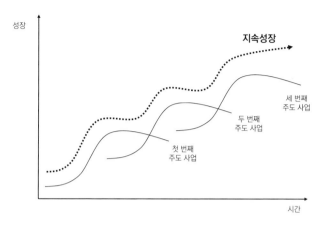

그림 10.1 S커브 갈아타기를 통한 지속성장

하지만 기업의 성장을 위한 S커브 갈아타기는 생각만큼 녹록지 않다. 그 이유는 새로운 S커브로 갈아타는 동안 신/구 사업의 일시적인 공존이 불가피하기 때문이다. 이 기간에는 새로운 사업의 추진이 기존 산업의 수익을 잠식할 수 있어 해당 기간 동안에는 기존 사업의 손실을 감내해야 한다.

이러한 손실은 변화 당시에 제 살 깎아 먹기처럼 비춰져 내부의 강력한 저항과 반발에 부딪히고, 새로운 사업으로 갈아타기에 적절한 시점인지에 대한 논란이 불거진다. 또한 기존 사업의 성공이 크면 클수록 기존 사업에 대한 의존도도 커서 새로운 S커브로의 전환이 더 어렵다.

그럼 지금부터 이와 같은 상황을 어떻게 극복해야 하는지 하나씩 살펴보자.

성공한 기업의 딜레마, 자기잠식

지속적인 성장을 위해서 새로운 변화에 대한 적응은 필수다. 그리고 새로운 변화에 적응하기 위해서는 지금의 성공에 안주하지 않고 적절한 시점에 새로운 변화를 준비해야 한다. 하지만 이때 새로운 변화를 받아들임으로 인해 현재의 사업에 손실이 발생하는 '자기잠식Cannibalization의 딜레마'에 빠진다.

그럼 왜 자기잠식이 필요할까? 그 이유는 바로 스스로 자기잠식을 통해 성장하지 않으면 경쟁사에 의해 잠식당하기 때문이다. 자기잠식에 대한 개념은 클레이튼 크리스텐슨Clayton Christensen 하버드 경영대학 교수가 자신의 저서『성공기업의 딜레마』(모색, 1999)에서 설명하면서 널리 알려졌다.

이 책에서는 성공한 기업들의 몰락과 지속성장의 정체를 '존속적 혁신Sustaining Innovation'과 '파괴적 혁신Disruptive Innovation' 개념으로 설명했다. 존속적 혁신은 기존 제품을 지속적으로 개선해서 높은 가격에 제공하는 혁신이고, 파괴적 혁신은 단순한 기능과 저렴한 가격을 바탕으로 기존 시장을 파괴하고 새로운 시장을 창출하는 혁신을 말한다. 이를 S커브에 나타내면 〈그림 10.2〉와 같다.

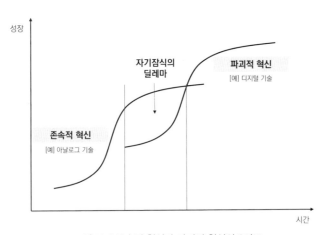

그림 10.2 존속적 혁신과 파괴적 혁신의 S커브

자기잠식은 바로 이러한 파괴적 혁신의 순간에 발생하게 된다. 따라서 지속적으로 성장하는 기업은 자기잠식을 통한 파괴적 혁신에 능한 기업이라고 할 수 있다. 존속적 혁신 기업과 파괴적 혁신 기업의 차이점을 비교하면 〈표 10.1〉과 같다.

표 10.1 존속적 혁신 기업과 파괴적 혁신 기업의 차이(출처: 박인혜, 매일경제)

구분	존속적(점진적) 혁신 기업	파괴적 혁신 기업
인적 구성	직원 위주(인하우스)	외부에 개방
혁신의 대상	작고 구체적	광범위함, 시장 전체
보상	성과별 차등 지급	승자 독식
보상의 크기	상대적으로 작음	매우 큼
리더십	실행(Execution)에 집중	탐험(Exploration)과 발견(Discovery)을 통한 실천
키워드	성실함, 꾸준함, 개선	파괴적, 돌파구, 기존 시장 전복
대표 사례	노키아, 블랙베리	애플, 구글

그럼 자기잠식의 혁신에 성공한 사례와 실패한 사례를 통해 그 의미와 중요성에 대해 깊이 생각해 보자.

[성공 사례] 자기잠식의 달인, 애플

자기잠식의 극복 관점에서 대표적인 성공 사례는 애플의 아이폰iPhone이다. 2005년 아이팟iPod의 판매량은 2,000만 대로 전년 대비 4배가량 성장했다. 이는 당시 애플 전체 수익의 45%를 차지하는 수치다. 그럼에도 불구하고 애플은 아이팟을 잠식시킬 아이폰을 2007년 출시했다. 그 후 아이팟은 아이폰에 의해 완전히 잠식됐다. 하지만 현재는 과거 아이팟보다 새로운 고객들을 더 많이 확보했다. 기존의 아이팟은 완전히 잠식됐지만 새로운 아이폰을 통해 더 큰 성공을 거뒀다. 이처럼 아이폰의 출시는 대표적인 자기잠식의 성공 사례로 볼 수 있다. 당시 스티브 잡스는 아이폰이 기존의 캐시카우인 아이팟을 잠식시킬 것이라는 사실을 누구보다 잘 알고 있었다. 그럼에도 불구하고 〈그림 10.3〉과 같이 현재 자기잠식의 손실보다 미래 성장 가치가 크다고 판단해 과감하게 아이폰을 출시했고 이는 모두가 알고 있듯이 애플을 세계 최고의 기업으로 이끈 원동력이 됐다.

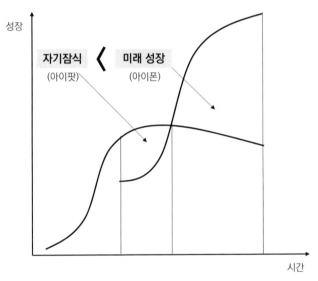

그림 10.3 애플의 선택: 현재 자기잠식의 손실 〈 미래 성장 가치

[실패 사례] 현재의 성공에 취했던, 코닥

1976년 코닥Kodak의 미국 시장점유율은 필름의 경우 90%, 카메라는 85%에 이르렀다. 1990년대까지 코닥은 세계에서 가장 가치 있는 5대 브랜드에 들었다. 코닥의 황금기인 1975년 코닥 연구소에서 세계 최초의 디지털카메라가 개발됐다. 또한 1992년에도 다른 업체들보다 한 발 앞서 소비자용 디지털카메라를 출시할 수 있었다. 하지만 필름으로 돈을 버는 코닥에 디지털카메라는 회사의 존재 자체를 부정하는 기술이었던 셈이었다. 그래서 코닥은 주력인 필름 시장이 잠식당할까봐 주저하다가 결국 다른 기업이 디지털카메라를 내놓기 시작한 1994년에서야 디지털카메라를 출시했다. 당시 코닥은 〈그림 10.4〉와 같이 자기잠식의 손실이 미래 성장 가치보다 훨씬 크다고 보고 디지털 산업에 대한 진출을 망설였을 것이다. 하지만 이미 때는 늦었다. 1990년대 후반 디지털카메라가 확산되면서 시작된 진검승부에서 코닥은 맥을 못 추고 안타깝게도 2012년 1월 19일 파산 보호 신청을 했다(수정인용: DBR 99호).

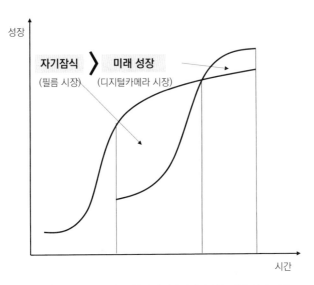

그림 10.4 코닥의 선택: 현재 자기잠식의 손실 〉 미래 성장 가치

결과론적으로 보면 두 성공과 실패 사례가 극명해 보이지만 코닥이 그 당시에 새로운 혁신을 받아들이기 쉽지 않았음은 충분히 이해할 수 있다. 하지만 현실에 안주하고 자기잠식을 두려워한 결과는 너무나 참혹했다.

이처럼 자기잠식의 파괴적 혁신은 지속적 성장을 위해 반드시 겪어야 하는 성장통과 같다. 그러나 잘못된 자기잠식은 오히려 부메랑이 될 수 있다. 따라서 파괴적 혁신을 정확히 이해하고 파악해야 진정한 파괴적 혁신이 가능하다. 그럼 파괴적 혁신이란 무엇인지 본격적으로 알아보자.

10.2 파괴적 혁신이란 무엇일까?

파괴적 혁신의 출현

파괴적 혁신은 끊임없이 향상되는 기술을 통해 더 높은 성능을 원하는 상위 시장의 욕구를 만족시키는 존속적 혁신과 달리, 단기적으로 성능은 떨어지지만 상대적으로 가격이 저렴한 제품을 제공해 저가 시장이나 다른 가치 기준을 갖는 새로운 시장의 욕구를 만족시킨다.

신생 기업이 새로운 기술을 이용해서 기존의 사업자가 판매하는 상품보다 더 싸고 더 단순한 대안 상품을 제공하는 대부분의 산업에서 흔히 발견할 수 있는 예측 가능한 패턴이다. 예컨대 야후나 라이코스 등의 포털이 검색 시장을 주도하던 시절, 검색 결과는 다소 투박하지만 단순하고 직관적인 검색 기술로 무장해 기존의 승자를 파괴하고 새로운 승자가 된 구글이 이에 해당한다.

파괴적 혁신은 하버드 대학의 클레이튼 크리스텐슨 교수가 미래 기업의 조건을
설명하기 위해서 사용한 용어다. 슘페터가 창조적 파괴를 주창하고, 피터 드러
커가 새로운 능력을 부여하는 행위를 통해서 혁신이 가능하다고 봤다면, 크리
스텐슨은 상품의 고도화를 의미하는 존속적 혁신과 존속적 혁신으로 무장한 시
장에 신규 사업자가 진입하기 위해서는 파괴적 혁신이 필요하다고 봤다.

(출처: Innovation Report, The New York Times)

이러한 파괴적 혁신의 진행 단계를 3단계로 요약하면 〈그림 10.5〉
와 같다.

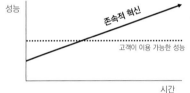

1. 기존 사업자들(Incumbents)은 혁신을
일련의 점진적 개선으로 취급한다.
그들은 현재의 비즈니스 모델을 유지하기 위해
자신들의 고급 제품(Premium Product)의
품질을 높이는 데 집중한다.

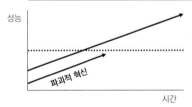

2. 파괴자들(Disruptors)은 새로운 제품을 출시하는데,
처음에는 별로 위협적으로 보이지 않는다.
그들의 제품은 언뜻 보기에 싸고 품질도 낮다.

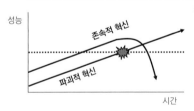

3. 시간이 지나면 파괴자들은 일반적으로
새로운 기술을 도입해 제품을 개선한다.
인화점(Flash Point)은 대부분 고객들이
그들의 제품이 '그만하면 충분히 사용할 만하다'라고
여길 때 발생한다. 이때부터 파괴자들은
기존 사업자들의 시장점유율을 빼앗으며
성장하기 시작한다.

그림 10.5 파괴적 혁신의 진행 단계(출처: Innovation Report, The New York Times)

기술이 발전하다 보면 어느 순간 소비자가 필요로 하는 기능이나 품질을 넘어서게 된다. 다시 말해, 기술의 발전이 소비자가 원하는 성능 수준 이상으로 진행되고 그 결과 많은 소비자가 사용하지 않는 고기능, 고품질의 제품이 출현한다. 하지만 이 경우 대다수 소비자가 필요로 하지 않는 복잡한 기능과 품질을 더하다 보면 고장 확률이 더 높아지고 때론 비싼 가격을 지불해야 하는 경우도 발생한다.

이때 파괴적 혁신이 등장한다. 소비자가 원하는 수준만큼의 제품과 서비스를 더 낮은 비용과 더 편리한 접근 방식으로 제공하는 혁신 기업이 등장하는 것이다. 이 혁신 기업은 기존 상품과 서비스의 지나치게 복잡한 기술, 비싼 가격 등의 문제점을 해소하고 소비자가 필요로 하는 효용을 제공해 기존 기업 대비 확실한 우위 요소를 갖고 있다.

따라서 기존 기업의 입장에선 파괴적 혁신을 통해 성장을 이어가고 새로운 기업의 입장에선 파괴적 혁신을 통해 기존 시장을 붕괴시키는 전략을 수립해야 한다. 그럼 다음 절에서 파괴적 혁신 전략에는 무엇이 있는지 하나씩 살펴보자.

파괴적 혁신 전략

파괴적 혁신 전략에는 〈그림 10.6〉과 같이 로우엔드Low-End 파괴적 혁신 전략과 신시장New Market 파괴적 혁신 전략이 있다.

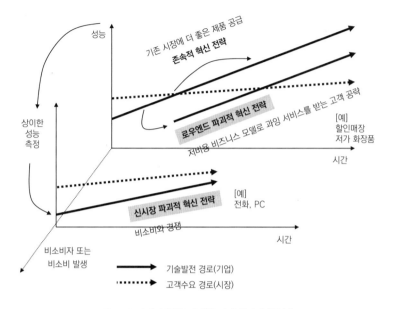

그림 10.6 파괴적 혁신 전략(출처: 『성장과 혁신』)

로우엔드 전략은 단기적으로 하위 시장에서 자리를 잡은 후 기술 개발을 통해 상위 시장의 욕구도 만족시키는 것으로 결국 성능은 같으면서 가격은 낮은 제품을 제공해 기존의 주류 시장을 대체한다.

반면에 신시장 전략은 현재의 고객이 아닌 비고객Non-Consumer에게 발생하는 문제의 해결을 도와주는 방식으로 제품의 성능을 재정의하면서 새로운 성장을 창출해내는 방식이다. 다시 말해, 성능을 하나의 측면에서 단순함, 편리함, 저렴함 등과 같이 차별화하는 방식이다.

이처럼 파괴적 혁신 전략은 크게 기존 시장에서의 파괴적 혁신 전략과 신시장에서의 파괴적 혁신 전략으로 구분할 수 있다. 이 두 전략의 특징을 존속적 혁신과 비교하면 〈표 10.2〉와 같다.

표 10.2 존속적 혁신과 파괴적 혁신 비교(출처: 신한 FSB)

구분	존속적 혁신	파괴적 혁신	
		로우엔드	신시장
제품과 서비스에 대한 기대치	고객의 기대치가 가장 높고 까다로움	보통 수준으로 주로 가격과 편리함 등에 대해 민감함	단순함과 편리함 등과 같은 상품의 역할, 즉 상품의 소비로 인해 고객이 얻게 되는 궁극적 효용에 집중
타깃 고객층	개선된 성능에 비용을 지급할 용의가 있는 주류 시장 고객	필요로 하는 수준 이상의 제품과 서비스를 제공받는 고객	경제적, 혹은 기술적인 이유로 기존 제품과 서비스를 이용하지 않는 고객
접근법	기존 방식이나 비용구조를 유지해 더 나은 기능, 품질의 신제품을 개발	새로운 운영 방식을 통해 저가 제품이나 서비스를 제공	생산량이 적더라도 이윤을 창출할 수 있는 비용구조 창출

MEMO

빅뱅 파괴(Big Bang Disruption): 파괴적 혁신, 그 너머

최근 파괴적 혁신을 뛰어넘어 빅뱅 파괴란 이론도 생겨났다. 빅뱅 파괴란 서서히 잠식하는 상황이 아닌 한 번에 뒤집히는 상황이 발생한다는 이론이다. 이 이론은 IT의 급속한 발전으로 파괴적 혁신을 통해 새로운 산업지형이 완전히 뒤바뀐다고 말한다. 저렴한 비용으로 빠른 제품화가 가능한 상황과 소셜 미디어(Social Media)와 같은 적은 비용의 마케팅 환경은 파괴적 혁신 상황보다 더욱 급진적으로 기존 시장을 붕괴하며 새로운 산업을 만들어 낸다는 것이다.

빅뱅 파괴는 기술수용주기 패턴을 따르지 않는다. 빅뱅 파괴는 〈그림 10.7〉과 같이 기술수용주기처럼 순차적으로 확산되지 않고 강력하고 함축적이다. 빅뱅 파괴 패턴에서는 몇 안 되는 시험 사용자(Trial User)가 경험하는 동안 신제품이 개선된다. 이 과정이 끝나면 시장을 구성하는 다수의 사용자들이 신제품을 신속하게 수용한다.

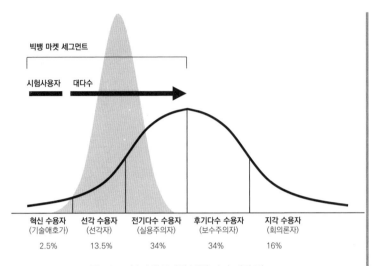

빅뱅 마켓 세그먼트

시험사용자　대다수

혁신 수용자 (기술애호가)	선각 수용자 (선각자)	전기다수 수용자 (실용주의자)	후기다수 수용자 (보수주의자)	지각 수용자 (회의론자)
2.5%	13.5%	34%	34%	16%

그림 10.7 기술수용주기와 빅뱅 파괴 패턴 비교

기존 파괴적 혁신과 빅뱅 파괴 혁신의 차이점을 비교하면 〈표 10.3〉과 같다.

표 10.3 기존 파괴적 혁신과 빅뱅 파괴 혁신 비교(출처: 정보통신정책연구원)

구분	기존 파괴적 혁신	빅뱅 파괴 혁신
혁신의 시작	성능은 떨어지지만 상대적으로 낮은 가격의 기술을 통해 하위 시장에서 출발	성능은 좋으면서 상대적으로 낮은 가격의 기술을 통해 주류 시장에서 출발
혁신의 확산	5단계로 분화된 기술수용주기에 따른 확산	다수 수용자들에게 신속히 제품이 확산되는 특징

　　그럼 파괴적 혁신 전략을 수립하기 위해서는 어떠한 준비가 필요할까? 다음 절에서는 파괴적 혁신에 대처하기 위한 세부적인 방안에 대해 살펴보자.

10.3 파괴적 혁신에 어떻게 대응해야 할까?

〔비전〕 종합적 관점의 전략 수립과 실행

파괴적 혁신은 특정 부서나 임원들의 의사결정으로 이뤄지지 않는다. 이에 따라 클레이튼 크리스텐슨은 『성장과 혁신』(세종서적, 2005)에서 파괴적 혁신에 효과적으로 대응하기 위한 10가지 종합적인 지침을 〈그림 10.8〉과 같이 파괴적 혁신 전략의 수립과 실행 측면으로 구분해 제시했다.

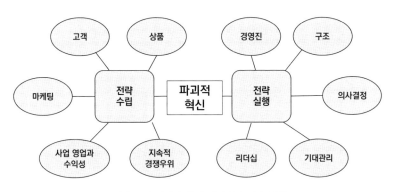

그림 10.8 파괴적 혁신 전략의 수립과 실행

파괴적 혁신 전략의 수립

- 상품Product: 기존 방법이 기술적 한계에 가까워지면, 기존 방법으로 경쟁사보다 더 나은 제품을 만들려고 고민하지 말라. 오히려 그것보다 당장은 성능이 좋지 못하나 잠재력이 큰 파괴적 혁신을 만들라.
- 고객Customer: 현재 수익성이 높은 고객 그룹에만 치중하지 말라. 오히려 전혀 소비를 하지 않는 잠재고객에 주목하라.

- 마케팅^{Marketing}: 인구통계학적인 분석에만 매달리지 말라. 오히려 고객이 해결하려 하는 문제와 환경에 주목하라.
- 사업 영역과 수익성^{Business Domain & Profitability}: 과거의 성공을 가져다 준 핵심역량에만 연연하지 말라. 오히려 미래의 가치창출 원천에 집중하라.
- 지속적 경쟁우위^{Sustainability}: 범용화^{Commoditization}를 피하라. 그리고 상황에 따라 필요한 가치사슬 영역으로부터 지속적으로 수익을 창출하라.

파괴적 혁신 전략의 실행

- 경영진^{Management}: 신규 사업에는 탁월한 특성보다는 적합한 경험을 지닌 경영진을 필요로 한다.
- 구조^{Structure}: 파괴적 혁신을 위해 모기업의 지원과 역량에 지나치게 의존하지 말라. 오히려 파괴적 혁신의 성공을 모기업이 어떤 방식으로 활용하느냐가 중요하다.
- 의사결정^{Decision Making}: 구체적인 미래 예측 중심의 전략 수립은 존속적 혁신에서 필요한 것이다. 파괴적 혁신 전략은 급변하는 상황에 유연하게 적응할 수 있는 '발견' 중심의 기획이어야 한다.
- 기대관리^{Setting Expectations}: 기업은 성장 과정에서 일정 수준 손실을 감수해야 한다고 믿는 경향이 있지만, 아이러니하게도 성장을 달성하는 최선의 방법은 수익성 강조에 있다.
- 리더십^{Leadership}: 파괴적 혁신을 추구하는 CEO는 비전 제시를 넘어, 과거의 성공적인 프로세스를 과감히 버리고 어떻게 새로운 여건을 조성하느냐를 고민해야 한다.

파괴적 혁신을 위한 전략의 구체적인 방안은 각 기업이 처한 사항마다 다를 수 있다. 하지만 이러한 10가지 지침은 모든 기업이 공통적으로 고민해 봐야 할 내용이다. 따라서 파괴적 혁신 전략 수립과 실행 시 이 항목들을 기준으로 삼으면 많은 도움이 된다.

[조직] 양손잡이 조직

파괴적 혁신이 어려운 가장 큰 이유는 기존의 사업과의 충돌이 불가피하기 때문이다. 따라서 파괴적 혁신을 추진하기 위해서는 〈그림 10.9〉와 같은 이원화된 양손잡이 조직Ambidextrous Organization 구성이 필요하다.

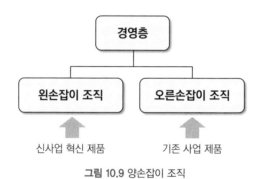

그림 10.9 양손잡이 조직

오른손잡이 조직에서는 기존의 역량, 시스템, 조직문화를 바탕으로 점진적으로 창의성을 높여 간다. 반면에 왼손잡이 조직에서는 별도의 독립적이고 자율적인 역할을 부여해 기술, 비즈니스 모델, 조직문화의 창조적 혁신을 주도하게 한다.

기존 조직은 단기 성과를 추구하기 때문에 창의적 혁신을 위한 역량과 시스템을 갖추기 어렵다. 따라서 많은 시간과 비용, 그리고 높은 실패 확률을 기존 조직이 감당하는 것은 사실상 불가능하다. 그러므로 혁신을 전체 조직에 적용하기보다는 왼손잡이 조직을 별도로 만들어서 시도하는 것이 바람직하다.

왼손잡이 조직 구성 시 고려사항

왼손잡이 조직을 위해서는 창의성, 전문성을 바탕으로 도전적인 마인드를 가진 조직원들로 구성해야 한다. 이러한 인재로 구성된 조직은 다양성, 개방성, 유연성을 존중하고 장려하는 문화를 바탕으로 값싸고 빠른 실패(Fail Cheap and Fast)를 바탕으로 지속적인 성공을 만들어 나갈 수 있다. 그리고 왼손잡이 조직은 기존 조직의 단기 성과 위주의 평가보다는 장기간의 투자와 노력을 반영한 평가 시스템이 준비돼야 한다. 이러한 이유로 왼손잡이 조직은 기존 조직의 공격을 받기 쉬우며, 적절한 균형을 위해 경영진의 지속적인 관심과 후원이 반드시 필요하다.

그럼 실제로 양손잡이 조직을 어떻게 운영해야 하는지 양손잡이 조직을 통해 지속적인 성장을 이루고 있는 세계적인 기업 GE^{General Electric}의 사례를 살펴보자.

[사례] 양손잡이 조직의 고수, GE

GE는 전략적으로 중요한 사업에 대해서 효율과 혁신 두 마리 토끼를 잡기 위해 〈그림 10.10〉과 같이 양손잡이 조직을 운영한다. 조직의 효율적 운영을 위해 존속적 혁신의 방법론을 사용하고 또 다른 측면으로 혁신을 위해 파괴적 혁신의 방법론을 사용한다. 존속적 혁신을 위해서 '식스 시그마^{Six Sigma}' 방법론을 활용하며, 비즈니스의 혁신을 추구하는 조직에서는 '고객의 어려운 문제를 찾아서 니즈를 충족할 수 있는 최소한의 제품을 빠르게 만들어 내고 고객과의 대화를 통해 개선을 반복

한다'를 목표로 하는 '패스트웍스Fastworks' 방법론을 활용한다.

이처럼 GE에서는 존속적 혁신과 파괴적 혁신을 모두 추구하는 양손잡이 조직을 구성해 지속적인 성장을 이루고 있다.

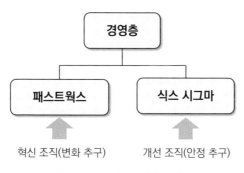

그림 10.10 GE의 양손잡이 조직

〔사람〕혁신가의 DNA

파괴적 혁신의 마지막 대응방안은 바로 사람이다. 클레이튼 크리스텐슨은 『이노베이터 DNA』(세종서적, 2012)에서 혁신을 위한 방법은 결국 사람에게 달렸다고 말한다. 스티브 잡스Steve Jobs, 제프 베조스Jeff Bezos 와 같은 혁신가들의 습관과 창의적인 사고의 근원을 연구한 결과 〈그림 10.11〉과 같이 문제의 본질을 발견해 내는 5가지 공통된 능력을 발견했다.

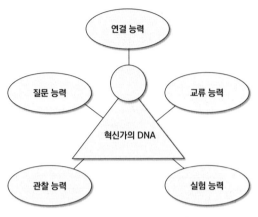

그림 10.11 혁신가의 5가지 능력

- 연결 능력^Associating: 연결 능력은 몰입과 관련해 설명할 수 있다. 항상 생각하고 고민하고 있는 것들을 기억해 어떤 현상이나 질문들을 만나면 연결해 생각하는 능력이다.

- 질문 능력^Questioning: 피터 드러커는 '정말 중요하고 힘든 일은 정답을 찾는 것이 아니라 올바른 질문을 찾는 과정'이라고 했다. 다시 말해, 올바른 질문을 찾는 일은 그만큼 어렵다는 의미다. 항상 '왜'라는 근본 원인을 확인하고 상반된 의견과 제약의 상황을 가정하며 하나의 생각에 매몰되지 않도록 유지해야 한다.

- 관찰과 실험 능력^Observing and Experimenting: 혁신가들은 항상 문제점들을 생각으로 그치지 않고, 관찰을 통해 문제점을 발견하고 실험을 통해 아이디어를 검증했다. 이런 과정들을 반복하면서 지속적으로 발전시켰다.

- 교류 능력^Networking: 자신의 생각과 실험 결과들을 묻어 두지 않고 공유를 통해서 더욱 발전시켜 나간다. 또 다른 사람들과의 공

유는 자신의 생각을 더욱 깊게 이해하고 발전시킬 수 있는 훌륭한 능력이다.

위의 5가지 능력으로 대표되는 '혁신가의 DNA^Innovator's DNA'는 파괴적 혁신을 위해 반드시 필요하다. 그리고 변화의 환경 속에서 그 본질을 이해하고 현재와 미래의 상황을 입체적으로 고려해 해답을 찾아야 한다. 또한 진정한 혁신가는 시대의 본질을 꿰뚫어 보며 분명한 철학을 바탕으로 안주하지 않고 꾸준히 노력한다. 이것이 바로 현재를 뛰어넘는 진정한 혁신가의 자질이다.

경영의 지혜

혁신의 목적과 대상

혁신, 혁신, 혁신! 기술과 경영뿐만 아니라 정치, 경제, 사회 등 분야를 막론하고 모두 혁신을 외친다. 뜨거운 사막에서 물을 찾듯이 모두 혁신에 목말라 있는 듯하다. 하지만 이렇게 간절하게 혁신을 찾지만 두 가지 근본적인 질문이 빠져 있는 경우를 본다. 하나는 '왜' 혁신을 하는가이고, 다른 하나는 '무엇'을 혁신하냐는 것이다.

먼저 혁신이 필요한 이유는 성장을 위해서다. 레드 퀸 효과^Red Queen Effect란 말이 있듯이 피나는 노력이 없으면 생존 자체도 힘든 시대다. 혁신은 이러한 시대에 성장을 위한 절박함의 몸부림이라 할 수 있다.

레드 퀸 효과: 소설『이상한 나라의 앨리스』 속편 격인『거울 나라의 앨리스』
에서 유래한 말이다. 앨리스가 아무리 빨리 달려도 제자리에 머물자 이상한 나
라의 여왕인 레드 퀸은 "이곳에서 제자리에 머물려면 최선을 다해 달려야 한
다. 어디든 다른 곳으로 가고 싶다면 그보다 두 배는 빨리 뛰어야 한다"고 말했
다. 주변 환경 자체가 변하기 때문에 제자리에만 머물려고 해도 상당한 노력이
필요하다는 의미다.

(출처: DBR 9호)

그다음은 혁신의 대상이 무엇이냐는 것이다. 제품인지 시장인지,
그리고 현재와 미래 관점에서 어떠한 영향이 있을지 고민해야 한다.

이 두 가지를 가장 잘 설명한 것이 앤소프 매트릭스^{Ansoff Matrix}다.
앞서 살펴본 마이클 포터의 전략이 경쟁전략의 교과서라면 앤소프 매
트릭스는 성장 전략의 교과서로 불린다. 앤소프 매트릭스는 〈그림
10.12〉와 같이 시장과 제품의 두 축을 기준으로 현재와 미래 사이에서
성장 전략을 고민하라고 말한다.

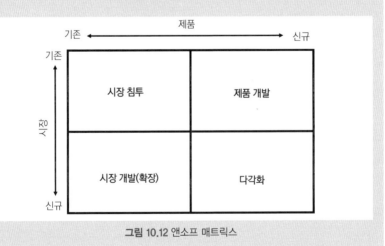

그림 10.12 앤소프 매트릭스

최기술 과장이 주장하는 새로운 이노체인지 서비스도 현재 시장과 새로운 시장에 대한 고민이 필요하다. 이노체인지 서비스가 획기적인 파괴적 혁신임에는 분명하지만 현재 대박은행의 큰 수익원인 수수료를 감소시키는 자기잠식 서비스인 만큼 시장확장의 효과가 기존 시장의 수익 감소를 상쇄하고 성장할 수 있을지 고민해야 한다. 현재의 상황을 무시한 파괴적 혁신은 자기 발등을 찍는 자해에 불과하다. 지금 이노체인지 프로젝트가 지연되고 있는 이유도 이처럼 딜레마에 빠졌기 때문이다. 현재의 자기잠식과 미래의 성장 사이의 딜레마를 극복할 수 있는 조화로운 파괴적 혁신 전략을 수립해 설득하는 것이 담보 상태에 빠진 프로젝트 문제를 해결하는 가장 효과적인 방법일 것이다.

탐험과 활용의 양손잡이 조직

관성의 법칙이 있다. 하지만 이는 물리학에서만 존재하는 법칙이 아니다. 사람의 본성에도 변화를 싫어하고 안주하고 싶은 관성의 법칙이 강하게 존재한다. 회사 조직도 마찬가지다. 새로운 변화가 일어나면 먼저 거부하게 된다. 그리고 혁신을 통해 새롭게 탈바꿈하려는 움직임이 있으면 강한 저항에 부딪힌다. 따라서 이를 극복하려면 양손잡이 조직을 통해 운영 조직과 신사업 조직을 분리해야 한다.

하지만 기억해야 할 점은 혁신은 형태가 다를 뿐 두 조직 모두에서 일어나야 한다는 사실이다. 신사업 조직에서 일어나는 혁신을 급진적 혁신Radical Innovation이라고 한다면 운영 조직에서 일어나는 혁신은 점진적 혁신Incremental Innovation이라고 할 수 있다. 이는 각각 탐험Exploration과 활용Exploitation 활동으로 볼 수 있는데 이 두 축을 기준으로 조직의 형태를 구분하면 〈그림 10.13〉과 같다.

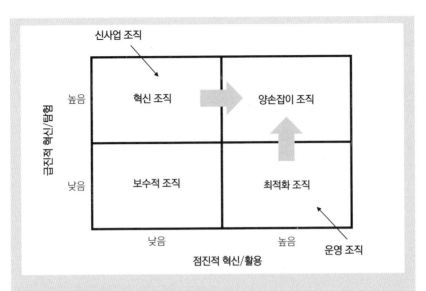

그림 10.13 혁신 유형별 조직의 형태(출처: integrative-innovation.net)

대박은행의 내부적인 저항을 극복하고 혁신적인 이노체인지 서비스를 순조롭게 진행하기 위해 양손잡이 조직 운영은 반드시 필요하다. 신사업 조직에서는 이노체인지 서비스를 통해 미래 성장에 대한 치열한 고민이 필요하고, 운영 조직에서는 효율적인 서비스 운영방안에 대한 끊임없는 노력이 필요하다. 이것이 진정한 양손잡이 조직이다.

이제 이노체인지 서비스가 자기잠식을 넘어 미래의 성장동력이 될 것이라는 전사적 공감대 형성과 함께 변화관리를 통해 신사업 조직과 운영 조직이 조화롭게 공존하는 방법에 대한 고민이 필요한 시점이다. 그렇지 않으면 외부의 경쟁자보다 더 무서운 내부의 적이 생겨 공멸할 수 있다.

양손잡이 조직은 신사업 조직으로 대변되는 혁신 조직과 운영 조직으로 대변되는 최적화 조직이 공존하지만, 성장이라는 동일한 목표를 향해 탐험이라는 급진적 혁신과 활용이라는 점진적 혁신이 함께 활발하게 일어나는 조직이라는 사실을 잊지 말자.

11장

개방형 혁신:
갈라파고스로부터의 탈출

대박은행은 그동안 오픈이 지연됐던 이노체인지를 기존 조직에서 분리하고 별도의 조직에서 추진하는 양손잡이 조직 형태로 진행하기로 결정했다. 현시점에서는 자기잠식에 대한 우려와 업계에 미칠 파장, 그리고 이노체인지 서비스의 차별화 전략이 부족해 추가적인 검토가 필요하다는 공감대가 형성돼 6개월 후에 수정 전략과 시장 상황을 보고 오픈 여부를 다시 논의하기로 잠정 결정한 것이다.

최기술 과장은 이번 기회를 통해 기존 조직에서 혁신이 얼마나 힘든지 실감했다. 또 양손잡이 조직의 필요성에 대해서도 깨닫게 됐다. 향후 이노체인지 서비스추진 팀의 리더로서 어떠한 방식으로 진행해야 지금의 혁신이 대박은행의 수익 잠식을 넘어 성장동력으로 기여할 수 있을지 고민이 깊어졌다. 이러한 고민을 거듭하다 보니 벌써 퇴근 시간이 넘어선 것도 잊고 있었다.

최기술   이크, 벌써 시간이 이렇게 됐네. 오늘은 한부장님 진급 턱이 있는 날인데….

최기술 과장은 부리나케 하던 일들을 마무리하고 한경영 부장과 약속한 회사 앞 식당으로 향했다. 다행히 나가던 길에 한경영 부장을 만나 함께 갈 수 있었다.

최기술   이노체인지는 결국 별도의 조직으로 분리해 진행하게 됐습니다.

가벼운 반주와 함께 저녁 식사를 하던 중 아쉬움이 가득한 목소리로 최기술 과장은 이노체인지에 대한 이야기를 꺼냈다.

최기술 그런데 막상 이러한 상황에 놓이다 보니 어떻게 해야 제대로 혁신할 수 있을지 걱정이 앞섭니다. 내부 운영 조직의 반발도 경험했고 혁신 프로젝트에 대한 경험도 없다 보니 사실 막막합니다. 그리고 서비스를 업그레이드하려면 충원도 필요한데 어떠한 방식으로 새로운 팀원을 모집하고 새로운 아이디어를 수집해야 할지….

한경영 최과장, 너무 걱정만 하는 것 아냐? 이노체인지 서비스의 혁신성을 인정받아 별도 조직으로 추진하게 된 건 정말 잘된 일이야. 그리고 최과장이 능력을 인정받아 리더로 무거운 중책을 맡게 된 것도. 부담은 크겠지만 축하할 일이지. 이번 경험을 통해 존속적 혁신과 파괴적 혁신의 교차에서 생기는 갈등과 해결방안에 대해 많이 배웠을 테니 잘 해내리라 믿어.

최기술 한부장님, 그런데 지금의 고민은 혁신 조직을 별도로 구성했으니 이제 다양한 아이디어나 의견을 수렴해야 하는데 아시다시피 내부적 반발도 만만치 않아 전사적 의견 취합은 쉽지 않은 상황이고 그렇다고 팀 내에서만 고민하자니 다양한 아이디어를 이끌어 내는 데 한계가 있을 것 같아 어떠한 방법으로 추진해야 혁신을 극대화할 수 있을까 고민스럽습니다.

한경영 고민이 많겠네. 그런데 최과장, 혁신을 꼭 내부 직원들만 해야 한다고 생각해? 요즘 고객들은 내부 직원들보다 더 많은 아이디어를 갖고 있는 경우도 많아. 그리고 결국 고객을 위한 서비스니 고객의 의견을 직접 듣고 그들을 혁신에 참여시킬 수 있다면 내부에서 미처 생각하지 못한 더 참신하고 혁신적인 아이디어를 얻을 수 있지 않을까?

최기술 좋은 생각인데요. 고객을 혁신 과정에 참여시킬 수 있다면 고객의 의견을 직접 들을 수도 있고 내부 인원의 충원도 해결할 수 있으니 일석이조의 효과를 볼 수 있을 것 같네요. 내부에서 공모전을 했듯이 이번에는 외부 공모전을 추진하면 어떨까요?

한경영 그것도 하나의 방법일 수 있겠지. 이제 내부 연구 과제로만 혁신하던 시대는 지났어. 외부의 자원도 적극 활용해야 하는 시대가 됐어. 이를 위해서 먼저 내부와 외부의 경계를 허물어야 해. 그런 다음 고객의 적극적인 참여와 열정을 이끌어 내 '고객을 조직원화'하는 노력이 필요하지. 이러한 방식의 혁신을 개방형 혁신Open Innovation이라고 해. 최과장도 이 기회에 개방형 혁신 전략으로 이노체인지 서비스의 업그레이드를 추진하면 좋을 듯한데, 어떻게 생각하나?

최기술 좋은 의견인 것 같습니다. 그런데 고객을 혁신에 참여시킨다는 게 생각처럼 쉽지 않을 것 같은데 개방형 혁신을 추진하기 위해서는 어떻게 해야 하나요?

한경영 개방형 혁신은 괜찮은 아이디어지만 국내에서는 알려진 사례가 많지 않아. 그만큼 쉽지 않다는 반증이기도 하지. 최과장이 이번 기회에 폐쇄형 혁신과 개방형 혁신의 차이점을 비롯해 개방형 혁신의 필요성과 성공 전략을 연구해 보면 좋을 것 같은데. 그런 다음 개방형 혁신 전략을 이노체인지 서비스에 적용하면 대박은행에 좋은 선례가 될 수 있을 것 같아.

최기술 네, 한부장님. 부장님 말씀을 들으니 이제 조금 길이 보이는 것 같은데요. 개방형 혁신에 대해 좀 더 심도 있게 검토해 봐야겠습니다. 매번 좋은 말씀 감사합니다.

한경영 나야말로 최과장 때문에 많이 배우는걸. 개방형 혁신을 통한 이노체인지 서비스의 성공적인 업그레이드 기대할게.

오가는 술잔과 함께 이노체인지에 대한 대화는 그렇게 마무리됐다.

기술의 고민

양손잡이 조직의 필요성을 인정하고 이노체인지 서비스를 별도의 혁신 조직으로 추진하게 된 것은 큰 성과다. 하지만 내부의 적지 않은 저항과 반발을 경험한 최기술 과장은 향후 추진방안에 대한 고민이 컸고 이를 해결할 수 있는 방안으로 한경영 부장은 개방형 혁신을 제안했다.

개방형 혁신(Open Innovation)이란 연구개발의 전 과정을 한 기업이 모두 소유, 운영하는 기존의 폐쇄형 혁신(Closed Innovation)과 달리 기업이 필요로 하는 기술과 아이디어를 외부에서 조달하고 내부 자원을 외부와 공유하면서 새로운 제품이나 서비스를 만들어 내는 혁신을 의미한다.

특히 최근에는 경영 환경이 복잡해지고 산업 간 구분이나 경계가 희미해지면서 외부 아이디어와 기술을 적절히 활용해야 할 필요성이 커지고 있다. 하지만 개방형 혁신이 만병통치약은 아니다. 따라서 개방형 혁신의 경우 그 의미와 목적에 대한 이해가 무엇보다 중요하다. 그럼 다음 질문을 통해 개방형 혁신의 올바른 방향과 효과적인 전략 등에 대해 입체적으로 알아보자.

- 혁신은 내부에만 있을까?
- 개방형 혁신이란 무엇일까?
- 개방형 혁신의 성공조건은 무엇일까?

11.1 혁신은 내부에만 있을까?

경계의 소멸

현대를 흔히 '글로벌 시대'라고 한다. 이는 조직, 기업, 국가 간의 경계를 넘어선 경쟁과 협업이 필요한 시대라는 의미다. 조직 간의 소통 없이 성과를 낼 수 있는 업무는 더 이상 존재하지 않으며, 생존을 위한 기업 간의 협업은 필수가 됐고, 국경을 넘어선 초국가적 경쟁은 이제 당연한 현실로 받아들여진다. 그리고 이러한 변화는 다음과 같은 3가지 경계의 소멸에서부터 시작됐다.

첫째, 정보의 경계가 소멸됐다. 과거 정보는 특정 기업이나 전문가의 소유였다. 하지만 인터넷의 등장과 네트워크 기술의 비약적인 발전으로 정보의 독점은 무너진 반면 정보의 공유는 더욱 활발해졌다. 이에 따라 정보의 진입장벽은 사실상 붕괴됐다. 원한다면 누구나, 언제든지 정보를 구하고, 활용하고, 공유할 수 있는 시대가 된 것이다.

둘째, 역할의 경계가 소멸됐다. 기업은 생산하고 소비자는 사용만 하던 전통적 역할은 무너졌다. 정보의 경계가 무너짐에 따라 내부 직원보다 기업의 제품을 더 잘 이해하고 분석하는 외부 사용자가 생겨났다. 또한 정보의 공유가 쉬워짐에 따라 제품의 문제를 소비자들이 모여 직접 해결하는 커뮤니티도 탄생했다. 소비자가 '소비의 주체'를 넘어 기업경영에 영향을 미치는 '참여의 주체'가 된 것이다. 이처럼 생산자와 소비자의 경계는 재정립이 필요한 상황이다.

셋째, 프로세스의 경계가 소멸됐다. 정보와 역할의 변화는 결국 프로세스의 경계도 허물었다. 과거 연구개발R&D은 기업의 전유물이었다. 하지만 직원을 능가하는 소비자의 등장으로 외부의 의견을 제품의 개선 프로세스에 적극적으로 반영하는 기업이 늘어났다. 또한 새로운 아이디어로 무장한 기업들이 전 세계적으로 하루가 다르게 혁신적인 기술을 쏟아내는 현실에서 내부의 연구인력만으로 이러한 급격한 변화에 대응하기란 불가능하다. 따라서 기업의 연구개발 프로세스를 외부와 함께 진행하는 시대를 맞이하게 됐다.

이처럼 경계가 소멸된 근본적인 이유는 기업이 지금 당면한 문제를 한 가지 방법으로 해결할 수 없는 복잡한 상황에 처했기 때문이다. 이를 타개하기 위해서는 문제 중심적 사고가 필요하다. 다시 말해, 문제를 중심에 두고 정보, 역할, 프로세스 등의 경계를 허물고 협력해야 한다. 컨버전스도 이러한 시대의 요구에 따라 탄생했다. 더 이상 외부와의 소통 없이 홀로 생존할 수 있는 기업은 없다. 이제 남은 선택은 '개방이냐 아니냐'가 아니라 '어떻게 개방할 것인가'이다.

폐쇄적 선순환 구조의 붕괴

과거 기업에서 추진했던 기술 혁신 프로세스는 〈그림 11.1〉과 같다. 먼저 기술 혁신을 통해 신제품을 만들거나 기능을 개선한다. 그러면 이는 매출과 수익의 증가로 이어진다. 그런 다음 수익의 일부를 연구개발에 다시 투자해 또 다른 기술 혁신을 이룬다.

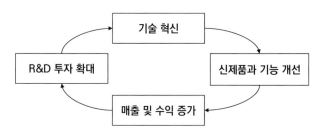

그림 11.1 폐쇄형 혁신에서 추구하는 선순환 구조

하지만 이러한 폐쇄적 선순환 구조는 〈그림 11.2〉와 같이 붕괴됐다. 대학과 각종 연구/교육 기관, 그리고 혁신 기업을 통한 지식 확산이 이루어졌으며, 지식원천에 대한 검색 비용Search Cost과 기술이전에 따른 거래 비용Transaction Cost은 급격하게 줄어들었다. 또한 연구개발 핵심인력들의 이동은 쉬워진 반면 고급 연구개발 인력의 고용과 확보는 더 어려워졌다. 이에 더해 기술을 사업으로 연결하는 벤처캐피탈Venture Capital은 급격하게 증가했다. 이뿐만 아니라 제품이나 서비스의 상품화 기간과 제품수명주기Product Life Cycle는 단축됐고 소비자의 지식 수준과 역량은 놀라울 정도로 높아졌으며 이에 따라 공급자와 소비자 간의 상호 교류의 기회도 늘어났다. 무엇보다 국경을 넘어선 무한경쟁 시대에 요소기술의 적기 확보는 중요한 문제가 됐다. 이처럼 폐쇄적 선순환 구조는 붕괴됐다.

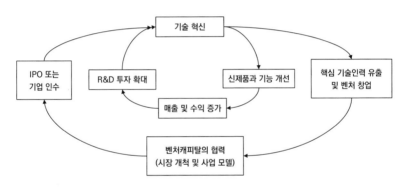

그림 11.2 폐쇄적 선순환 구조의 붕괴

MEMO

거래 비용(Transaction Cost, Friction Cost, Interaction Cost): 각종 거래에 수반되는 비용을 말한다. 거래 전에 필요한 협상, 정보의 수집과 처리는 물론 계약이 준수되는가를 감시하는 데에 드는 비용 등이 이에 해당된다. 또한 처음 계약이 불완전해서 재계약할 때 드는 비용도 포함된다. 시장이 발전할수록 경제활동에서 차지하는 비율이 증가하는데, 이를 줄이는 것이 기업의 중요한 목표다.

(출처: 네이버 지식백과)

이는 결론적으로 혁신경제 모델의 변화를 가져왔다. 치열한 경쟁 속에 모방은 쉬워진 반면 기술혁신 비용은 증가했다. 연구개발의 투자 효율성은 중요한 문제가 됐으며 기술확보는 더 어려워졌다. 그리고 제품수명주기의 단축으로 수익성이 악화돼 다양한 수익원천 발굴이 필요해졌다. 또한 다양한 외부 전문가 그룹과 벤처기업이 생겨나 기술혁신의 원천이 외부에서 생겨나기 시작했으며 글로벌 네트워크 구축에 따른 외부기술에 대한 검색은 쉬워졌고 기술의 흐름과 거래를 촉진하는 인프라와 플랫폼이 형성됐다.

이러한 시대적 변화에 따라 연구개발의 전 과정을 기업이 소유하고 운영하는 기존의 폐쇄형 혁신에서 벗어나 가치가 있는 기술이 외부에 있더라도 적극적으로 활용하고 이를 제품에 연계할 때도 필요하다면 외부의 아이디어와 인력을 활용하게 됐다. 이를 폐쇄형 혁신과 대비되는 개념으로 개방형 혁신Open Innovation이라 한다.

그럼 개방형 혁신이란 구체적으로 무엇인지 자세히 알아보기로 하자.

MEMO

개방형 혁신 개념은 미국 UC 버클리 대학의 헨리 체스브로(Henry W. Chesbrough) 교수가 2003년 그의 책 『오픈 이노베이션』(은행나무, 2009)을 통해 개방형 혁신을 기업 혁신의 새로운 패러다임으로 주창하며 세상의 관심을 받기 시작했다.

11.2 개방형 혁신이란 무엇일까?

개방형 혁신의 등장

개방형 혁신은 기업이 연구, 개발, 상업화에 이르는 일련의 혁신 과정을 개방해 외부 자원을 활용함으로써 혁신 비용을 줄이고 성공 가능성을 제고하며 부가가치 창출을 극대화하는 기업 혁신의 방법론을 말한다.

연구, 개발, 상업화의 과정이 단일 기업 내에서 모두 이루어지는 방식을 폐쇄형 혁신이라고 한다면, 개방형 혁신은 각 단계마다 기업 내부와 외부 사이의 지식 교류가 원활하게 이뤄져 외부의 기술이 기업 내부로 도입되거나, 그 반대로 기업 내부의 기술이 외부의 다른 경로를 통해 상업화되는 방식들을 모두 포괄한다.

과거 폐쇄형 혁신에서는 '지식재산권 보호 → 경쟁자 진입장벽 → 수익창출 → 재투자'의 선순환 구조를 구축하며, 제한된 아이디어를 상용화하고 지식재산권으로 보호하는 데 힘썼다. 하지만 지식 근로자의 등장과 인력의 유동성 증가, 벤처캐피탈 등의 출현으로 사내 벤처 등과 같은 상업화 방식, 기술/설계 아키텍처, 유통망, 브랜드 보유 등이 중요한 경쟁요소가 됐다.

따라서 외부와의 단절된 내부 연구개발 중심의 기업은 설 자리가 점차 줄어들었고 기업과 외부와의 경계는 점차 희미해졌다. 이에 따라 내부 연구 인력들의 역량에만 의존해 업계에서 가장 많고 가장 뛰어난 아이디어를 낸다면, 그리고 기술혁신의 성과를 최초로 제품화하기만 한다면 성공할 수 있다는 믿음은 사라지게 됐다. 이처럼 폐쇄형 혁신은 무너지고 개방형 혁신으로의 전환이 기업활동의 여러 측면에서 변화를 가져왔는데, 이를 정리하면 〈표 11.1〉과 같다.

표 11.1 폐쇄형 혁신과 개방형 혁신에서의 기업활동(출처: 김석관, 기술경영경제학회)

구분	폐쇄형 혁신	개방형 혁신
개념도		
조직문화	• 외부기술 수용에 보수적(Not Invented Here) • 자체 수행 선호	• 외부기술 수용에 적극적(Best from anywhere) • 협업 수행 선호
핵심역량	• 수직통합된 제품 개발 역량 • 우수 인재 확보	• 핵심역량의 세분화와 집중 • 협력 파트너 탐색 및 관리 능력
시장전략	• 선도자 전략(First Mover Advantage): 시장 선점 후 지배	• 시장 선점은 필요조건도, 충분조건도 아님 • 비즈니스 모델이 중요
R&D의 역할	• 연구, 개발 과정의 주도적 수행 • 원천 기술의 창출	• 외부 지식의 탐색 및 중개 • 내부 연구를 통한 흡수 역량 강화
IP전략	• 방어적: 지식재산의 침해 방지에 초점 • 휴면 특허의 사장	• 공격적: 비즈니스 모델에 따라 매도/매수 • 휴면 특허의 적극적 라이선싱
고객의 역할	• 수동적 수용자	• 능동적 평가자 및 공동 개발자 • 고객 네트워크 구축을 통한 시장 지배
공급 사슬	• 부품, 소재의 단순 공급자 • 주로 거래 관계	• 혁신의 성과/위험, 비즈니스 모델을 공유하는 파트너 • 공급 네트워크와 함께 혁신 생태계 구축

기존의 폐쇄형 혁신에서는 아이디어를 창출하는 연구개발 투자에서 고객에게 제품과 서비스를 제공하는 수익발생까지의 시간이 상당히 많이 소요됐다. 반면에 개방형 혁신에서는 이러한 선형모형을 재구축하고 새로운 수익모형을 제시하며 자사의 핵심기술을 명확히 정의

하고 비핵심 기술은 외부에서 조달하는 방식을 강조한다.

하지만 개방형 혁신은 매우 급진적인 주장이다. 일반적인 연구개발 조직은 직접 개발하지 않은 기술이나 연구 성과에 대해 매우 배타적인 성향을 보이며 폐쇄형 혁신의 관점에서 기업의 경쟁력을 좌우하는 핵심 기술을 외부와 협업해 진행한다는 사실은 상상조차 힘들었다.

그럼 어떻게 개방형 혁신을 추진해야 하는지 개방형 혁신의 유형을 통해 구체적으로 알아보자.

개방형 혁신의 유형

개방형 혁신은 일반적으로 다음과 같이 내향형과 외향형으로 구분한다.

- 내향형 개방Outside-in: 외부의 기술이나 아이디어를 도입하는 경우를 말하며, 안으로 열린 개방형 혁신In-bound Open Innovation이라고도 한다.
- 외향형 개방Inside-out: 기업 내부의 기술을 외부의 다른 경로를 통해 상업화하는 경우를 말하며, 밖으로 열린 개방형 혁신Out-bound Open Innovation이라고도 한다.

내향형과 외향형 개방에 속하는 구체적인 혁신활동은 〈표 11.2〉와 같다.

표 11.2 개방형 혁신의 유형(출처: 김석관, 기술경영경제학회)

유형		내용	비고
내향형 개방	기술 구매	금전적 계약을 통해 외부의 기술을 구매	특허권 라이선싱이 대표적
	공동 연구	외부 기관(주로 대학)과 공동으로 기술 개발 프로젝트를 추진	보통 지식재산권의 공유를 수반
	연구 계약 (위탁연구)	특정 요소기술 확보나 시험평가를 위해 외부 기관에 연구용역을 의뢰	지식재산권의 공유는 없으며, 신약 개발에서 CRO가 대표적
	장기 지원 협약	대학 등과 연구 성과 사용에 관한 협약을 맺고 대규모 연구비를 일괄 지원	보통 발생하는 특허의 지분이나 우선 실시권을 기업이 얻는 조건
	합작 벤처 설립	타사와 공동으로 벤처기업을 설립하고 특정 기술의 사업화를 추진	합작 벤처는 제품 개발 완료 후 매각/인수를 통해 소멸되기도 함
	벤처 투자	신기술 탐색이나 우선 실시권 확보를 위해 벤처기업에 지분을 투자	다른 벤처캐피탈과 협력하거나 직접 벤처캐피탈을 설립
	기업 인수	유망 기술의 도입을 위해 기술을 보유한 기업(주로 벤처)을 인수	시스코, 파이자 등이 이 방식을 자주 사용하는 대표적 기업
	해결책 공모	기술적 문제를 인터넷 등을 통해 전문가들에게 공개하고 해결책을 공모	NineSigma 등 전문 사이트 활용
	사용자 혁신	사용자에게 개발 툴을 제공하거나 사용자의 피드백을 받아서 신제품 개발	의료기기, 게임, 완구 등이 대표적
	집단지성 활용	다수 전문가들의 자발적 참여를 통해 하나의 기술에 대한 지속적 개선 추구	기술의 사적 소유권을 불인정, 오픈소스 S/W가 대표적
외향형 개방	기술 판매	자사의 기술을 판매해 타사의 비즈니스 모델을 통해 사업화를 모색하고, 로열티 수입을 통해 수익창출을 극대화	기업 내에 사장된 휴면 특허를 파는 경우도 있지만, 처음부터 기술 판매를 목적으로 기술개발을 하는 경우도 있음
	분사화 (Spin-Off)	자사의 현재 비즈니스 모델로는 사업화가 어려운 기술에 대해 벤처기업을 설립해 새로운 비즈니스 모델로 사업화를 추진	미활용 기술의 사업화, 사업 다각화 모색, 신성장동력 사업 창출 등이 목적

MEMO

CRO(Contract Research Organization): 위탁연구기관 혹은 임상시험수탁기관이라고 하며, 신약, 세포치료제 또는 의료기기를 개발하는 과정에서 양자 간혹은 다자 간 계약을 통해 제약-바이오 산업계(고객)에 다양한 서비스를 제공하는 회사를 일컫는다.

실제 기업의 혁신활동에서는 두 가지 이상의 개방형 혁신활동이 연쇄적으로 일어나는 경우가 많다. 예컨대 합작 벤처를 설립하고 공동 연구를 수행한 후 그 결과가 유망하다고 판단될 경우 기술 판매를 통해 수익을 거둘 수 있다. 또한 대학에 연구소를 세운 후 장기 지원 협약을 맺은 다음 연구 성과가 나오면 후속 공동 연구를 추진할 수도 있다.

그럼 지금부터 개방형 혁신이 어떠한 프로세스를 거쳐 이루어지는지 경영활동의 단계를 기준으로 생각해 보자.

개방형 혁신의 프로세스

개방형 혁신은 '아이디어 창출 → 연구 → 개발 → 생산 → 판매'까지 기업활동의 모든 단계에서 실행할 수 있다. 내향형과 외향형 유형으로 구분해 각 단계별로 일어나는 활동을 살펴보면 〈그림 11.3〉과 같다.

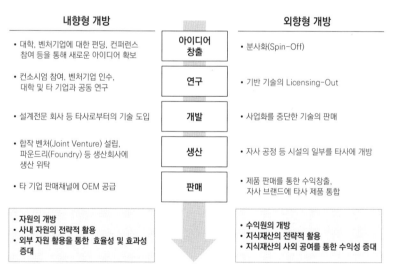

그림 11.3 개방형 혁신 프로세스(출처: 배종태, 카이스트 경영대학)

내향형 개방은 사내외 자원의 전략적 활용을 위해 자원을 개방한 경우로, 외부 자원의 활용을 통한 효율성과 효과성 증대를 목표로 한다. 따라서 내향형 개방은 기술획득을 위한 개방형 혁신 프로세스라 할 수 있다. 반면에 외향형 개방은 지식재산의 전략적 활용을 위해 수익원을 개방한 경우로, 지식재산의 사외 공여를 통한 수익원 증대를 목표로 한다. 따라서 기술활용을 위한 개방형 혁신 프로세스라 할 수 있다.

개방형 혁신의 경제 모델

개방형 혁신에 관심을 갖는 가장 큰 이유는 기술개발 비용은 증가하는 반면 제품수명주기는 줄어들어서 혁신의 수익성이 악화되고 지속 가능한 혁신 사이클이 위협받기 때문이다. 기술개발 비용의 증가는 모든 분야의 공통적인 현상이다. 이에 비해 제품수명주기는 계속 짧아져서 기업이 혁신에 성공하고 시장에서 지배적인 제품으로 자리 잡더라도 혁신의 성과를 독점할 수 있는 기간이 점점 단축되고 있다

　기술개발 비용의 증가와 제품수명주기의 단축은 '혁신 → 수익 창출 → 기술개발 투자 → 혁신'으로 이어지는 기존 혁신 사이클의 지속가능성을 위협하고 있다. 이러한 상황을 타개하기 위해서는 현재의 혁신 모델에서 비용은 줄이고 더 많은 수익을 창출하는 새로운 혁신 모델을 찾아야만 한다.

　이러한 상황을 요약하면 〈그림 11.4〉와 같다. 그림에서 두 번째 모델이 현재의 어려운 상황이라면, 세 번째의 개방형 혁신 모델을 통해 현재의 문제를 해결할 수 있다. 외부 자원을 활용해 혁신의 비용을 절감하고, 다양한 방식의 기술 사업화를 통해 수익은 극대화하는 개방형 혁신을 채택해 기업 혁신 사이클의 지속방안을 수립해야 한다.

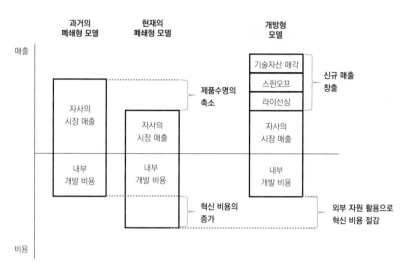

그림 11.4 폐쇄형 혁신과 개방형 혁신에서의 매출-비용구조(출처: 체스브로)

11.3 개방형 혁신의 성공조건은 무엇일까?

개방형 혁신 전략

개방형 혁신 전략 자체는 기존 혁신 전략의 한계를 극복하는 돌파구가 될 수 있지만 이를 성공적으로 수행할 수 있는지의 여부는 완전히 다른 문제다. 따라서 〈그림 11.5〉와 같이 체스브로가 제안한 개방형 혁신의 7가지 성공요소는 중요한 시사점을 제공한다.

그림 11.5 개방형 혁신의 7가지 성공요소

개방형 혁신의 7가지 성공요소를 구체적으로 살펴보면 다음과 같다.

첫째, 핵심성공요인을 먼저 정의해야 한다. 개방형 혁신 전략을 취할 때는 비즈니스 핵심성공요인을 지켜야 한다. 자신의 비즈니스에서 가장 핵심적인 요소를 놓쳐서는 안 된다. 비즈니스의 개방 범위를 핵심역량까지 확장되지 않도록 핵심을 잘 알고 있어야 하고, 개방의 범위도 조절해야 한다.

둘째, 양손잡이형 혁신 전략을 수행해야 한다. 기업의 혁신 전략을 성공하기 위해서 한쪽으로는 내부 혁신활동을 다른 한쪽으로는 외부 혁신활동을 병행해야 한다.

셋째, 과거의 성공은 빨리 잊어야 한다. 혁신 기업이 흔히 빠지기 쉬운 함정이 '경쟁력의 함정Competency Trap'이다. 과거의 성공을 일궈 낸 전략이나 경험에 사로잡혀 급변하는 시장의 요구에 부응하지 못하면 몰락한다.

넷째, 개방적 사고Open Mind가 필요하다. 외부 환경에 대해 민감하게 반응하고 다양한 시장의 의견을 보고 듣고 객관적으로 결정할 수 있는 열린 자세가 필요하다. 이를 위해 조직원들은 외부의 아이디어나 지식, 기술 등을 거부하는 NIHNot Invented Here 신드롬과 내부의 아이디어를 외부의 힘을 빌려 사업화하는 것을 거부하는 NSTNot Sold There 신드롬을 극복해야 한다.

다섯째, 광범위한 네트워크 구축이 필요하다. Know-Where 시대에 글로벌 리서치 환경은 필수다. 이를 위해 사내 전문가 그룹을 양성해 체계적인 연구개발과 함께 열린 네트워크 환경을 구축하는 것도 좋은 방법이다.

여섯째, 기술의 선택, 선발, 평가하는 역량을 길러야 한다. 외부 기술을 평가하고 분석하는 전문가 그룹을 육성해 내부적인 선별 프로세스를 확보해야 한다. 외부의 다양한 기술이 실현 가능한지, 시장성은 있는지, 기존 기술과의 조화는 어떠한지와 같은 다양한 문제에 대처할 수 있는 내부 역량을 갖춰야 진정한 개방의 효과를 얻을 수 있다.

일곱째, 전사적 공감대가 필요하다. 전사적인 구현 시스템과 평가 방식 등의 공감대와 함께 전사적인 기술탐색 활동Technology Sourcing, Gatekeeping 강화도 이뤄져야 한다.

개방형 혁신 사례

지금부터는 개방형 혁신의 대표적인 사례를 통해 그 의미에 대해 깊게 생각해 보기로 하자. 첫 번째 사례는 임직원의 집단지성을 활용해 개방형 혁신을 시도한 삼성전자의 '모자이크'며, 두 번째 사례는 외부 사용자의 집단지성을 활용한 LG전자의 '아이디어 LG' 공모전이다. 마지막으로 세 번째는 소비자를 혁신의 동반자로 만들어 위기를 기회로 바꾼 레고의 '사용자 혁신User Innovation' 사례다. 그럼 각 사례별로 하나씩 살펴보자.

[사례1] 삼성전자의 모자이크

'모자이크MOSAIC'는 삼성전자의 사내 집단지성 플랫폼으로 임직원들의 창의적 아이디어 제안을 활성화하고 집단 지성을 통해 아이디어가 창조적 성과로 이어지게 하는 시스템이다. 모자이크는 소비자의 아이디어를 바탕으로 제품을 만들어 팔고, 매출의 일부는 아이디어를 낸 사람과 심사위원에게 나눠주는 서비스인 쿼키Quirky 모델에서 영감을 받아 탄생했으며, 2014년 6월부터 본격적인 운영을 시작했다. 도입 후 1년 만에 방문 횟수 총 5,700만 번, 하루 평균 삼성전자 직원 약 5만 7,000여 명 방문, 댓글 포함 아이디어 제안 210여만 건이라는 성과를 거뒀다. 삼성전자가 20년간 써온 문서작성 프로그램 '훈민정음'을 포기하게 된 계기도 협업을 위해 훈민정음을 대체할 업무 프로세스를 만들자는 모자이크의 제안에서 시작됐다. 또한 1년간 모자이크에서 나온 출원 특허만 약 70건, 사업화로 이어지고 있는 아이디어는 100여 건에 이른다.

모자이크는 창의적이고 기발한 아이디어를 공유할 수 있는 코너, 업무 현안을 해결하기 위해 토론하고 사내 전문가의 도움을 받을 수 있는 코너, 공통의 관심사를 가진 임직원들 간의 온/오프라인 모임을 지원하는 코너 등으로 구성돼 있다. 모자이크에 등록된 아이디어는 임직원들의 평가를 거쳐 실현 가능성이 있다고 판단되면 삼성전자의 'C-LabCreative Lab' 제도를 통해 지원한다. C-Lab 제도란 삼성전자가 창조적 조직문화를 구축하고 임직원들의 창조 역량을 키우기 위해 아이디어를 가진 임직원들에게 독립된 근무 공간, 자율적 근태, 성과에 대한 파격적 보상을 실시하고 건설적 실패를 용인하고 배려하는 제도를 말한다.

모자이크의 가능성을 확인한 삼성전자는 모자이크의 적용 범위를 해외 임직원까지 확대할 계획이며 모자이크를 통해 임직원의 상상력과 아이디어를 모아 더 많은 집단지성을 실무에 적용할 수 있도록 창의적 문화 조성과 제도 개선에 힘쓰고 있다.

[사례2] LG전자의 아이디어 LG
LG전자는 〈그림 11.6〉과 같이 2014년 7월 거액의 보상금을 내걸고 일반인의 아이디어를 모아 신제품을 개발한다는 '아이디어 LG' 제도를 발표했다. 이는 그동안 한국 대기업이 선보인 바 없는 파격적인 아이디어 공모 방식이었다. 아이디어 LG 사이트idealg.co.kr를 통해 일반인도 아이디어를 제안할 수 있고, 다른 사람의 아이디어도 평가할 수 있는 대중과의 '열린 협력'을 시도한 것이다.

그림 11.6 아이디어 LG 사이트(출처: idealg.co.kr)

제품 매출액의 4%를 초기 아이디어 제공자에게 지급하고, 다른 4%는 아이디어 평가 및 제품 개발 과정에 참여한 이들에게 나누어 지급한다. 따라서 제품 개발에 참여한 사람들이 최대 매출의 8%를 나눠 가질 수 있다. 또한 아이디어 LG에 제출한 기획안이라도 제품을 완성해 출시하지 못할 경우, LG전자는 일체의 권리를 주장하지 않는다. 따라서 최초 제안자가 같은 아이디어를 갖고 스스로 회사를 차려 제품을 만들거나, 다른 회사에서 제품을 만들 수 있다.

제안된 아이디어는 〈그림 11.7〉과 같이 예선, 본선, 결선 평가를 거쳐 제품화된다. 1차 아이디어 등록기간(2014.7.14 ~ 8.14) 동안 6,400여 개의 아이디어가 접수됐으며 평가 과정을 거쳐 주변 소리를 감지해 위험한 상황에서 자동으로 음량을 줄이는 '스마트 이어폰'과 충전기 코드와 USB 단자가 탑재된 '휴대용 스마트폰 충전 케이스'가 선정됐다.

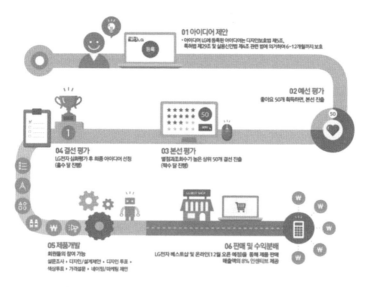

그림 11.7 아이디어 LG의 제품화 프로세스(출처: idealog.co.kr)

LG는 '아이디어 LG' 외에도 〈표 11.3〉과 같이 그룹 차원에서 임직원을 대상으로 제안한 아이디어 가운데 매월 우수작을 선정하고 임직원들의 다양한 보완 의견을 받아 사업하는 '컨슈머 초이스'라는 혁신 활동과 사내 벤처 형태의 상품 개발 프로그램인 '퓨처 챌린저'도 도입했다.

표 11.3 LG 그룹의 혁신 아이디어 발굴 창구(출처: 한국경제)

사업명	대상	내용
컨슈머 초이스 (Consumer Choice)	그룹 임직원	• 매월 우수 아이디어 선정, 임직원끼리 집단지성으로 사업 아이디어 보완 • 2013년 10월 이후 2014년 7월까지 아이디어 제안 4,800여 건
퓨처 챌린저 (Future Challenger)	그룹 임직원	• 공모를 거쳐 사내 벤처 형식으로 운영 • 5~6명이 팀을 꾸려 시제품 개발 후 사업화 최종 결정 • 2014년 7월 당시 100여 건 공모 아이디어 중 6건 시제품 개발
아이디어 LG (IDEA LG)	일반인	• 아이디어 제안, 평가, 제품화에 일반인 참여 • 참여 시 매출 4% 배분 • 개설 후 보름 새 4,600여 개 아이디어 접수

LG가 이처럼 다양한 개방형 아이디어 발굴제도를 시도하는 이유는 그만큼 새로운 아이디어에 목말랐기 때문이다. 경영진은 기존 사업 분야의 제품 개선을 넘어 새로운 시장의 개척을 위한 참신하고 획기적인 아이디어 발굴을 위해서는 기업 조직의 경계를 허물고 과감하게 외부의 아이디어를 받아들여야 하며, 시장 선도를 위해서는 외부에서도 혁신을 발굴하고 실행하는 조직문화를 만들어야 한다고 판단했기 때문이다.

[사례3] 레고의 사용자 혁신

레고는 신제품 개발에 선도 사용자Lead User와의 전략적 협업을 통해 개방형 혁신에 성공을 거둔 대표적인 회사다. 덴마크의 오래된 장난감 제조 업체인 레고LEGO사는 1998년에 소프트웨어와 전자제어 장치 등을 장착해 기존의 레고블록을 활용해 동작할 수 있도록 개발한 제품인 '마인드스톰Mindstorms'을 출시했다. 마인드스톰은 레고사의 역사상 가장 많은 판매고를 기록한 제품인데, 이 제품의 성공요인은 제품이 출시된 이후에 시작됐다.

스탠포드 대학원생이었던 프라우드풋Kekoa Proudfoot은 마인드스톰 출시 2주 후에 레고 사이트를 해킹해 마인드스톰의 전자제어 알고리즘을 공개했고, 레고는 출시 제품의 무분별한 변형에 따른 상품가치 하락을 우려해 법적 대응을 고려했다. 그러나 수개월간 진행되는 상황을 지켜본 결과 사용자들의 창의력은 제품의 경쟁력을 강화함으로써 시장을 확대하는 결과를 가져온다는 사실을 알게 됐다. 이에 따라 레고는 제품과 기술에 대한 회사의 철학을 바꿔 소비자들을 지원하며, 〈그림 11.8〉과 같은 마인드스톰 개발 소프트웨어의 라이선스에 해킹할 권리 Right to Hack까지 명기했다.

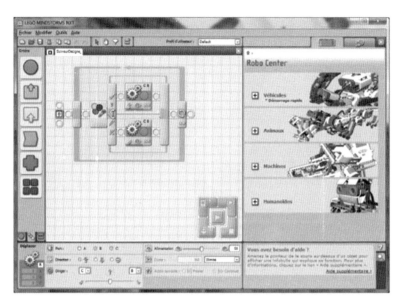

그림 11.8 레고 마인드스톰 개발 소프트웨어(출처: LEGO)

레고는 마인드스톰의 개방형 라이선스 정책에 머무르지 않고 2005년 레고 팩토리 세트를 개발할 때는 소비자들의 참여를 공식화했다. 〈그림 11.9〉와 같이 소비자들이 웹사이트에 자신들의 디자인을 올리고 다른 소비자들의 평가를 받아 제품을 출시하는 쿠우소오^{CUUSOO} 프로젝트를 시작한 것이다. 레고는 제품의 특성상 공학을 전공한 마니아 고객들이 많아 특정 분야에서 조직 내 구성원보다 훨씬 더 전문적인 역량을 지닌 소비자가 곳곳에 숨어 있었다. 건축가와 협력한 유명한 건축물 레고, 엔지니어와 협력한 로봇 레고, 디자이너와 협력한 주얼리 레고 등이 탄생할 수 있었던 이유다. 이렇게 전문 지식을 갖춘 소비자들은 회사에서 생각지도 못한 방향으로 제품을 발전시켰다. 또한 순매출액의 1%를 로열티로 받을 수 있도록 함으로써 매출 향상과 소비자 커뮤니티를 강화했다. 사용자 혁신을 제품 개발에 전략적으로 적용함으로써 고객의 충성도를 높였을 뿐 아니라 이들을 레고사 개발인력으로 활용하는 일석이조의 효과를 거뒀다.

그림 11.9 레고 쿠우소오 홈페이지(출처: LEGO)

개방형 혁신의 명암

이처럼 개방형 혁신은 피할 수 없는 대세임에 분명하다. 더 이상 고립돼서는 생존할 수 없다. 따라서 외부와의 끊임없는 소통은 경영의 상식으로 자리잡았다. 하지만 그럼에도 불구하고 선뜻 개방형 혁신을 받아들이는 기업은 많지 않다. 특히 우리나라에서 개방형 혁신은 더욱 어렵다. 앞서 우리나라를 대표하는 두 기업인 삼성전자의 '모자이크'와 LG전자의 '아이디어 LG' 사례를 살펴봤지만 삼성의 모자이크도 아직은 가능성의 확인 단계로 그 성공 여부는 더 지켜봐야 할 것으로 보이며, 아이디어 LG도 1년만에 종료하며 절반의 성공을 거뒀을 뿐이다.

사실 개방형 혁신은 중소기업보다 타 산업에서 개발된 기술을 활용하고 글로벌 네트워크가 잘 갖춰진 대기업에 유리한 방식이다. 따라서 우리나라도 삼성전자, LG전자, SKT, KT 등과 같은 대기업을 중심으로 개방형 혁신이 진행되고 있다. 하지만 우리나라에서 개방형 혁신의 성공 사례는 잘 보이지 않는다. 그 이유는 무엇일까? 그 이유를 정리하면 〈그림 11.10〉과 같이 크게 4가지로 요약할 수 있다.

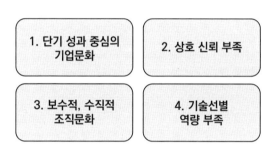

그림 11.10 우리나라에서 개방형 혁신이 어려운 이유

　첫 번째는 단기적 관점에 집중하는 기업문화에 있다. 우리나라 대부분 기업은 장기 성과보다는 단기 성과에 집중한다. 따라서 다양하고 넓게 연구하는 노력이 부족하고 효과보다는 효율에 역점을 두기 때문에 장기적인 시간과 노력이 필요한 개방형 혁신 사례가 많지 않다.

　두 번째는 우리나라의 상호신뢰부족 문화에 있다. 기술 유출을 우려해 협업을 꺼림으로써 Win-Win의 개방형 혁신구도를 설계하기 어렵다.

　세 번째는 보수적이고 수직적 관계에 익숙한 조직 기업문화와 내부 직원들의 강력한 저항에 따라 전사적 추진이 어려운 경우가 많기 때문이다. 따라서 외부 자원 활용을 꺼리고 기업가 정신Entrepreneurship

또한 부족한 것이 현실이다.

　네 번째는 일부 대기업을 제외한 대부분의 기업은 기술선별 역량이 부족해 외부의 기술 흐름을 심도 있게 파악하기 힘들고, 개방형 혁신을 위한 구조혁신이 미흡하다 보니 비즈니스 모델 혁신으로 이어지는 경우가 많지 않기 때문이다.

　지금까지 살펴봤듯이 개방형 혁신은 무한경쟁 시대의 '새로운 돌파구'가 될 수도 있지만 현실을 제대로 알지 못하는 '뜬구름 잡는' 얘기가 될 수도 있다. 하지만 분명한 점은 개방형 혁신의 흐름을 과소평가해서는 안 된다는 사실이다. 현재와 같이 빠르게 변하는 경영 환경에서 외부와의 단절은 곧 쇠퇴를 의미한다. 외부와의 신뢰를 바탕으로 '찾아오는 기술'이 될 수 있도록 끊임없이 소통해야 하는 이유다.

경영의 지혜

개방형 혁신과 협업 전략

경영의 본질이 함께 함에 있듯이 개방형 혁신의 본질은 협업에 있다. 외부의 소리에 귀 기울이고 내부의 아이디어를 외부에 공개하는 진정한 이유는 불확실성의 시대에 더 효율적인 협업 방법을 찾아 성과를 극대화하기 위함이다.

　이를 구체적으로 말하면 비용과 위험을 줄이기 위한 최적의 협업 전략을 찾는 것이 개방형 혁신의 시작이라고 할 수 있다. 따라서 개방형 혁신 추진 시 진입위험과 기회비용 관점에서 〈그림 11.11〉과 같은 협업 전략을 고민해야 한다.

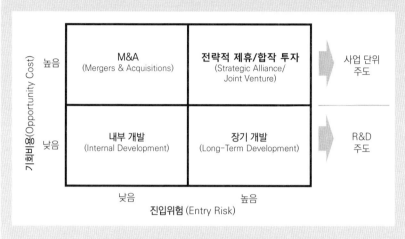

그림 11.11 기회비용과 진입위험에 따른 협업 전략

대박은행이 이노체인지 서비스를 양손잡이 조직으로 진행할 때 개방형 혁신을 추진하기로 결정했다면 그다음은 '어떻게' 협업할 것인지 고민해야 한다. 그리고 〈그림 11.11〉과 같이 진입위험과 기회비용을 기준으로 가장 적합한 방법이 무엇인지 찾아야 한다. 그러면 R&D 주도로 추진할 것인지 사업부 주도로 추진할 것인지도 결정할 수 있다.

협업 전략이 없는 개방형 혁신은 단순한 소통에 불과하며 오히려 이질적인 외부 조직과 상이한 문화 충돌로 인해 부작용만 발생하기 십상이다. 따라서 이노체인지 서비스를 추진할 때 일시적인 외부와의 소통을 통해 아이디어를 얻는 차원을 넘어 장기적인 관점에서 대박은행에 적합한 외부 자원(고객 및 기업)과의 협업 체계를 구축해 지속적인 혁신이 이뤄지도록 내부 프로세스 개선도 함께 추진해야 한다.

개방형 혁신과 비즈니스 모델

혁신 경영 방식도 시간에 따라 진화했다. 과거에는 혁신이라 함은 제품이나 기술의 혁신만 생각했다. 그리고 이러한 혁신은 일부 뛰어난 혁신가 몇 명이 이뤄 내는 작업이었다. 하지만 이제는 혁신의 범위가 서비스와 프로세스까지 확대됐다. 그리고 개인 차원에서 혁신가에 의존하는 것이 아니라 회사 차원에서 혁신을 추진하는 시대가 됐다.

이러한 관점에서 개방형 혁신이 중요한 이유는 〈그림 11.12〉와 같이 서비스와 제품을 넘어 외부 자원과의 협업을 통해 미래의 비즈니스 모델을 혁신하는 도구가 되기 때문이다.

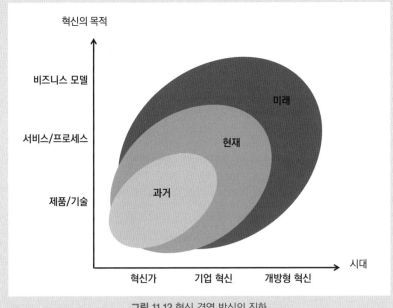

그림 11.12 혁신 경영 방식의 진화

이노체인지 서비스 오픈 후의 변화를 생각해 보자. 단순히 혁신적인 새로운 서비스를 제공하는 차원을 넘어 당장 환전 수수료 기반의 대박은행 비즈니스 모델 자체에 대한 변화가 불가피하게 된다. 이처럼 비즈니스 모델의 변화가 필요할 때 내부적인 한계를 뛰어넘는 혁신이 필요한 경우가 많다. 이때 개방형 혁신은 좋은 대안이 될 수 있다. 따라서 대박은행에서 개방형 혁신을 도입할 때 단순히 외부에서 아이디어를 얻기 위해서가 아니라 개방형 혁신을 도입했을 때 비즈니스 모델이 어떻게 변경될지에 대해 큰 그림을 그린 다음 접근할 필요가 있다. 예컨대 9장에서 살펴본 다양한 비즈니스 모델 분석 기법을 활용해 이노체인지 서비스가 가져올 비즈니스 모델의 변화 측면에서 개방형 혁신의 역할을 고민해 보면 많은 도움이 될 것이다.

12장

디자인 혁신:
인간 중심의 디자인 씽킹

최기술 과장은 기술과 경영의 사이에서 다양한 경험을 쌓으며 비로소 혁신 Innovation의 진정한 의미를 이해할 수 있게 됐다. 그리고 혁신의 주체는 결국 '사람'이라는 사실도 새삼 깨달았다. 또한 이해관계자들을 설득하고 동기를 부여하며 변화를 이끄는 혁신가Innovator의 역할이 얼마나 어려운지도 몸소 체험했다. 이 과정에서 많은 시행착오와 내부의 저항을 겪고 나니 앞으로 리더로서 혁신을 이끌어 내려면 무엇을 준비해야 하고 어떠한 순서로 추진해야 하는지 등에 대한 걱정으로 마음이 무거웠다.

과장이 된 이후로도 매번 도움을 요청하는 것이 죄송하긴 했지만, 그래도 조언을 얻을 수 있는 유일한 창구였던 한경영 부장의 도움이 필요한 시점이라고 느낀 최기술 과장은 미안한 마음으로 음료수를 하나 챙겨 한경영 부장을 찾아갔다.

최기술   부장님, 요즘 새로운 고민이 생겼습니다. 저는 혁신가일까요?

한경영   뜬금없이 무슨 말이야?

최기술   이노체인지 서비스를 개방형 혁신 방식으로 진행하면서 외부와 소통할 수 있는 사이트를 마련했습니다. 그리고 개방형 혁신을 위해 내부에서도 많은 변화관리 교육을 실시했구요. 그런데 기대와 달리 내/외부의 참여율은 모두 저조하고 사이트의 접속자 수 또한 매우 적습니다. 어떻게 해야 혁신의 바람을 일으키고 사이트도 활성화해 이노체인지 서비스에 반영할 수 있을까 고민해 봤는데 해답을 찾기 쉽지 않습니다.

한경영   최과장, 개방형 혁신의 본질이 사람이라고 이해를 했다면 이를 활성화하는 것 역시 성공의 열쇠는 사람에게 있겠지. 그 부분에 대해서도 고민을 했을 것 같은데, 어떻게 생각해?

최기술   네, 그 부분은 충분히 이해했습니다. 그런데 사람의 마음을 움직여 함께 혁신을 추진할 수 있도록 힘을 모으는 방법이 떠오르지 않습니다. 일단 필요성에 대한 공감대부터 형성돼야 할 것 같은데….

한경영   최과장, 지금이 '왜'에 대한 생각을 해 볼 차례인 것 같네. 고객의 입장에서 자네는 왜 이노체인지 서비스가 필요하지? 그리고 왜 사람들이 이노체인지 서비스를 사용해야 하지?

최기술   아하! '어떻게 이노체인지 서비스를 활성화할 것인가?'에 대한 질문을 '왜 이노체인지 서비스를 사용해야 하는가?'로 바꿔보라는 말씀이시죠? 음…일단 왜 이 서비스여야 하는가에 대한 본질적인 질문에 대한 답을 먼저 찾아야 할 것 같습니다.

한경영   그렇지. 고객, 즉 사용자의 관점에서 '왜'라는 이유를 다시 생각해보면 뭔가 다른 실마리를 찾을 수 있을 거야. 다양한 이벤트나 공모전도 그 방법 중에 하나겠지. 그런데 그 전에 필요한 것이 있어. 그것은 바로 '열망'이야. 최과장은 누구보다 이노체인지 서비스의 성공에 대한 열망이 강하지 않나?

최기술   그럼요, 부장님. 그런데 문제는 저뿐만 아니라 작게는 팀원, 많게는 전사적인 열망이 있어야 혁신이 성공적으로 이뤄진다는 사실입니다. 혁신은 전사적인 열망이 집결될 때 비로소 성공하는 것 같습니다.

한경영   맞아. 차이는 바로 거기서 발생하지. 본질적인 질문에 답을 찾는다는 것은 '왜'라는 질문의 답을 찾는 것과 같다고 볼 수 있어. 결국 '왜'라는 질문에 대한 해답을 찾는 사람이 혁신가고. 따라서 혁신가는 '왜'라는 답을 통해 사람들의 열망을 불러일으켜 혁신에 동참하게 하는 능력이 있는 사람이라고 할 수 있지.

한경영   그럼 이쯤에서 최과장이 처음 한 질문을 다시 해볼까? 최과장도 이제 통찰력이 생긴 것 같고 안목도 깊어진 것 같은데, 본인 스스로 혁신가라고 생각해? 최과장의 판단이 궁금한데?

최기술   아직 결론을 내리지는 못하겠습니다. 사람에 대한 이해가 혁신가의 가장 중요한 자질인 것 같은데, 그런 면에서 저는 아직 혁신가는 아닌 것 같습니다.

한경영   너무 겸손한 것 아니야? 물론 혁신가의 중요한 자질은 사람에 대한 이해에서 시작하지. 이를 통해 문제의 본질을 파악하고 문제의 올바른 해결방안을 도출할 수 있으니까.

최기술   사람에 대한 이해, 문제의 본질 파악, 문제의 해결방안 도출, 어느 하나 쉬워 보이는 주제는 없네요.

한경영   그렇지. 혁신이 그만큼 어렵다는 뜻이겠지. 그리고 한 가지 더 말하자면 최근 디자인 혁신Design Innovation이라는 얘기가 많이 나오고 있어. 최과장도 아마 들어봤을 거야. 그중 스탠포드 대학에서 혁신가 양성을 목표로 설립한 디자인 스쿨Design School, 일명, '디스쿨D-School'이 가장 유명하지. 그리고 이곳에서 혁신 프로세스를 가르치는데 이를 '디자인 씽킹Design Thinking'이라고 해. 아마 지금과 같은 고민을 하는 최과장이 알아두면 많은 도움이 될 것 같아. 참고로 디스쿨에서 말하는 디자인이란 흔히 생각하는 시각적인 디자인을 넘어 인간에게 유익하도록 만드는 모든 활동을 의미해. 그래서 디자인 씽킹은 인간 중심의 디자인Human-Centered Design을 강조하지.

최기술 과장은 한경영 부장의 얘기를 듣고 난 후 인간 중심의 사고가 어떠한 의미인지 고민해 봤다. 곰곰이 생각해 보니 경영활동의 시작은 결국 인간에 대한 이해로부터 시작된다는 사실을 새삼 깨달을 수 있었다. 그리고 최근 인문학에 대한 관심이 뜨거워지는 이유도 이와 다르지 않다고 생각했다. 그래서 이번 기회에 디자인 씽킹을 통해 혁신적인 아이디어는 어떠한 과정을 거쳐 나오는지 깨닫고 진정한 혁신가로 거듭나리라 다짐했다.

 기술의 고민

지금까지 다양한 혁신 방법에 대해 살펴봤다. 이제는 구체적인 혁신 프로세스에 대한 고민이 필요한 시기다. 그리고 혁신 과제를 이끄는 리더로서 최기술 과장도 혁신가로 거듭나야 함을 깨달았다. 이에 대해 한경영 부장의 조언은 혁신의 본질이 '왜'라는 질문과 인간에 대한 관심에 있다는 사실을 깨닫게 해줬으며, 혁신을 이끌어 내는 방법론으로 '디자인 씽킹'을 추천했다.

디자인 씽킹은 문제 발견(Problem Finding)과 문제 해결(Problem Solving) 프로세스의 반복이다. 문제 발견을 위해 공감과 문제 정의의 과정을 거치며, 문제 해결을 위해 아이디어, 프로토타입, 테스트 단계를 거친다.

12장에서는 다음 질문을 통해 디자인 씽킹의 철학과 프로세스를 자세히 알아보고, 혁신의 진정한 의미와 인간 중심의 혁신에 대해 깊게 살펴본다. 과연 혁신은 어떠한 과정을 통해 이루어지고 이를 위해서 무엇이 필요한지 하나씩 알아보자.

• 혁신의 본질은 어디에 있을까?
• 인간 중심의 혁신, 디자인 씽킹이란 무엇일까?
• 디자인 씽킹은 어떻게 혁신을 만들까?

12.1 혁신의 본질은 어디에 있을까?

기술, 인문학과의 만남

2010년 1월 27일 아이패드가 세상에 첫 선을 보인 날, 스티브 잡스는 〈그림 12.1〉과 같은 안내판과 함께 애플은 기술과 인문학Liberal Arts의 교차로에 서 있다고 말했다. 이는 모두가 하드웨어나 소프트웨어의 속도와 성능만을 강조할 때, 애플은 기술의 존재 이유가 인간을 위한 것이므로 인간 중심의 기술을 끊임없이 고민한다는 애플의 인문학적 철학을 강조하기 위함이었다.

"인문학과 기술의 교차로입니다. 애플은 언제나 이 둘이 만나는 지점에 존재해 왔지요. 우리가 아이패드를 만든 것은 애플이 항상 기술과 인문학의 갈림길에서 고민해 왔기 때문입니다. 그동안 사람들은 기술을 따라잡으려 애썼지만 사실은 반대로 기술이 사람을 찾아와야 합니다."

그림 12.1 스티브 잡스의 아이패드 출시 발표에서 제시된 안내판 사진(출처: 애플)

세계 최대의 인터넷 기업 구글Google은 인문학 전공자를 우대하는 채용 정책을 펼치고 있으며 인텔Intel은 문화인류학 박사를 반도체 신제품과 소프트웨어 개발에 참여시키고 있다. IBM, HP 등도 인류학자나 민속학자가 시스템이나 소프트웨어 개발자들과 함께 일하는 환경을 만들고 있다. 페이스북Facebook은 심리학이라는 인간의 본질에 대한 이해를 바탕으로 전 세계를 하나로 연결하겠다는 철학을 통해 세계 최대 소셜 미디어Social Media 플랫폼으로 성장했다.

이와 같은 현상이 발생하는 이유는 기술이 발전하고 복잡해질수록 본질에 집중해야 하고, 그 본질에 인간이 존재함을 깨달았기 때문이다. 기술이 '왜' 필요한지에 대한 근본적인 해답을 찾으려면 그 기술을 사용하는 인간에 대한 깊이 있는 이해 없이는 불가능하다.

따라서 세월이 흘러도 변하지 않는 인간에 대한 지혜를 다루는 학문인 인문학의 중요성에 대해 다시 주목하게 됐다. 기술도 결국 인간의, 인간에 의한, 인간을 위한 기술이기에 인간을 이해하는 지혜의 총체인 인문학의 중요성에 눈을 뜨게 됐고, 이를 바탕으로 기술개발이 이뤄져야 비로소 기술의 핵심적인 문제에 접근하고 근본적인 해결의 실마리를 찾을 수 있음을 알게 됐다.

디자인의 진화, 혁신과의 만남

그럼 왜 디자인일까? 인간이 생각을 공유하는 가장 원초적인 수단이 바로 그림, 즉 디자인이기 때문이다. 고대에 문자가 존재하지 않았을 때에도 선조들은 그림을 통해 서로의 생각을 표현했다. 이처럼 그림은 생각을 공유하고 소통하는 가장 본질적인 수단이다. 그리고 디자인은 이러한 시각화 과정을 극대화할 수 있는 방법론을 제공한다. 따라서 디자인 방법론의 '관찰하고 그리고 만드는' 과정은 서로의 생각을 공유하고 혁신적인 아이디어를 도출하는 데 가장 효과적인 수단이었다.

하지만 시대가 발전할수록 디자인의 개념도 진화했다. 1978년 노벨 경제학상을 수상한 심리학자 허버트 사이먼Herbert Alexander Simon은 디자인을 '현재 상태를 더 좋은 상태로 변화시키는 것To design is to devise courses of action aimed at changing existing situations into preferred ones'이라고 정의했다. 이처럼 디자인은 단지 특정 제품의 외관을 보기 좋게 제작하는 수단을 넘어, 인간을 이롭게 하는 모든 활동으로 그 의미가 확대됐다.

그리고 디자인이 제품/서비스의 외관이 아닌 핵심으로 인식됨에 따라, 디자이너에게 요구되는 역할도 〈그림 12.2〉와 같이 기존의 'Visualist'에서 개발 초기부터 참여해 제품/서비스 개발의 전체 과정을 이끌어 가는 'Business Initiator'로 확대됐다.

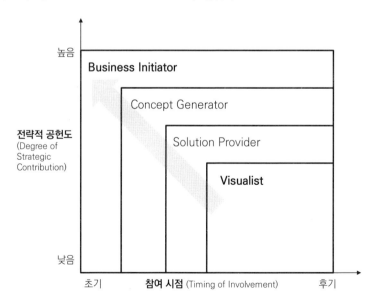

그림 12.2 디자이너의 역할 변화(출처: 김예구, KB금융지주 경영연구소)

이에 따라 경영적 관점에서도 디자인을 비즈니스에 가치를 부여하는 전략적 혁신활동으로 여기게 됐고, 디자이너의 역할과 영역이 확장됨에 따라 디자이너Designer와 혁신가Innovator의 구분이 희미해지기 시작했다. 결국 디자인과 혁신의 지향점이 유사해짐에 따라 '디자인 혁신Design Innovation'처럼 점차 디자인과 혁신을 서로 연관된 활동으로 여기게 됐다.

디자인적 사고, 본질과의 만남

일반적으로 문제에 대한 해결책을 찾을 때 흔히 범하는 실수 중 하나는 문제의 현상과 본질을 혼동하는 경우다. 자신만의 경험과 사고의 틀에 갇혀 '보이는 대로 믿는' 것이 아니라 '믿는 대로 보는' 심각한 오류를 범한다. 그래서 디자인적 사고에서는 문제의 대상에 대한 객관적 이해와 분석을 매우 중요하게 생각한다. 특히 〈그림 12.3〉과 같이 문제의 본질에 있는 인간을 중심으로 다양한 요소에 대한 고민을 강조한다.

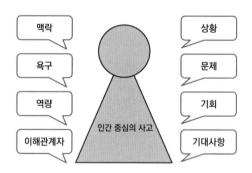

그림 12.3 인간 중심의 사고(Human-Centered Thinking)

따라서 공감Empathy은 매우 중요한데, 그 이유는 공감이 올바른 문제 발견Problem Finding의 첫 단계이기도 하기 때문이다. 문제의 핵심이 무엇인지 파악하기 위해서는 그 문제에 대한 공감이 전제돼야 한다. 그래야 비로소 문제의 본질이 보이기 시작한다.

올바른 문제를 발견했다면 다음 단계는 문제 해결Problem Solving이다. 가장 좋은 문제 해결 방법은 일찍 실패하고, 빠르게 실패해, 시행착오의 비용을 낮추는 것이다Fail Early, Fail Fast, Learn Cheaply. 물론 실패가 좋은 것은 아니지만 올바른 방향으로 인도하는 실패는 성공으로 가는 하나의 단계이자 피할 수 없는 과정이다.

결국 공감을 바탕으로 한 인간 중심의 디자인적 사고를 통해 문제를 발견하고, 시행착오의 경험을 통해 올바른 문제 해결방안을 도출하는 과정은 지금까지 인류가 지식을 체계화한 과정과도 유사하다.

이러한 문제 발견과 문제 해결 과정은 〈그림 12.4〉와 같이 인간이 숨을 내쉬고 들이쉬며 호흡하듯 발산Diverge과 수렴Converge의 과정과 그 맥을 같이한다. 결국 인간 중심의 디자인적 사고의 흐름 역시 인간의 호흡 과정과 그 패턴을 같이한다고 볼 수 있다.

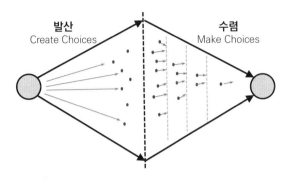

발산	수렴
직관적 사고	분석적 사고
문제의 발견	문제의 해결
주제 제안	의사결정
아이디어 스토밍	산출물 작성

그림 12.4 사고의 발산과 수렴 과정

지금까지의 설명을 종합하면 디자인적 사고, 즉 '디자인 씽킹'이란 인간 중심의 공감적 관찰Empathetic Observation을 바탕으로, 문제를 재해석해 올바른 문제를 이끌어 내고, 문제의 올바른 해결방안까지 도출하는 발산Diverge과 수렴Converge의 사고체계라고 할 수 있다. 다시 말하면 인간을 중심으로 시작하는 혁신의 도구로, 기존의 분석적, 기술 중심적, 논리적 사고만으로 도달하기 어려운 혁신적 결과를 얻어내기 위한 체계적인 사고의 흐름이라고 할 수 있다.

발산과 수렴의 과정을 위해서는 〈그림 12.5〉와 같이 직관적 사고(Intuitive Thinking)와 분석적 사고(Analytical Thinking)가 중요하다.

▶ 직관적 사고: 문제의 발견을 위해 새로운 창의적인 아이디어로 올바른 문제를 찾는 과정
▶ 분석적 사고: 문제의 해결을 위해 주어진 상황들을 잘 분석해서 결론을 만들어 내는 과정

디자인적 사고(Design Thinking)는 이러한 직관적 사고와 분석적 사고의 교차점에서 탄생한다. 최근 조직 구성에서부터 다양성을 강조하는 것도 직관적 사고에 능한 사람들과 분석적 사고에 능한 사람들이 적절히 구성된 조직에서 최고의 성과를 낼 가능성이 높기 때문이다.

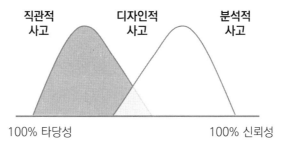

그림 12.5 직관적/분석적 사고와 디자인적 사고(출처: 로저 마틴)

12.2 인간 중심의 혁신, 디자인 씽킹이란 무엇일까?

좋은 디자인의 조건

좋은 디자인이란 〈그림 12.6〉과 같이 비즈니스, 기술, 인간의 3가지 측면을 균형 있게 종합적으로 고려한 디자인을 말한다.

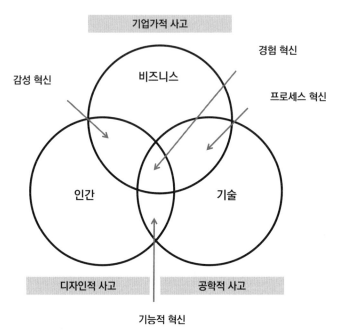

그림 12.6 좋은 디자인의 3가지 조건(출처: IDEO)

- (인간) 매력성Desirability: 소비자 관점에서 관심을 끌고 긍정적인 반응을 이끌어 내는 디자인
- (비즈니스) 사업 가능성Viability: 비즈니스적 관점에서 사업 모델을 만들어 성장하고 수익을 낼 수 있는 디자인

- (기술) 구현 가능성Feasibility: 기술적 관점에서 가까운 미래에 기능적, 경제적으로 구현 가능한 디자인

이는 각각 비즈니스 중심의 기업가적 사고Entrepreneurial Thinking, 기술 중심의 공학적 사고Engineering Thinking, 인간 중심의 디자인적 사고Design Thinking의 3가지 사고체계와 대응된다. 그리고 이 3가지 사고체계가 만나는 지점에서 혁신이 발생한다.

그런데 문제는 그동안 대부분 비즈니스 중심의 기업가적 사고나 기술 중심의 공학적 사고에만 집중한 나머지 인간 중심의 디자인적 사고의 중요성은 간과했다는 점이다. 따라서 비즈니스와 기술이 만나는 프로세스 혁신Process Innovation만 강조하고 사용자 중심의 기능 혁신Functional Innovation이나 감성 혁신Emotional Innovation은 등한시했다. 그 결과 프로세스 혁신을 통한 문제 해결과 성장은 한계에 직면했으며 진정한 혁신을 위해서는 비즈니스와 기술뿐만 아니라 인간 중심의 혁신이 필요하다는 사실을 깨달았다.

따라서 '소비자의 문제 이해Care → 다양한 아이디어 결합Connect → 아이디어의 시각화/구체화Commit → 문제 해결을 위한 전체 시스템 구성Compose'의 단계를 거치는 일반적인 디자인적 사고 프로세스에 새삼 주목하게 됐으며, 창조적 혁신 과정으로 이러한 인간 중심의 디자인적 사고 프로세스가 그 대안이 될 수 있다고 판단했다.

디자인 씽킹 프로세스

디자인 씽킹 프로세스Design Thinking Process를 구체적으로 살펴보면 〈그림 12.7〉과 같이 공감Empathy, 문제 정의Define, 아이디어Ideate, 프로토타입 Prototype, 테스트Test의 5단계로 구성돼 있다.

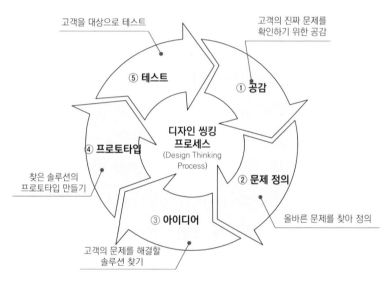

그림 12.7 디자인 씽킹 프로세스

공감

인간 중심 디자인 씽킹의 첫 단계는 '공감'이다. 앞서 언급했듯이 고객의 문제를 확인하기 위한 시작점이 공감이다. 고객의 진짜 문제를 확인하기 위해서 고객과 인터뷰Interview를 하기도 하고, 고객을 관찰Observe하기도 하며, 고객의 입장에서 직접 체험Immerse해 보기도 한다. 일반적으로 고객의 문제를 찾기 위해 공감이라는 첫 번째 단계에서 많은 시간을 보낸다.

문제 정의

디자인 씽킹의 두 번째 단계는 바로 '문제 정의'다. 공감을 통해 발견한 문제들을 바탕으로 고객의 올바른 문제를 찾아내야 하는데, 이때 문제 정의는 명확Clarity해야 한다. 참고로 올바른 문제Right Problem란 고객 입장에서는 진정Real 해결해야 할 문제고, 고객과 이해관계자 입장에서는 문제를 풀었을 때 가치가 있는Valuable 문제며, 이 문제를 해결해야 하는 혁신가 입장에서는 풀고자 하는 열망Inspiring이 생기는 문제를 말한다.

아이디어

이렇게 정의된 문제를 올바로 해결하기 위해 '아이디어' 단계를 거친다. 이때 브레인스토밍Brainstorming, 브레인라이팅Brainwriting, 바디스토밍Bodystorming 등의 방식을 활용해 최대한 많은 아이디어를 도출한다. 따라서 소통Communication과 협력Collaboration이 가장 많이 필요한 단계기도 하다. 이때 아이디어는 가벼운 아이디어에서 급진적 아이디어Mild to Wild 순으로 도출한다.

MEMO

- ▶ 브레인스토밍: 일정한 테마에 관해 회의 형식을 채택하고 구성원의 자유발언을 통한 아이디어의 제시를 요구해 발상을 찾아내려는 방법이다.
- ▶ 브레인라이팅: 브레인스토밍 기법의 단점을 보완하기 위해 파생된 기법으로 구성원들이 조용하게 글로 자기의 아이디어를 기록해 제출하는 방식이며, 기본적으로는 브레인스토밍의 규칙을 따른다.
- ▶ 바디스토밍: 제품이 존재했다면 어땠을지 상상하고, 사용될 위치에 제품이 존재하는 것처럼 행동하는 아이디어 발굴 기법을 말한다.

프로토디입

도출된 아이디어를 바탕으로 팀원들이 생각하는 가장 이상적인 모습의 아이디어를 직접 확인할 수 있도록 '프로토타입'을 제작한다. 이때 정성들인 프로토타입은 애착이 생겨 객관적인 평가를 방해할 수 있으므로 가장 저렴한 비용으로 빠르게Cheap and Fast 아이디어에 대한 객관적 검증이 가능한 수준으로만 제작한다.

테스트

프로토타입이 준비가 됐다면, 이제 현장의 '테스트'를 진행할 차례다. 사용자 관점에서 고객들의 솔직한 피드백을 바탕으로 다시 해당 프로세스를 반복하면서 개선하고 발전시켜 나가는 것이 중요하다.

이처럼 디자인 씽킹은 5단계로 진행되지만 반드시 순차적으로 진행해야 하는 것은 아니다. 각 단계에서 문제점이 드러나면 부족한 단계로 돌아가 그 과정을 반복하면 된다. 예컨대 테스트 단계에서 문제점을 발견하면 아이디어 단계로 돌아갈 수도 있고, 프로토타입에서 문제 정의 단계로 돌아갈 수도 있다.

디자인 씽킹의 5단계를 앞서 설명한 수렴과 발산의 흐름으로 나타내면 〈그림 12.8〉과 같이 발견하기Discovery, 해석하기Interpretation, 아이디어 내기Ideation, 실행하기Experimentation, 발전시키기Evolution의 5단계로 재해석할 수 있다. 이러한 과정을 반복하고 체득하는 과정 속에서 혁신적인 해결방안이 자연스럽게 도출되도록 한다.

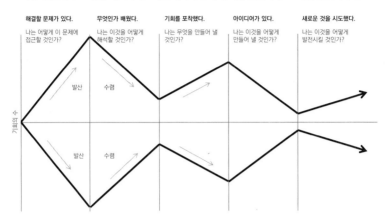

1. 발견하기	2. 해석하기	3. 아이디어 내기	4. 실행하기	5. 발전시키기
해결할 문제가 있다.	무엇인가 배웠다.	기회를 포착했다.	아이디어가 있다.	새로운 것을 시도했다.
나는 어떻게 이 문제에 접근할 것인가?	나는 이것을 어떻게 해석할 것인가?	나는 무엇을 만들어 낼 것인가?	나는 이것을 어떻게 만들어 낼 것인가?	나는 이것을 어떻게 발전시킬 것인가?

그림 12.8 디자인 씽킹 프로세스의 수렴과 발산(출처: IDEO)

디자인 씽킹이 위력을 발휘해 진정한 혁신의 도구가 되는 경우는 디자인 씽킹이 하나의 문화Culture로 자리잡았을 때다. 혁신은 정교한 방법론이나 훌륭한 인재로 구성된 TF 팀에서만 나오는 것이 아니다. 혁신은 경험하고 협업하며 도전하는 과정을 반복하는 디자인 씽킹 프로세스를 직접 체득해 하나의 조직문화로 자리잡을 때 나타난다. 혁신은 순간의 번뜩이는 아이디어가 아니라 끊임없는 시행착오의 과정에서 탄생하는 열매라는 사실을 잊지 말자.

디자인 씽킹의 기원은 디자인 컨설팅 회사인 IDEO의 디자인 프로세스다. 하지만 디자인 씽킹이 최근처럼 확산된 데는 스탠포드의 디스쿨(D-School)의 역할이 절대적이었다. 스탠포드 디스쿨은 혁신하고 창조하는 과정을 체험을 통해 가르치는데, IDEO의 CEO였던 데이비드 켈리(David Kelley)가 주도하고 있다. IDEO의 기본 디자인 씽킹 프로세스와 디스쿨의 디자인 씽킹 프로세스는 조금 차이가 있는데 이를 비교하면 〈그림 12.9〉와 같다.

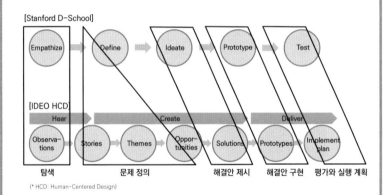

[Stanford D-School]

Empathize — Define — Ideate — Prototype — Test

[IDEO HCD]

Hear — Create — Deliver

Observations — Stories — Themes — Opportunities — Solutions — Prototypes — Implement plan

탐색 　　　　문제 정의 　　　　해결안 제시 　 해결안 구현 　 평가와 실행 계획

(* HCD: Human-Centered Design)

그림 12.9 스탠포드 디스쿨과 IDEO의 디자인 씽킹 프로세스 비교(출처: DBR 111호)

12.3 디자인 씽킹은 어떻게 혁신을 만들까?

디자인 씽킹의 발전 단계

지금까지 디자인 씽킹의 등장 배경부터 세부적인 프로세스까지 살펴봤다. 그럼 지금부터는 디자인 씽킹의 적용 사례를 통해 디자인 씽킹의 실질적인 혁신 방법에 대해 알아보자.

먼저 디자인 씽킹의 발전 단계는 성숙도에 따라 〈표 12.1〉과 같이 크게 3단계로 구분할 수 있다.

표 12.1 디자인 씽킹의 발전 단계

구분	1단계	2단계	3단계
개요	디자인 혁신의 시작	디자인 혁신의 확산	디자인 혁신의 전파
단위	단위 조직 (부서/팀)	전사 (기업 내부)	전사 + 파트너사 (기업 내/외부)
목적	문제 해결	혁신	성장
리더의 역할	혁신가 (Innovator)	조력자 (Facilitator)	전도자 (Evangelist)
목적	자기 열망을 통한 공감으로 올바른 문제 찾기	프로토타입 협업을 활용한 혁신문화의 확산	혁신 문화 강화와 상생의 생태계를 통한 지속성장

1단계: 디자인 혁신의 시작

첫 번째는 디자인 혁신의 시작 단계로 개인이나 팀 단위의 소규모 단위 조직으로 디자인 씽킹을 도입해 시도해 보는 경우다. 일반적으로 문제의 근본 원인을 파악하고 해결하기 위한 방법론으로 많이 사용한다. 앞서 살펴봤듯이 디자인 씽킹은 올바른 문제를 찾기 위해 '공감'이라는 단계에서 시작한다. 하지만 이 단계의 참여 인원들은 아직 디자인 씽킹에 대한 전반적인 개념이나 이해가 부족한 상태다. 따라서 리더는 주어진 문제에 공감할 수 있도록 먼저 참여자들의 '열망'을 불러일으키는 데 집중해야 한다. 설사 지시Top-Down에 의해 문제 해결을 시작했더라도 리더는 혁신가의 자세로 먼저 참여자들이 문제를 해결하고자 하는 열망을 갖도록 동기를 부여하고 자발적인 참여를 이끌어 내도록 노력해야 한다.

디자인 씽킹을 처음 적용하는 이 단계의 경우 대부분 단기간에 문제 발견에서 해결까지 수행해야 하는 경우가 많다. 따라서 주어진 시간에 원하는 목표를 달성하는 데 참여자의 열망과 혁신가의 강력한 추진력이 성공의 중요한 변수가 된다.

혁신가와 참여자의 열망을 통해 올바른 문제를 찾는 것은 인간 중심 혁신Human-Centered Innovation인 디자인 씽킹의 철학이다. 따라서 사용자뿐만 아니라 해당 문제를 풀어야 하는 혁신가와 참여자의 열망도 중요하게 여겨야 한다.

[사례1] 자기 열망을 통한 공감으로 문제의 본질을 찾은 A사
도입배경: 최신 모바일 기기의 현장 사용률 저하 원인 도출
A사는 국내 대형 식품제조 회사로 효율적인 영업현장 관리와 물류 재고 및 배송 현황 등에 대한 신속한 파악을 위해 최신 태블릿 기기를 영업 현장에 보급했다. 하지만 보급 후 3개월이 지났음에도 불구하고 태블릿 기기 사용률은 10% 미만으로 저조했다. 이때 디자인 씽킹에 대한 경험이 있던 중간관리자의 제안으로 디자인 씽킹 방법론을 적용해 문제의 원인 파악을 시도했다.

도입결과: 사용자 중심의 문제 본질 파악

문제를 해결하기 위해 처음에는 애플리케이션의 기능 개선과 사용성 Usability 제고에 초점을 맞춰 사용자를 대상으로 이메일과 전화를 통해 설문조사를 실시하고 전문가와의 FGI Focus Group Interview를 통해 해결방안을 모색했다. 하지만 이러한 과정을 통해 나온 개선사항을 반영했지만 1개월이 지난 후에도 사용 현황에는 큰 변화가 없었다. 이때 먼저 디자인 씽킹을 접했던 중간관리자는 혁신가로서 그 역할을 수행하며 올바른 문제를 찾아내지 못했음을 발견했다.

혁신가는 참여자들이 주어진 문제를 임원의 지시에 의한 것으로 여겨 적극적인 해결 의지와 열망을 갖지 못했고 진행 상황에 대한 보고에만 집중했다는 것을 깨달았다. 그래서 혁신가는 왜 이 문제를 풀어야 하는지 참여자 개개인에게 상황을 설명하고, 이 문제를 푸는 것이 어떠한 가치와 의미를 갖는지 개인별로 동기를 부여했다. 그 이후 참여자들은 사용자들이 겪는 진정한 문제가 무엇인지 집중하기 시작했다.

주어진 문제의 중요성을 이해한 참여자들은 사용자들을 찾아가 인터뷰하고, 사용 현장을 관찰하며, 직접 체험하고자 며칠 동안 파견근무도 지원했다. 이 과정을 통해 현장 사용자들을 진정으로 이해하고 공감하게 됐다. 또한 이러한 노력을 높이 평가한 사용자들은 문제 해결을 위해 함께 참여해 토의하면서 문제의 본질을 파악하는 데 큰 도움을 줬다.

결과적으로 문제는 기능의 문제가 아니었다. 오히려 새로운 기능이 너무 많아 기존 방식에 익숙한 사용자들이 새로운 방식을 배워야 한다는 두려움과 저항이 컸다. 그리고 이동이 많은 업무의 특성상 태블릿보다는 스마트폰을 선호했다. 또한 매장별 수입과 지출 등과 같은 민감한 정보가 경쟁사나 타 매장에 쉽게 공개될 수 있다는 두려움이 컸다.

이를 해결하기 위해 기능은 몇 가지 핵심 기능을 중심으로 통폐합하고, 스마트폰용 모바일 애플리케이션을 별도로 개발했으며, 민감한 정보에 접근할 때는 별도의 인증 방식을 추가해 보안에 대한 의구심을 불식했다.

이와 같이 디자인 씽킹의 공감 단계는 현장 사용자들의 올바른 문제를 파악하는 데 큰 도움이 됐다. 그리고 이는 참여자들이 문제를 풀고자 하는 열망에서 시작됐고, 결과적으로 열망은 사용자들에게 진정으로 공감할 수 있는 기폭제가 됐다. 그리고 공감대가 형성된 이후에는 문제의 본질에 집중하고 주어진 시간에 프로세스를 반복하며 해결 방안까지 도출했다.

2단계: 디자인 혁신의 확산

두 번째는 확산 단계다. 이 단계에서는 혁신가들이 프로토타입을 협업 도구로 활용해 또 다른 혁신가인 조력자^{Facilitator}를 만들어 낸다. 그리고 이 조력자들이 또 다른 혁신가를 만드는 선순환 과정을 반복하면서 기업 내 혁신 문화가 자연스럽게 확산되도록 한다.

확산 단계에서는 소규모 팀이나 조직을 통해 디자인 씽킹의 성공 사례를 조금씩 경험한 후 조직원 전체가 디자인 씽킹의 철학을 이해하고 조직의 혁신문화로 자리잡도록 노력해야 한다. 이 단계는 조직 내부적으로 디자인 씽킹의 개념과 필요성에 대한 공감대가 형성돼 있으므로 리더는 강력한 리더십보다는 수평적인 조력자의 역할을 수행하며 더 많은 혁신가 양성에 힘써야 한다.

이러한 프로세스는 기업의 신제품 개발처럼 혁신적인 작업에 적합하다. 실제로 많은 기업에서 디자인 씽킹을 신제품 개발 프로세스에 적용해 운영한다. 이처럼 디자인 씽킹 프로세스는 새로운 가치를 만들고 개선해야 하는 분야에서 많이 활용되고 있으며, 나아가 기업문화의 혁신과 일하는 방법의 변화를 위한 수단으로 각광받고 있다

[사례2] 프로토타입 협업을 활용해 혁신문화를 만든 B사

도입배경: 사내 그룹웨어의 낮은 사용률에 대한 개선방안 도출

B사는 국내 대표 통신사로 업무 성격상 전 직원이 사내 그룹웨어를 사용하고 있지만 만족도는 매우 낮았다. 전 직원이 필수적으로 업무에 활용해야 하는 시스템인 만큼 지속적인 기능 추가와 개선을 진행했으나 직원들의 만족도나 활용도는 좀처럼 나아지지 않았다. 이에 디자인 씽킹 프로세스를 적용해 이 문제에 대한 개선방안을 도출하기로 결정했다.

도입결과: 문제 재정의 및 협업의 혁신문화 형성

B사는 사용자들의 문제를 파악하기 위해 열망이 있는 직원들로 별도의 혁신 팀을 구성했다. 별도로 혁신 팀에 참여한 조력자들은 3개 조로 나눠 몇 주에 걸쳐 전사 직원들을 개인별로 인터뷰하는 힘든 과정을 거쳤다. 이 과정에서 조력자들은 의견을 수렴하는 노하우를 터득했으며, 반복적으로 접수되는 일반적인 원인들과 중요한 원인들을 포스트잇을 활용해 색상별로 분류하는 작업을 진행했다.

충분한 인터뷰 이후 매일 저녁 문제 해결을 위해 정리된 포스트잇을 바탕으로 눈으로 직접 확인할 수 있도록 프로토타입을 제작했다.

프로토타입은 머릿속의 생각을 눈에 보이도록 시각화하는 과정을 통해 문제를 구체화하는 데 큰 도움이 됐다. 이는 과거 상반된 주장으로 대립하거나 충돌해 결론지을 수 없었던 과거의 토론 문화와 전혀 다른 협업 분위기를 만들어 냈다.

이 과제에 참여한 조력자들은 사용자들에게 공감하는 방법과 함께 팀원들과 공감을 바탕으로 협업하는 능력이 생겨났다. 무엇보다 프로토타입을 통한 협업이 문제를 구체화하고 해결책을 찾는 데 훌륭한 매개체가 됐다. 이러한 모습을 지켜본 또 다른 직원들은 그들의 혁신 문화에 관심을 가지며 조금씩 자신의 팀에 적용하기 위해 조언을 구하기도 하고, 시범적으로 적용해 보기 시작했다. 바로 혁신의 문화가 기업 내부에서 확산되기 시작한 것이다.

이를 통해 그룹웨어 사용률 저조 문제는 '전통적인 그룹웨어의 기능 개선'을 넘어 '직원들의 낭비되는 시간을 줄이고 업무 효율성을 극대화하는 방법'으로 재정의됐다. 인터뷰 과정과 아이디어 단계를 거치며 확인된 해결방안은 간단한 프로토타입을 제작한 후 테스트와 검증을 거쳤으며, 이러한 프로세스를 반복하며 지속적으로 개선됐다.

조력자들의 공감 인터뷰와 혁신의 토론 문화, 프로토타입 검증 과정을 지켜본 다른 직원들은 그들의 혁신문화에 점점 더 많은 관심을 가지며 조금씩 참여하기 시작했다. 이와 같은 과정을 반복하면서 직원들도 조력자들의 역할과 중요성을 이해하기 시작했다.

개선된 그룹웨어는 공지와 같은 수동적인 역할을 넘어 모바일 기능을 활용해 능동적인 정보 제공 채널로 탈바꿈했으며, 협업 문서 작성 기능 등을 추가해 사용자들의 업무 효율성과 생산성 향상에 크게 기여했다.

3단계: 디자인 혁신의 전파

세 번째는 전파 단계다. 이 단계는 기업 내부의 혁신을 넘어 외부 이해관계자들과의 생태계 구축을 고민하는 단계다. 대표적으로 개방형 혁신의 방법으로 디자인 씽킹을 활용할 수 있다.

이 단계에서 리더는 내부적으로 정착된 디자인 씽킹 문화를 외부에 알리고 참여하도록 유도하는 전도자Evangelist 역할을 수행한다. 이를 통해 외부의 혁신을 발굴해 내부에 적용하고 내부의 혁신을 외부로 전파하며 새로운 가치를 창출하는 생태계를 구축할 수 있다.

이처럼 내/외부 기업이 함께 참여해 혁신을 이끌어 내고 발굴하는 상생의 생태계를 구축해 미래 성장동력을 확보하는 데 디자인 씽킹을 활용할 수 있다.

[사례3] 디자인 씽킹을 통해 개방형 혁신 기반을 마련한 C사

도입배경: 디자인 씽킹 전파를 통한 상생의 생태계 구축

C사는 대표적인 글로벌 IT 기업으로 ERPEnterprise Resource Planning 솔루션을 공급하는 회사다. 프로세스 중심의 솔루션 성격상 유사 IT 기업과 다르게 타 시스템과의 연계 및 기능 추가, 그리고 개선을 극히 제한적으로 수용했다.

하지만 사용자 친화적이지 않았던 UI/UXUser Interface/User Experience에 대한 불만이 높아졌으며, 혁신적인 경쟁 업체의 등장과 비즈니스 환경의 변화는 보수적인 협업 방식의 변화를 요구했고, 이를 개선하고자 C사는 디자인 씽킹을 지속적으로 활용해 성공적인 혁신을 만들어 냈다. C사는 이러한 혁신의 성공 경험을 바탕으로 디자인 씽킹을 혁신 도구로 소개하며 외부의 이해관계자들과 상생의 생태계를 구축하고자 했다.

도입결과: 상생의 생태계를 통한 지속성장 기반 마련

C사는 디자인 씽킹을 활용한 성공의 경험을 CSR^{Corporate Social Responsibility} 개념으로 접근했다. 디자인 씽킹 확산을 위해 커뮤니티를 만들고 세미나를 개최했다. 그리고 내부 희망자를 공모해 전국 대학생들에게 디자인 씽킹을 교육하고 전파하는 역할을 담당토록 했다. 이런 활동들은 점차 확산돼 디자인 씽킹을 정규 교육과정으로 채택하는 학교까지 생겨났으며 혁신적인 문제 외에도 다양한 사회 문제를 접근하는 방식으로 디자인 씽킹을 활용하는 움직임도 생겨났다.

C사는 디자인 씽킹을 외부의 CSR 외에도 내부의 업무혁신에도 적극 활용했다. 조직변경과 같이 새로운 변화가 있을 경우 디자인 씽킹의 프로세스를 활용해 빠른 시간 내에 팀워크^{Teamwork}가 생기도록 유도했다.

궁극적으로 C사는 디자인 씽킹을 내/외부에 적용하고 다양한 혁신 성공 사례를 바탕으로 완고한 기업 이미지를 혁신적인 기업 이미지로 탈바꿈하는 데 성공했다. 하지만 여기에 머무르지 않고 디자인 씽킹의 성공 사례를 외부와 공유하며 혁신을 외부로 확장했다. 예컨대 스타트업에는 디자인 씽킹을 적용해 혁신의 아이디어를 도출하고 사업 기회를 발굴하도록 지원했으며, 협력사에는 새로운 성장동력을 발굴하는 데 디자인 씽킹을 접목할 수 있도록 지원했다.

이처럼 디자인 씽킹을 이용한 개방형 혁신을 통해 자연스럽게 외부의 혁신을 자사의 비즈니스와 연계하고 새로운 기회를 창출할 수 있었으며, 혁신 프로세스를 공유하고 상생의 생태계를 구축해 동반 성장의 기틀을 만들었다.

지금까지 살펴본 디자인 씽킹의 발전 단계는 〈그림 12.10〉과 같이 3가지 단계로 요약할 수 있다. 디자인 혁신의 시작은 혁신가의 열망에서 시작한다. 혁신가의 열망은 조력자들의 공감과 열정을 만들어 낸다. 조력자들의 공감의 과정은 고객의 감동을 부르고, 감동받은 고객은 그들의 행동을 바꾸게 한다. 디자인 혁신의 확산으로 이와 같은 혁신의 활동을 지켜본 내부의 직원들이 또 다른 조력자로 성장하고, 그들은 또 다른 혁신가를 만들어 낸다. 특히, 디자인 씽킹 프로세스에서 프로토타입의 과정은 새로운 협업의 문화를 확산시킨다. 내부의 혁신문화를 외부로 전파하는 단계는 디자인 혁신의 마지막 단계라 할 수 있다. 개방형 혁신의 철학인 참여, 공유, 개방을 바탕으로 내부의 혁신문화를 외부로 개방하고, 외부의 혁신을 적극적으로 내부로 수용해 디자인 혁신을 완성할 수 있다.

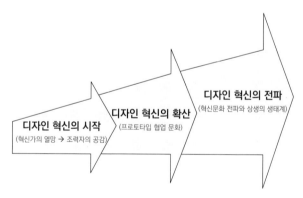

디자인 혁신의 시작
(혁신가의 열망 → 조력자의 공감)

디자인 혁신의 확산
(프로토타입 협업 문화)

디자인 혁신의 전파
(혁신문화 전파와 상생의 생태계)

그림 12.10 디자인 혁신의 발전 단계

디자인 씽킹, 그 너머

지금까지 3가지 디자인 씽킹 사례를 바탕으로 실질적인 활용방안에 대해 살펴봤다. 모두 각 기업의 목적과 단계에 맞춰 의미 있는 성공을 거둔 사례다. 하지만 디자인 씽킹 프로세스가 만능 도구는 아니다. 디자인 씽킹 프로세스를 적용했다고 혁신적인 아이디어가 쏟아지는 것은 더더욱 아니다. 그래서 혹자는 디자인 씽킹이 다른 방법론이나 프로세스와 무엇이 다른지 의문을 제기한다.

사실 디자인 씽킹 프로세스도 기존의 프로세스와 크게 다르지 않고, 오히려 5단계의 지극히 상식적인 프로세스를 보고 실망하는 경우도 있다. 하지만 이는 잘못된 판단이다. 디자인 씽킹의 힘은 5단계의 절차를 잘 지키는 데 있지 않다. 앞에서도 설명했지만 중간에 얼마든지 필요하다고 생각하는 단계로 돌아가 다시 시작할 수 있다. 단계는 단지 가이드일 뿐이다. 중요한 것은 이러한 각 단계의 의미와 철학을 이해하고 자연스럽게 5단계를 밟아 반복하며 지혜를 체득하는 일이다.

기본적으로 디자인 씽킹이 의미 있는 것은 이러한 사고의 흐름이 인간이 호흡하듯 가장 자연스럽게 혁신적 사고에 도달하는 프로세스를 제공하기 때문이다. 그래서 디자인 씽킹은 프로세스가 아니라 '지혜를 얻는 경험적 사고'에 가깝다고 한다. 직접 각 단계를 밟아가면서 새로운 상황에 부딪히고 고민하는 과정에서 디자인 씽킹 프로세스의 진정한 의미를 깨달을 수 있다.

하지만, 우리나라에서 디자인 씽킹과 같은 비정형적 반복 프로세스를 적용하기 힘든 이유는 상명하복 방식의 수직적/순차적 프로세스Waterfall에 익숙하기 때문이다. 실패를 용납하기 힘들뿐더러 이전 단계로 돌아간다는 것이 뭔가 어색하고 불안하다. 또한 새로운 혁신을 위한 혁신가의 마인드에 관심이 없다. 혁신의 문화를 만들어야 한다며, 본질적인 접근이 아닌 형식적으로 보여주기 식의 일이 많이 진행된다. 하지만 인류가 성장하고 진화한 과정 역시 무수한 시행착오의 과정을 반복하며 인간 중심의 본질적인 고민을 할 때 비로소 새로운 혁신이 만들어졌다. 디자인 씽킹의 철학은 이러한 인류의 성장 과정과 가장 가깝다. 디자인 씽킹 앞에 인간 중심Human-Centered이라는 수식어가 붙는 이유도 이와 무관하지 않다.

　디자인 씽킹이 '일상적인 혁신 프로세스'로 혁신문화로서 자리잡았을 때 기업경쟁력의 원천이 될 수 있다. 일부 상품이나 서비스의 개발을 넘어 상품·서비스 사용 과정을 비즈니스, 기술, 인간 관점에서 통합적으로 디자인하는 시스템적 사고System Thinking를 바탕으로 '인간에게 유익하도록 만드는 모든 활동Making things better for people'이라는 디자인의 본질에 충실한 전략적 혁신 프로세스를 수립한다면 혁신 기업이 되는 일이 먼 미래의 일은 아닐 것이다.

경영의 지혜

디자인적 경영전략

파슨스 디자인 스쿨Parsons, The New School for Design의 에린 조Erin Cho 교수는 〈그림 12.11〉과 같이 고찰Reflect과 실행Act, 조사Investigate와 제작Make을 기준으로 4단계 디자인적 경영전략 프로세스를 제시했다. 이 프로세스에 디자인 씽킹 프로세스를 대입해 재정의하면 다음과 같다.

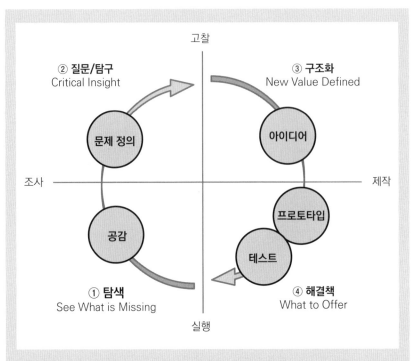

그림 12.11 디자인 씽킹의 재정의(수정인용: DBR 111호)

① 탐색Explorations 단계: 탐색을 통한 공감 형성

② 질문/탐구Inquiries 단계: 질문과 탐구를 통한 문제 정의

③ 구조화Structures 단계: 구조화를 통한 아이디어 도출

④ 해결책Solution 단계: 해결책 도출을 위한 프로토타입 제작과 테스트

이 프로세스는 순환하고 지속적으로 반복된다. 그리고 혁신은 이와 같은 프로세스의 지속적 반복과 시행착오 중에 일어난다. 이처럼 디자인 씽킹은 일반적인 디자인적 경영전략 프로세스에 녹아 있다. 그래서

디자인 씽킹은 자연스럽고 무리가 없다.

최기술 과장이 고민하는 혁신가는 몇 가지 지식이나 요령으로 될 수 없다. 그리고 혁신은 새로운 프로세스를 도입하고 새롭게 무엇인가를 시도해야지만 창출되는 것이 아니라 일상적인 프로세스를 디자인 씽킹의 프로세스에 대응해 재정의하고 이 과정을 반복하는 가운데 나타난다. 이 과정에서 문제의 본질이 인간에 있음을 깨닫게 된다. 그리고 체득을 통한 깨달음의 과정 속에서 혁신이 일어난다.

따라서 최기술 과장이 리더로서 혁신을 이끌기 위해서는 먼저 팀원들과 디자인 씽킹의 철학을 이해해 이 과정을 직접 수행하고 반복하면서 빠른 실패와 극복을 통해 전진하는 방법을 직접 경험해야 한다.

디자인적 경영자

세상에는 많은 인재상이 존재한다. 그중에서 일반적으로 널려 알려진 인재상은 〈그림 12.12(왼쪽)〉와 같은 T자형 인재상이다. 한 분야에 대한 넓은 지식과 전문성을 겸비해야 한다는 의미로 그동안 경영자의 기본적인 자질로 받아들여졌다.

하지만 최근에는 〈그림 12.12(오른쪽)〉와 같은 H자형 인재상이 더 큰 설득을 얻고 있다. H형 인재상이란 한 축은 경험의 다양성을 다른 축은 전문성의 깊이를 나타낸다. 그리고 이 두 축을 공감으로 연결할 수 있는 사람이 진정한 인재라는 의미다.

H자형 인재상의 의미는 기존의 지식만 강조하는 인재상에서 벗어나 경험하고 공감할 수 있는 사람이 진정한 인재고 바람직한 경영자의 모습이라는 뜻이다. 디자인 씽킹의 프로세스가 공감에서 시작하는 것도 이러한 경영자 모습의 변화를 대변하고 있다.

이제 최기술 과장에게 필요한 자질은 전문적인 이론과 지식으로 무장한 리더가 아니다. 한편으로는 자신의 경험을 나누며 타인의 경험을 경청하고, 다른 한편으로는 끊임없이 탐구하고 고민하는 가운데 전문성을 유지하며, 이를 공감이라는 축으로 이을 수 있는, 즉 '뜨거운 가슴'과 '차가운 머리'를 공감이라는 다리로 연결하는 '디자인적 경영자'로 거듭나는 일이다.

혁신적인 디자인적 경영자로 성장한 최기술 과장의 미래를 기대해 본다.

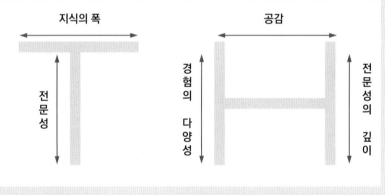

그림 12.12 T자형 경영자(왼쪽)와 H자형 경영자(오른쪽)(출처: DBR 111호)

에필로그:
기술, R&D 경영에 도전하다

대박은행의 차세대 시스템인 이노M뱅크^{InnoMBank}는 성공적으로 운영 중이다. 최기술 과장이 주축이 돼 추진한 이노M뱅크 핀테크 플랫폼은 경쟁사의 모델보다 좋은 평가를 받으며 대박은행의 이미지 제고와 실질적인 매출 증대에 기여했다.

특히 이노M뱅크에 추가된 이노체인지^{InnoChange} 서비스는 도입 초기 자사의 환전 매출을 잠식할 것이라는 우려의 목소리가 높았지만 저렴한 수수료를 바탕으로 더 편리하고 효율적인 서비스를 사용하려는 젊은 신규 고객들의 좋은 반응을 불러 모으며 신시장 개척형 성공을 일궈냈다.

이렇게 몇 년의 시간이 흘렀다.

최기술 과장은 이러한 성공을 경험한 후에도 다양한 업무에 도전하며 성장해 나갔다. 당시 대박은행의 핀테크 플랫폼은 금융업에 최신 IT 기술을 접목한 대표적인 성공 사례였다. 그리고 몇 년이 지난 지금은 금융업과 IT 산업의 경계가 무너진 시대에 이르렀다. 최근에 IT 기업 주도의 인터넷전문은행들이 생겨나면서 기존의 은행 비즈니스 모델이 붕괴되고 금융업 자체를 재정의하는 상황이 됐다.

인터넷전문은행은 IT 산업을 중심으로 타 산업 간의 컨버전스를 통해 새로운 가치사슬을 창출했다. 금융업의 가치사슬에서 마케팅, 판매, 제품, 서비스 등의 모든 영역을 최신 IT 기술을 바탕으로 가치사슬 간의 새로운 수직/수평통합이 진행되면서 기존에 없었던 혁신적인 서비스들이 탄생했다.

대박은행 역시 지금과 같은 경영 환경의 변화에 대한 대응이 필요했다. 이를 위해 대박은행의 주요 매출 원인 예금, 뱅킹, 대출, 결제, 투자, 송금 등 모든 분야에 대한 근본적인 혁신이 필요했다. 대박은행은 비상경영을 선포하고 전격적인 조직개편을 단행했다.

조직개편을 통해 최근 CEO 직속 임원으로 승진한 한경영 이사를 중심으로 전사 위기대응실을 신설하고 그 안에 신사업 발굴을 위해 R&D 팀을 만들었다. 그리고 최기술 과장이 대박은행 최연소 팀장으로 발탁됐다. 최기술 팀장은 과거 프로젝트에서의 성공뿐만 아니라 비즈니스와 기술을 모두 균형 있게 잘 이해하고 있어 신사업의 성공을 일궈낼 적임자라는 평가를 받았다.

한경영　　최과장, 아니 최팀장 축하해! 대박은행 최연소 팀장이 되다니. 어려운 난관을 잘 극복하더니 결국 인정을 받았군. 역시 대단해.

최기술　　감사합니다! 이게 다 이사님 덕분입니다. 어렵고 힘들 때마다 이사님의 조언이 큰 힘이 됐습니다. 앞으로도 잘 부탁드립니다.

한경영　　무슨 소리, 내가 잘 부탁해야지. 그리고 앞으로 만만치 않은 문제가 기다리고 있을 테니 많이 도와줘. 대박은행의 미래가 걸려 있는 만큼 최선을 다해 함께 좋은 결실 맺도록 해보자!

R&D 팀의 역할

대박은행은 최기술 팀장 외에도 내부 공모를 거쳐 직원들의 자발적인 참여를 유도하고 다양한 분야의 인력들을 선발해 R&D 팀으로 발령했다. 이렇게 열정과 다양성이 공존하는 R&D 팀이 완성됐다. 최기술 팀장이 R&D 팀에서 추진해야 할 과제는 대박은행의 미래 기술전략을 수립하고, 핵심기술역량을 확보하며, 사업화를 통해 새로운 비즈니스 모델까지 발굴하는 일이다. 이는 크게 R&D 기획, 실행, 사업화의 3가지 영역으로 구분할 수 있다.

- R&D 기획: 경영전략과 연계된 기술전략 수립
- R&D 실행: 신기술 연구 및 외부기술의 획득과 관리
- R&D 사업화: 기술의 사업화와 비즈니스 모델 수립

R&D 프레임워크 수립

최기술 팀장은 R&D 기획, 실행, 사업화 영역을 기준으로 며칠을 고민한 끝에 대박은행 R&D 프레임워크를 만들었다. 그리고 이 프레임워크를 바탕으로 수행할 과제를 구체화해 나가고자 했다.

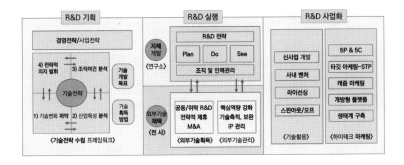

그림 13.1 R&D 프레임워크

최기술　할 일이 태산이군. R&D 기획부터, 실행 그리고 사업화까지, 잘 해낼 수 있을지 걱정이네….

한경영　최팀장! 팀장 발령을 받고도 며칠 동안 고민이 많은 거 같더니, 이제 실마리를 좀 찾았나?

최기술　이사님, R&D 팀장이 되니 정말 고민이 많아지네요. 며칠을 고민해 R&D 프레임워크를 만들었는데 해야 할 일이 참 많다는 것을 느꼈습니다.

한경영　차근차근 풀어가면 되니 너무 걱정하지 말게. 그리고 자네는 훌륭한 팀원들과 함께하고 있잖아.

마침내 최기술 팀장은 자신이 생각한 대박은행 R&D 프레임워크를 한경영 이사에게 보고했다. 그리고 한경영 이사는 R&D 프레임워크의 각 단계별로 구체적인 수행방안 수립을 지시했다. 이에 최기술 팀장은 R&D 기획, 실행, 사업화 영역에 대한 세부적인 방안을 도출하고자 지금까지 경험하고 배운 지식을 바탕으로 필요한 요소를 하나씩 정리하기 시작했다.

R&D 기획 영역

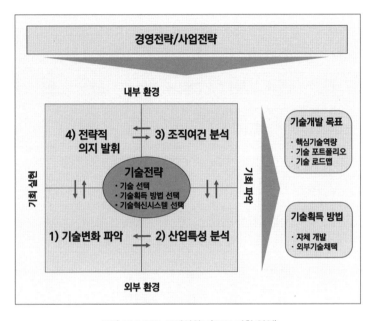

그림 13.2 R&D 프레임워크(R&D 기획 영역)

R&D 프레임워크의 첫 단계는 〈그림 13.2〉와 같은 R&D 기획이다. 대박은행이 추구하는 경영전략과 사업전략을 바탕으로 기술전략을 수립한다.

1) 기술변화 파악

기술전략 수립의 첫 단계는 기술변화 파악이다. 3장에서 살펴본 S커브 이론, 기술수용주기, 하이프 사이클 등을 바탕으로 변화를 확인하고 예측할 수 있다.

2) 산업특성 분석

산업특성에 대한 분석을 위해서는 2장에서 알아본 5 Forces 모델, 본원적 경쟁전략 등을 활용할 수 있다. 또한 4, 5, 6장을 참고해 비즈니스의 가치사슬을 이해하고 컨버전스를 활용한 플랫폼 비즈니스 방안도 고민할 수 있다. 이를 통해 금융업과 IT 산업 간의 새로운 가치창출이 가능한 다양한 분야를 도출하고 구체화할 수 있다.

3) 조직여건 분석

기업 외부 환경 분석 후에는 내부 조직여건에 대한 분석이 필요하다. 2장에서 살펴본 핵심역량을 기준으로 경쟁우위와 전략적 중요도에 대한 고민이 필요한 시점이다. 또한 10장에서 언급한 양손잡이 조직 형태의 실질적인 혁신조직 구성도 고려해야 한다.

4) 전략적 의지 발휘

1장에서 설명한 기술경영에 대한 기본적인 개념을 바탕으로 대박은행의 비전, 핵심 목표, 핵심 가치를 도출하고 구체적인 실천 전략을 수립한다. 이때 경영진의 강력한 의지를 바탕으로 조직원의 참여와 열정을 이끌어 내야 한다.

지금까지 살펴본 R&D 기획 영역의 내용을 정리하면 〈표 13.1〉과 같다.

표 13.1 R&D 기획 영역

구분	내용	수행방안(예시)
기술변화 파악	• 미래 기술변화 예측 • 새로운 기회 확보	• S커브 이론, 기술수용주기, 하이프 사이클
산업특성 분석	• 산업구조 분석 • 경쟁 환경 분석	• 가치사슬, 컨버전스, 플랫폼 • 5 Forces, 3C(4C)
조직여건 분석	• 내부 핵심역량 관리 • 조직문화 이해	• 양손잡이 조직, RPV, SIP
전략적 의지 발휘	• 기업의 비전 수립 • 경영진의 의지	• 비전, 핵심 목표, 핵심가치

MEMO

▶ 3C(4C): Customers, Company, Competitors, (Context) 분석

▶ RPV(Resource, Process, Value): 조직의 역량을 자원(Resource), 프로세스(Process), 가치(Value)의 관점으로 나눠서 분석하는 방법(Christensen & Overdorf, 2000)

▶ SIP(Strategic Inflection Point): 전략적 변곡점을 의미. 기업의 생존과 번영에 있어 근본적인 변화가 일어나는 시점을 일컬음(Gary Hamel, 2000)

그다음은 이러한 분석을 바탕으로 기술개발 목표를 설정하고, 기술 획득의 방법을 결정하는 일이다.

5) 기술개발 목표

먼저 핵심기술역량을 파악하고 기술 포트폴리오를 작성해 기술의 우선순위 등을 정한 다음 구체적인 기술 로드맵을 수립한다

6) 기술획득 방법

마지막으로 구체적인 실천방안을 모색해야 한다. 기술을 어떠한 방법으로 도입하고 발전시켜 나갈지 구체적인 실천방안을 수립해야 한다. 내/외부의 자원을 모두 고려해 R&D에 필요한 기술요소를 확보해야 하며, 외부기술의 경우 M&A, 전략적 제휴 등과 같은 방법도 고려해본다.

R&D 실행 영역

R&D 실행 영역은 〈그림 13.3〉과 같이 크게 자체 개발과 외부기술채택으로 나눌 수 있다.

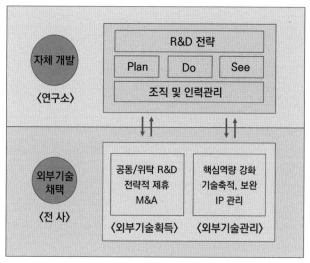

그림 13.3 R&D 프레임워크(R&D 실행 영역)

1) 자체 개발

먼저 기획 단계에서 수립한 기술개발 목표를 바탕으로 연구소에서 수행할 R&D 전략을 수립한다.

이를 통해 R&D 과제를 선정하고Plan, R&D 과제를 실행하며Do, R&D 결과를 평가하는See 프로세스도 결정한다. 이때, 12장에서 살펴본 디자인 씽킹 프로세스를 적용할 수도 있다.

그리고 연구소에 알맞은 조직과 인력을 구성한다. R&D 조직도 중앙 연구소Corporate R&D와 사업부 연구소Business Unit R&D로 구분한 양손잡이 조직으로 운영한다. 중앙 연구소의 경우 장기적이고 혁신적이며 리스크가 높은 연구를, 사업부 연구소는 단기적이고 점진적이며 리스크가 낮은 연구를 수행한다. 따라서 장기 성과를 목표로 하는 중앙 연구소는 새로운 시장과 기회 발굴에 집중하지만, 단기 성과를 목표로 하는 사업부 연구소는 현재 과제의 개선에 초점을 맞춰 진행한다.

지금까지 살펴본 연구소 중심의 자체 개발 방식 R&D 실행방안을 정리하면 〈표 13.2〉와 같다.

표 13.2 R&D 실행: 자체 개발

구분	내용	비고
R&D 전략	• R&D 기획의 기술개발 목표를 바탕으로 R&D 추진방향 수립	
Plan/Do/See	• Plan: R&D 과제 선정 • Do: R&D 과제 실행 및 관리 • See: R&D 결과 평가	• 디자인 씽킹 방법론 적용
조직 및 인력관리	• 중앙 연구소(Corporate R&D) - 장기적, 파괴적, 리스크 높은 혁신 과제 수행 - 탐색 전략 선호(Analyzer) • 사업부 연구소(Business Unit R&D) - 단기적, 점진적, 리스크 낮은 혁신 과제 수행 - 방어 전략 선호(Defender)	• 양손잡이 조직 구성

2) 외부기술채택

외부기술채택은 시간, 비용, 전략적인 이유로 자체 개발이 힘든 경우에 사용한다. 특히 기술획득을 위한 기회비용이 높은 경우에 주로 사용한다.

외부기술획득의 전제 조건은 R&D 기획 단계를 거쳐서 수립한 기술개발의 목표와 그 방향성이 일치되느냐다. R&D 기획 단계의 결과물로 기술개발의 목표인 핵심기술역량, 기술 포트폴리오, 기술 로드맵이 수립됐다. 그 방향성에 맞도록 채택할 기술 대상을 선정하고What to do 우선순위를 정한 다음 기술획득 방법How to do을 결정한다.

외부기술을 획득하는 방법으로는 전략적 제휴, M&A, 공동/위탁 R&D 등의 방법이 있다. 11장에서 살펴봤듯이 일반적으로 진입위험이 낮으나 기회비용이 높은 경우는 M&A 전략을, 진입위험과 기회비용이 모두 높은 경우는 전략적 제휴나 합작 투자Joint Venture 전략이 바람직하다.

이처럼 외부에서 획득한 기술은 대박은행의 핵심기술역량과의 시너지 창출을 고민해야 한다. 특히, M&A를 통해서 획득한 외부 역량은 기존의 조직과 통합을 위해 PMIPost Merger Integration 과정이 반드시 필요하다. 그리고 새로운 기술과 함께 확보된 핵심 인력과 지식재산권을 바탕으로 기존의 조직과 협업을 통해 기술의 축적, 평가, 보완 단계를 반복 수행한다. 이러한 과정을 통해 기존 사업 영역에 적용할 수 있는 방안들을 마련하고 새로운 성장동력으로 활용한다.

지금까지 살펴본 외부기술채택을 중심으로 한 R&D 실행방안을 정리하면 〈표 13.3〉과 같다.

표 13.3 R&D 실행: 외부기술채택

구분	내용	비고
외부기술획득	• 획득 기술 대상 선택(What to do) • 기술획득 방법 선택(How to do)	• 전략적 제휴, M&A, 공동/위탁 R&D 등 • PMI
외부기술관리	• 기술축적 → 기술평가 → 기술보완	• 기술경쟁력 평가 • 지식재산권/인력관리

R&D 사업화 영역

R&D 사업화 영역은 〈그림 13.4〉와 같이 크게 기술활용과 하이테크 마케팅으로 구분할 수 있다.

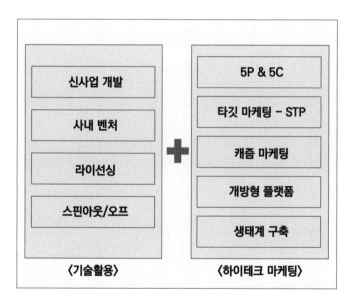

그림 13.4 R&D 프레임워크(R&D 사업화 영역)

1) 기술활용

이제 R&D 실행 과정을 거치면서 확보된 기술들을 비즈니스에 어떻게 적용해서 어떠한 가치를 창출할지 고민해야 한다. R&D 실행의 결과물이 존속적 혁신의 연장선상에 있다면 기존의 비즈니스 모델에 새로운 기술을 접목하며 새로운 가치를 만들어낼 수 있다. 하지만 존속적 혁신의 결과물을 뛰어넘는 파괴적 혁신의 결과물을 만들어 냈다면 기존 조직에서 분리해 추진해야 한다.

예컨대 〈그림 13.5〉와 같이 R&D 팀의 연구 성과가 기존의 경영전략과 연관성이 높으며 투자 목적, 필요 역량이 유사하다면 기존 사업을 확장하는 형태의 기술활용 방법을 선택할 수 있다. 이에 반해 신사업 발굴이나 새로운 수익원 확보를 원하는 경우 사내 벤처나 라이선싱과 같은 방법을 모색할 수도 있다. 또한 사내 벤처를 통해서 성장한 사업화 모델들은 스핀아웃Spin-Out/스핀오프Spin-Off 방안도 선택할 수 있다.

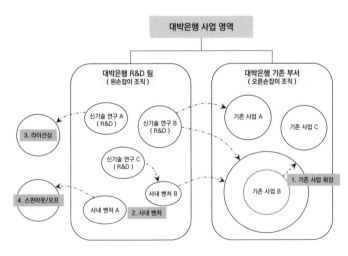

그림 13.5 R&D 사업화(기술활용)

> ▶ 스핀아웃(Spin-Out): 사내 기술을 외부로 내보내는 전략으로 당사의 지분
> 을 보유하며 성장의 이득을 나누는 모델
>
> ▶ 스핀오프(Spin-Off): 사내 기술을 외부로 내보내는 전략으로 당사의 지분
> 투자 없이 별도로 자생하는 모델

2) 하이테크 마케팅

어떠한 형태의 기술활용 방법을 선택할지라도 그에 적합한 마케팅 전략은 공통적인 고민사항이다. 이때 7장과 8장에서 살펴본 캐즘과 선도자/추격자 전략은 하이테크 마케팅의 기본적인 이론적 토대가 된다. 이를 바탕으로 하이테크 마케팅에서 고려해야 할 구체적인 내용을 정리하면 〈표 13.4〉와 같다.

표 13.4 R&D 사업화: 하이테크 마케팅

구분	내용	비고
5P & 5C	• 5P: Product, Price, Promotion, Place, Partnership • 5C: Customer Solution, Cost, Convenience, Communication, Connectedness	• 모바일 마케팅 기법
타깃 마케팅 – STP	• STP: Segmentation, Targeting, Positioning (시장 세분화 → 표적 시장 선정 → 위상 정립)	• 전통적(기본적) 마케팅 기법
캐즘 마케팅	• 초기 시장과 주류 시장 사이의 대단절을 극복하기 위한 마케팅	• 사용자 특성 기반 마케팅 기법
개방형 플랫폼, 생태계 구축	• 공통의 활용 요소를 바탕으로 네트워크 효과를 만들어 내는 마케팅	• 개방형 혁신 + 플랫폼

R&D 추진방안

최기술 팀장은 '대박은행의 R&D 프레임워크'를 바탕으로 보고한 대박은행의 R&D 추진전략을 한경영 이사를 통해 대표이사의 승인을 받았다. 그리고 지금까지 진행사항을 팀원들과 공유하고 본격적인 R&D 전략의 실행을 위해 구체적인 추진방안에 대한 논의를 시작했다. 며칠 후 최기술 팀장처럼 정보개발 팀에서 R&D 팀으로 발령받은 왕혁신 대리는 〈그림 13.6〉과 같은 R&D 추진방안을 작성해 최기술 팀장에게 보고했다.

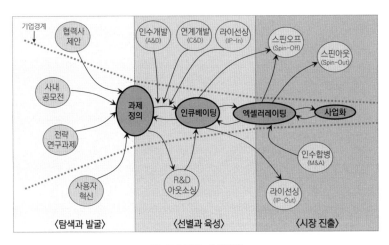

그림 13.6 R&D 추진방안

표 13.5 인수개발과 연계개발 비교

구분	개념	사례
인수개발(A&D, Acquisition & Development)	핵심기술 보유 기업을 인수해 기술을 확보(A)한 후 이 기술을 응용해 자사 제품에 적용/개발(D)	• 시스코 • 마이크로소프트
연계개발(C&D, Connection & Development)	필요한 기술을 파악한 후 이 기술을 보유한 기업을 찾아서(C) 기술을 구매해 제품에 적용(D)	• P&G • Kimberly—Clark

왕혁신 팀장님! 공유해주신 R&D 프레임워크를 바탕으로 제가 생각한 내용을
       접목해 R&D 추진방안을 작성해 봤습니다.

최기술 고생했네. 그럼 왕대리가 생각한 방안은 무엇인지 한번 들어볼까?

왕혁신 대리는 열정이 가득한 눈빛으로 자신이 작성한 내용을 각 단계별로 하
나씩 설명하기 시작했다.

왕혁신 첫 번째는 '탐색과 발굴' 방안입니다. 먼저 R&D 기획 단계를 통해 수립
       한 기술전략을 바탕으로 과제를 정의해야 합니다. 그런 다음 기술전략을
       통해 도출된 과제를 바탕으로 연구 과제를 선정합니다. 그리고 사내/외
       공모전, 협력사 제안, 사용자 혁신 등의 방법을 활용할 수도 있습니다.

최기술 음… 계속해 보게.

왕혁신 두 번째는 '선별과 육성' 방안입니다. 정의된 과제들은 회사의 경영전
       략에 따라 우선순위를 정하고 인큐베이팅Incubating할 수 있습니다. 물론
       회사 내에서 인큐베이팅이 힘든 경우에는 아웃소싱을 활용할 수도 있
       습니다. 이때 팀장님께서 설명해 주신 R&D 실행방안을 적용해 Plan/
       Do/See 과정을 반복하며 혁신적인 비즈니스 모델을 도출합니다.

최기술 그리고?

왕혁신 세 번째는 '시장 진출' 방안입니다. 인큐베이팅 이후에는 기술의 활용
       모델을 적용해 스핀아웃/오프나 라이선싱과 같은 전략을 선택할 수 있
       습니다. 그리고 기존 사업과 연관이 있다면 기존 사업부에서 엑셀러레
       이팅Accelerating을 할 수도 있습니다. 하지만 새로운 혁신적인 사업이라
       면 왼손잡이 조직으로 사내 벤처를 만들어 엑셀러레이팅할 수도 있습
       니다. 이를 바탕으로 사업화를 진행하면 가능할 것 같습니다.

▶ 인큐베이팅: 초기 시작 단계의 기업을 하드웨어(창업 자금, 공간, 설비 등) 중심의 지원을 통해 비즈니스를 만들어내는 것
▶ 엑셀러레이팅: 비즈니스가 만들어진 이후, 더욱 발전시키는 것을 목적으로 소프트웨어(창업 지식, 노하우, 정보 제공, 투자 등) 중심의 지원을 통해 비즈니스를 성장시키는 것

최기술 팀장은 짧은 시간에 R&D 프레임워크를 이해하고 추진방안까지 고민한 왕혁신 대리가 기특했다. 그리고 과거 자신이 한경영 이사를 찾아가서 배웠던 기억이 떠오르면서 살며시 미소도 지어졌다.

최기술 왕대리가 R&D 프레임워크를 잘 이해한 다음 R&D 추진방안을 고민한 것 같네. 고생 많았어.

왕혁신 감사합니다. 팀장님. R&D 프레임워크를 바탕으로 하나씩 고민하다 보니 R&D 추진방안을 구체적으로 정리할 수 있었습니다.

최기술 훌륭하군. 그런데 한 가지 더 생각해 보자고. 공모전, 협력사 제안, 사용자 혁신 등을 위해서 선행되어야 할 것은 없을까? 그저 공지하고 알리기만 하면 원하는 결과를 얻을 수 있을까?

왕혁신 음… 그렇지는 않을 것 같습니다. 하지만 아직 그 단계까지는 구체적으로 생각해 보지 못했습니다.

최기술 그럼 지금부터 함께 R&D 추진을 위해 선행돼야 할 사항을 고민해 보자구. 열정적인 왕대리가 있어서 참 든든해.

혁신 기반과 협력의 생태계 구축

다음 날 최기술 팀장은 왕혁신 대리를 불러 왕대리가 작성한 R&D 추진방안에 대해 함께 논의하는 시간을 가졌다. 이때 최기술 팀장은 R&D 추진을 위해서는 내부적으로는 혁신의 기반을 마련하고 외부적으로는 협력의 생태계 구축에 힘써야 함을 왕혁신 대리에게 강조했다.

이어 〈그림 13.7〉과 같이 왕혁신 대리가 작성한 R&D 추진방안을 보완하면서 혁신문화와 환경 조성이 왜 필요한지, 혁신가의 역할이 얼마나 중요한지에 대해 예전 이노체인지 프로젝트 진행 시 겪었던 경험을 공유했다.

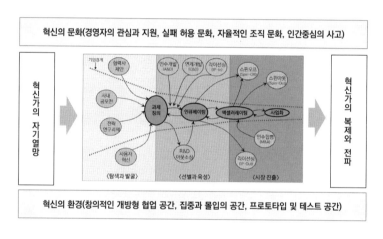

그림 13.7 혁신 기반 조성

그리고 R&D 추진의 방향은 협력적 가치를 창출하는 데 있으며 급변하는 시대에 외부와의 상생의 생태계 구축이 성공적인 R&D 추진의 원동력이라는 사실도 일깨워 주었다. 이를 위해 개방형 혁신의 개념을 이해하고 〈그림 13.8〉과 같이 다양한 외부 기관과의 협업을 통해 상생의 가치를 창출할 수 있는 방안도 중요함을 역설했다.

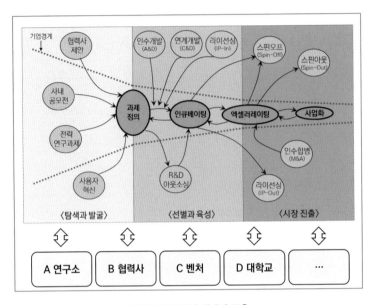

그림 13.8 상생의 생태계 구축

이러한 고민과 시행착오를 거쳐 R&D 사업을 추진한 지 몇 달 후
조금씩 가시적인 성과가 나타났다. 먼저 과제 정의를 위해 진행한 사
내/외 공모전의 결과는 과거와 다른 높은 수준을 보여 주었고, 이에 따
라 인큐베이팅하는 과제의 숫자들이 늘어나기 시작했다. 조만간 인큐
베이팅을 넘어서 첫 엑셀러레이팅 사례가 나올 예정이다.

최기술 이사님, 기술이 전부인줄 알았던 제가 경영을 이해하고 지금은 이렇게
R&D 팀에서 혁신을 이끌고 있으니 감회가 새롭습니다. 그리고 요즘 과
거 이사님이 저를 보았을 때의 느낌을 저도 조금 이해할 수 있을 듯합니

다. 최근 저와 비슷한 길을 걷고 있는 팀원과 함께 일하고 있습니다.

한경영 최팀장, 혹시 자네가 말하는 후배가 왕혁신 대리 아닌가? 얼마 전 왕혁신 대리를 잠시 만났는데, 그 친구 눈빛에서 과거 자네의 열정이 보이더군. 열정으로 반짝이는 그 눈빛 말일세.

최기술 이사님, 부끄럽습니다. 하지만 저와 비슷한 생각을 가진 후배를 만나니 자극도 되고 더 분발하게 되는 것 같습니다. 초심을 잃지 않도록 하겠습니다.

한경영 그래, 최팀장! 과거 나도 그랬다네. 자네가 나와 비슷한 고민을 시작할 때부터 조금씩 발전하는 모습을 보여줄 때마다 나에게도 큰 자극이 되었다네. 지금까지 잘 해왔고 앞으로도 기대가 정말 크네. 하지만 명심하게. 이제 시작이라는 사실을.

최기술 팀장은 이제 기술이 경영을 만난다는 의미를 조금은 이해할 수 있을 것 같았다. 그리고 과거 자신이 한경영 이사를 만난 것처럼 왕혁신 대리가 자신을 통해서 더욱 성장할 수 있도록 지원을 아끼지 않겠다고 다짐했다. 그리고 최기술 팀장은 대박은행의 더 큰 비상을 위해 최선을 다하리라 마음을 다잡으며 오늘도 또 다른 혁신을 찾아 길을 나섰다.

참고자료

1장

- '기술경영 및 전략', 카이스트 경영대학, 배종태, 2015년
- '놀라운 기술 혁신 따라잡는 더 놀라운 '전략'', 동아비즈니스리뷰, 배종태, 2009년 42호

2장

- 'Investing in the IT That Makes a Competitive Difference', Harvard Business Review, Andrew McAfee, Erik Brynjolfsson, 2008
- 'IT Doesn't Matter', Harvard Business Review, Nicholas G. Carr, 2003
- 'IT 기반 비즈니스 혁신', 카이스트 경영대학, 김영걸, 2013년
- '기술경영 및 전략', 카이스트 경영대학, 배종태, 2015년
- '프로세스의 IT화가 경쟁력이다', 동아비즈니스리뷰, 앤드루 맥아피, 에릭 브린욜프슨, 2008년 14호

3장

- 『Crossing the Chasm, 3rd Edition: Marketing and Selling Disruptive Products to Mainstream Customers (Collins Business Essentials)』, HarperBusiness, Geoffrey A. Moore, 2014
- 『Diffusion of Innovations, 5th Edition』, Free Press, Everett M. Rogers, 2003
- 'Gartner's 2015 Hype Cycle for Emerging Technologies Identifies the Computing Innovations That Organizations Should Monitor', Gartner. com, 2015
- 『Mastering the Hype Cycle: How to Choose the Right Innovation at

the Right Time』, Harvard Business Review Press, Gartner, 2008
- '미래지향적 사고로 기술을 전망하라 파괴적 기술의 시대, 성장이 보인다', 동
  아비즈니스리뷰, 이성주, 2013년 135호

4장

- 『Competitive Advantage: Creating and Sustaining Superior
  Performance』, Free Press, Michael E. Porter, 1998
- '가치사슬 분석을 통한 기업 내부 역량강화', 삼성경제연구소, 한근석, 2007년
- 『경영전략 수립 방법론』, 시그마인사이트컴, 김동철, 서영우, 2008년
- 『마이클 포터의 경쟁우위: 탁월한 성과를 지속적으로 창출하는 법』, 21세기
  북스, 마이클 포터 저, 조동성 역, 2008년
- 『미디어 경영』, 커뮤니케이션북스, 최성범, 2013년
- '미래지향적 사고로 기술을 전망하라 파괴적 기술의 시대, 성장이 보인다', 동
  아비즈니스리뷰, 이성주, 2013년 135호
- 『프린시피아 매네지멘타』, 경문사, 윤석철, 1997년

5장

- '규제개혁을 통한 산업 융·복합 촉진 전략', 산업연구원, 심영섭, 2013년
- '금융 빅뱅, 컨버전스의 시대', 신한 FSB, 차태현, 2007년
- '미래기술트렌드의 핵심: 컨버전스', 과학기술정책연구원, 하태정, 2006년
- '모바일+컨버전스 고성과 은행이 되자', 동아비즈니스리뷰, 김홍근, 2010년
- '매시업(Mash-up), 21세기의 연금술', 동아비즈니스리뷰, 유인오, 신동윤,
  2010년 58호
- '자동차산업 핵심경쟁력의 중심이동', 현대경제연구원, 장우석, 2014년
- '자동차와 IT간 컨버전스 동향과 과제', 삼성경제연구소, 최병삼, 2005년
- 『컨버저노믹스』, 위즈덤하우스, 이상문, 데이비드 L. 올슨, 2011년
- '컨버전스의 성공조건', 삼성경제연구소, 최병삼, 2007년

6장

- '기업 생태계와 플랫폼 전략', 삼성경제연구소, 김창욱, 2012년
- '비즈니스 플랫폼의 부상과 시사점', 삼성경제연구소, 최병삼, 2011년
- '성장의 화두: 플랫폼', 삼성경제연구소, 최병삼, 2011년
- '에코시스템 전쟁 시대: 경쟁전략도 진화한다', 동아비즈니스리뷰, 문휘창, 2011년 88호
- '플랫폼을 개방하라, 윈윈게임이 시작된다', 동아비즈니스리뷰, 임일, 2012년 111호
- '플랫폼 전략의 이론과 실제', 삼성경제연구소, 김창욱, 2012년

7장

- 『Crossing the Chasm, 3rd Edition: Marketing and Selling Disruptive Products to Mainstream Customers』, HarperBusiness, Geoffrey A. Moore, 2014
- 『Diffusion of Innovations, 5th Edition』, Free Press, Everett M. Rogers, 2003
- 『Inside the Tornado: Marketing Strategies from Silicon Valley's Cutting Edge』, HarperBusiness, Geoffrey A. Moore, 1999
- 『Inside the Tornado: Strategies for Developing, Leveraging, and Surviving Hypergrowth Markets』, HarperBusiness, Geoffrey A. Moore, 2005
- 『토네이도 마케팅』, 세종서적, 제프리 A. 무어 저, 유승삼, 김영태 공역, 2001년
- '하이컨셉의 시대가 열린다', LG경제연구원, 정재영, 2007년
- '혁신제품은 마케팅도 달라야 한다', 매일경제, 황유동, 김온중, 최현중, 2012년

8장

- 『Will and Vision: How Latecomers Grow to Dominate Markets』, Figueroa Press, Gerard J. Tellis, Peter N. Golder, 2006

- 'First Mover 전략의 핵심은 역동성', LG경제연구원, 김국태, 허지성, 2013년
- '1등 기업도 뒤쫓는다: 슈퍼 추종자 전략', 삼성경제연구소, 윤영수, 2012년
- '꼭 최초일 필요도, 1등일 필요도 없다', 동아비즈니스리뷰, 이효정, 2009년 36호
- 『마켓 리더의 조건』, 시아출판사, 제러드 J. 텔리스, 피터 N. 골더 저, 최종옥 역, 2008년
- '왜 좋은 기술이 실패하는가', 포스코경영연구원, 박용삼, 2015년
- '중년의 위기 겪고 있는 한국 '무서운 회장님'만으로 지속성장 어렵다', 동아 비즈니스리뷰, 장세진, 2015년 179호
- '지속적 혁신 기업의 길 First Mover or Innovative Follower?', LG경제연 구원, 조준일, 2011년
- '치열한 추격전, 혁신적 모방으로 선두가 되자', 동아비즈니스리뷰, 홍성철, 2012년 103호

9장

- 『Business Model Generation: A Handbook for Visionaries, Game Changers, and Challengers』, John Wiley and Sons, Alexander Osterwalder, Yves Pigneur, Tim Clark, 2010
- 'How to Design a Winning Business Model', Harvard Business Review, Ramon Casadesus-Masanell and Joan E. Ricart, 2011
- 'Reinventing Your Business Model', Harvard Business Review, Mark W. Johnson, Clayton M. Christensen, Henning Kagerman, 2008
- 『Seizing the White Space: Business Model Innovation for Growth and Renewal』, Harvard Business Press, Mark W. Johnson, 2010
- 『The Business Model Navigator: 55 Models That Will Revolutionise Your Business』, FT Press, Oliver Gassmann, Karolin Frankenberger, Michaela Csik, 2015
- 『Value Proposition Design: How to Create Products and Services Customers Want』, Wiley, Alexander Osterwalder, Yves Pigneur,

Gregory Bernarda, Alan Smith, 2014

- '디지털 컨버전스와 하이텍 경영', 카이스트 경영대학, 안재현, 2015년
- '린스타트업 이해와 Case Study', IDG Ventures Korea, 이희우, 2015년
- 『비즈니스 모델의 탄생: 상상과 혁신, 가능성이 폭발하는 신개념 비즈니스 발상법』, 타임비즈, 알렉산더 오스터왈더, 예스 피그누어, 팀 클락 공저, 유효상역, 2011년
- '선순환 고리 확실한 Biz모델 만들기', 동아비즈니스리뷰, 호안 E. 리카트, 라몬 카사데수스-마사넬, 2011년 87호
- 『혁신은 왜 경계 밖에서 이루어지는가: 추격자에서 지배자로 도약한 기업들의 혁신전략』, 토네이도, 마크 W. 존슨 저, 이진원 역, 2011년

10장

- 'Innovation Report', The New York Times, 2014
- 'The Innovator's Dilemma: When New Technologies Cause Great Firms to Fail', Harvard Business Review, Clayton M. Christensen, 1997
- 『The Innovator's DNA: Mastering the Five Skills of Disruptive Innovators』, Harvard Business Review Press, Jeff Dyer, Hal Gregersen, Clayton M. Christensen, 2011
- 『The Innovator's Solution: Creating and Sustaining Successful Growth』, Harvard Business School Press, Clayton M. Christensen, Michael E. Raynor, 2003
- 『성공 기업의 딜레마』, 모색, 클레이튼 M. 크리스텐슨 저, 노부호 역, 1999년
- 『성장과 혁신』, 세종서적, 클레이튼 M. 크리스텐슨, 마이클 E. 레이너 저, 딜로이트 컨설팅 코리아 역, 2003년
- 'ICT 산업의 발전과 빅뱅파괴 혁신의 이해 - 파괴적 혁신과의 비교를 중심으로', 정보통신정책연구원 창조경제연구실, 김민식, 정원준, 2014년
- 『이노베이터 DNA: 성공하는 혁신가들의 5가지 스킬』, 세종서적, 제프 다이어, 할 그레거슨, 클레이튼 M. 크리스텐슨 공저, 송영학, 김교식, 최태준 공역, 2013년

11장

- 『Open Business Models: How to Thrive in the New Innovation Landscape』, Harvard Business Review Press, Henry W. Chesbrough, 2006
- 『Open Innovation: A New Paradigm for Understanding Industrial Innovation』, Oxford University Press, Henry W. Chesbrough et al. (Eds.), 2006
- 『Open Innovation: The New Imperative for Creating And Profiting from Technology』, Harvard Business Review Press, Henry W. Chesbrough, 2005
- 'The Era of Open Innovation', MIT Sloan Management Review, Henry W. Chesbrough, 2003
- '개방형 혁신은 새로운 혁신 방법론인가? : Chesbrough의 개방형 혁신 이론에 대한 비판적 평가', 기술경영경제학회, 김석관, 2009년
- 'Open Innovation: 약인가, 독인가?', 동아비즈니스리뷰, 강진아, 2011년 92호

12장

- 『Change by design: How Design Thinking Transforms Organization and Inspires Innovation』, HarperCollins, Tim Brown, 2009
- 『The Design of Business: Why Design Thinking is the Next Competitive Advantage』, Harvard Business Review Press, Roger L. Martin, 2009
- 'The Limits of Empathy', Harvard Business Review, Adam Waytz, 2016
- '감성능력의 80%는 시각…보여줘라!', 동아비즈니스리뷰, 유덕현, 2012년 111호
- 『드라이브』, 청림출판, 다니엘 핑크 저, 김주환 역, 2011년
- 'Design Thinking과 금융서비스', KT금융지주 경영연구소, 김예구, 2013년
- 『디자인 씽킹: 아이디어를 아이콘으로 바꾸는 생각의 최고 지점』, 웅진윙스, 로저 마틴 저, 이건식 역, 2010년

- 『디자인에 집중하라』, 김영사, 팀 브라운 저, 고성연 역, 2009년
- 『유쾌한 크리에이티브』, 청림출판, 톰 켈리, 데이비드 켈리 저, 박종성 역, 2014년
- '창의적으로 움직이는 모든 CEO가 Design Thinker', 동아비즈니스리뷰, 조진서, 2012년 111호

ㄱ

가치공동창출 190
가치공유체계 189
가치 제안 캔버스 259
가치창조 40
가치확보 40
개방형 혁신 317
개방형 혁신의 경제 모델 322
거래 비용 315
격변도 66
경계의 소멸 312
경영 35
경영자 36
경영활동 39
경쟁력 62
경쟁 양상의 변화 66
경쟁요인 분석 80
경쟁우위 63, 78
경쟁 포지셔닝 나침반 220
계몽 단계 95
공감 354
과장된 기대의 정점 95
구현 가능성 353
규모의 경제 190
균형적 관점 51
기대수준 95
기술 35
기술개발 패러다임 41
기술경영 37

기술경영의 핵심이슈 46
기술경영자 54
기술경영 패러다임 42
기술로드맵 53
기술수용주기 91, 94, 203
기술애호가 204
기술예측과 기술전망 108
기술전략 43, 45, 47
기술전략수립 96
기술혁신의 프로세스 모델 49
기술/혁신 촉발 95
기업가적 사고 353
기업가 정신 333
기업경쟁력 원천 39
기업활동 39

ㄴ

내향형 개방 319, 321
네트워크 효과 190
니콜라스 카 64

ㄷ

다윈의 바다 38
돌풍 단계 215
동반성장 183
디자이너 348
디자인 씽킹 프로세스 354
디자인적 경영자 371

디자인적 경영전략 369
디자인 혁신의 시작 359
디자인 혁신의 전파 359
디자인 혁신의 확산 359

ㄹ

락인 191, 235
레고 330
레드 퀸 효과 301
로우엔드 전략 292
롱테일 268
리더십 36
리드타임 235
린 스타트업 271
린 캔버스 271

ㅁ

마이클 포터 80
마인드스톰 330
매력성 352
매몰 비용 234
매직 쿼드런트 92
매직 트라이앵글 270
모자이크 326
문제 정의 355

ㅂ

벤처캐피탈 315
보수주의자 205
본원적 경쟁전략 81
볼링앨리 단계 213
분석적 사고 351
비즈니스 모델 336
비즈니스 모델 캔버스 256

비즈니스 모델 캔버스의 9가지 빌딩 블록 257
비즈니스 모델 패턴 268
비즈니스 모델 혁신 266
빅뱅 파괴 293

ㅅ

사고의 발산과 수렴 350
사실상의 표준 234
사업 가능성 352
산업 집중도 66
상관관계 65
상생의 생태계 185, 392
생산성 곡선 240
생산성 안정 단계 95
선각 수용자 204
선각자 204
선도 사용자 330
선도자 전략 233, 235
선순환 고리 265
선순환 구조 186
성장과 도태 282
수용자 205
스마일 커브 40
스핀아웃 387
스핀오프 387
승자독식 189
시스템적 사고 369
시장 개척자 239
식스 시그마 298
신뢰성 103
신시장 전략 292
실용주의자 205
실적 격차 66

ㅇ

아이디어 355
아이디어 LG 327
애플 285
앤드루 맥아피 64
앤소프 매트릭스 302
양손잡이 조직 297. 303
언번들링 268
에릭 브린욜프슨 64
에버렛 로저스 94. 203
여백 266
연계개발 388
완전동화 단계 218
완전완비제품 214
외향형 개방 319. 321
인간 중심 혁신 360
인문학 345
인수개발 388
인접 267
인지부조화 97
일용품화 72

ㅈ

자기잠식 283
자기잠식의 딜레마 284
재결합 270
전기다수 94
전도자 359
전략 목표 44
전략 수단 44
전략 실행 44
전략적 중요도 78
전사적 관점 50
전통적인 마케팅 208

전환 비용 235
정보경영 50
제품수명주기 90. 202
제프리 무어 205
조력자 359
존속적 혁신 93. 284
좋은 디자인의 조건 352
좋은 비즈니스 모델 263
죽음의 계곡 38
중심가 단계 216
지각 수용자 205
직관적 사고 351

ㅊ

창조적 파괴 71
최소기능제품 272
최초 기술 229
추격자 전략 238

ㅋ

카카오 182
카카오 플랫폼 186
캐즘 94. 205
캐즘 극복 212
코닥 287
쿠우소오 331
쿼키 326
클레이튼 크리스텐슨 284. 290

ㅌ

타당성 103
타이밍 231
탐험 303
테스트 356

통합적 관점 49
틈새시장 214

ㅍ

파괴적 혁신 47, 93, 284, 289
파괴적 혁신 전략 291
팔로알토 연구소 264
패스트웍스 299
폐쇄형 혁신 317
포 박스 비즈니스 모델 254
포트폴리오 104, 106
프로세스 44
프로세스 혁신 353
프로토타입 356
플랫폼 리더십 187
플랫폼 전략 192

ㅎ

하이테크 마케팅 47, 208, 210
하이프 사이클 92, 95, 98
하이프 사이클의 5단계 100
합작 투자 384
핵심 비즈니스 267
핵심성공요인 41
핵심역량 77
혁신가 348, 359
혁신가의 DNA 299
혁신 수용자 204
협업 전략 334
환멸 단계 95
회의론자 205
효과 42
효율 42
후기다수 94

A

Adjacency 267
Andrew McAfee 64
Ansoff Matrix 302

B

backcast 108
Business Model Innovation 266

C

Cannibalization 284
Chasm 205
Clayton Christensen 284
Core Business 267
CUUSOO 331

D

De facto standard 234
Designer 348
Desirability 352
Disruptive Innovation 93, 284

E

Economics of Scale 190
Entrepreneurial Thinking 353
Entrepreneurship 333
Erik Brynjolfsson 64
Everett Rogers 203
Expectations 95
Exploitation 303
Exploration 303

F

Feasibility 353
forecast 108

G

GE 298
General Electric 298
Geoffrey A. Moore 205

H

Human-Centered Innovation 360
Hype Cycle 95

I

Information Strategy Planning 96
Innovator 348
Inside-out 319
IT 기반 프로세스 70

J

Joint Venture 384

K

Kakao 182

L

Lead Time 235
Lead User 330
Lean Canvas 271
Lean Startup 271
LEGO 330

Liberal Arts 345

Liberal Arts 345
Lock-In 191, 235

M

Magic Triangle 270
Mindstorms 330
Minimum Viable Product 272
MOSAIC 326

N

Network Effect 190
Nicholas G. Carr 64
NIH 신드롬 325
Not Invented Here 325
Not Sold There 325
NST 신드롬 325

O

Outside-in 319

P

Peak of Inflated Expectations 95
Plan – Do – See 49
Plateau of Productivity 95
PMI 384
Post Merger Integration 384
Process Innovation 353
Productivity Frontier 240

Q

Quirky 326

R

R&D 376
R&D 기획 377
R&D 사업화 377
R&D 실행 377
R&D 프레임워크 379
Recombination 270
Red Queen Effect 301
RPV 381

S

SIP 381
Slope of Enlightenment 95
Spin-Off 387
Spin-Out 387
Sunken Cost 234
Sustaining Innovation 93, 284
Switching Cost 235
System Thinking 369
S커브 91, 93, 283

T

Technology/Innovation Trigger 95
Timing 231
Total Assimilation 218
Trough of Disillusionment 95

V

Venture Capital 315
Viability 352
Virtuous Cycle 265

W

White Space 266
Whole Product 214
Winner Takes All 189

X

Xerox PARC 264

숫자

3C(4C) 381
3C, STP, 4P 221
4세대 R&D 47

에이콘출판의 기틀을 마련하신 故 정완재 선생님 (1935-2004)

기술, 경영을 만나다
기술의 가치를 높이는 경영의 정석

초판 인쇄 | 2016년 9월 6일
2쇄 발행 | 2021년 1월 6일

지은이 | 홍영표·오승훈·양상근

펴낸이 | 권성준
편집장 | 황영주
편 집 | 조유나
디자인 | 윤서빈

에이콘출판주식회사
서울특별시 양천구 국회대로 287 (목동 802-7) 2층 (07967)
전화 02-2653-7600, 팩스 02-2653-0433
www.acornpub.co.kr / editor@acornpub.co.kr

Copyright ⓒ 에이콘출판주식회사, 2016, Printed in Korea.
ISBN 978-89-6077-895-5
http://www.acornpub.co.kr/book/management-of-technology

이 도서의 국립중앙도서관 출판시도서목록(CIP)은 e-CIP 홈페이지(http://www.nl.go.kr/cip.php)에서
이용하실 수 있습니다. (CIP제어번호: 2016020447)

책값은 뒤표지에 있습니다.